월급의 비밀

~~~~ 아는 만큼 올라간다 ~~~~

월급의 비밀

박유연 · 손일선 · 문지웅 지음

알에이치코리아

당신의 연봉을 바꾸는 지식의 힘

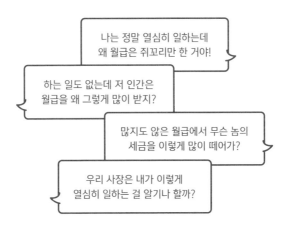

혹시 술자리에서 동료들과 이 같은 대화를 자주 주고받지는 않는가. 그렇다면 자문해보라. 제대로 알지도 못하고 관심도 없으면서 불평만 늘어놓진 않았는지.

우리 직장인들은 매월 급여명세서를 받는다. 1년이면 12번이다. 하지만 급여명세서를 꼼꼼히 들여다보는 사람은 많지 않다. 요즘은 급여명세서를 이메일로 보내거나 회사 전산망에 그냥 올려두는 회사도 많다 보니, 확인조차 하지 않는 이들도 있다. 그저 통장에 찍히는 금액대로, 이번 달에는 이만큼을 받는 것이 맞겠거니 하며 지날 뿐이다. 이런 사람들에게 월급이란 노력으로는 결코 바꿀 수 없는 상수에 불과하다. 월급이란 게 정말 그런 것일까?

아는 만큼 올릴 수 있다

이 책을 읽은 후, 당신의 생각은 바뀔 것이다. 무심코 메일함에 처박아두었던 급여명세서를 다시 찾아 꺼내 볼지도 모른다.

과거에는 직원이 월급을 두고 회사와 협상하는 일이 거의 없었다. 어쩌다 협상을 한다 해도 노동조합(노조)이 직원을 대표해 회사와 하는 일이었을 뿐 개인이 회사를 상대로 협상하는 건 생각지도 못할 일이었다. 그러나 시대가 바뀌었다. 어느 순간부터 연봉제, 성과급제, 능력제란 이름으로 개인이 자신의 월급을 두고 회사와 협상하는 일이 흔해졌다. 능력, 성과, 결과를 중시하는 기업 문화가 일반화됨에 따라, 이제 자신의 능력과 성과에 걸맞게 월급을 챙기지 못하면 바보가 되는 세상이 된 것이다.

이런 시대 상황에 맞춰, 이 책은 월급과 관련해 크게 4가지 주제를 다루고 있다. 우선 1장에서 당신의 급여명세서를 들여다볼 것이다. 당신의 월급이 어떻게 정해지는지, 국가가 세금을 어떻게 떼어가는지 알게 될 것이다. 많은 이들이 생각하는 것처럼 월급은 전적으로 사장이 정하는 것이 아니다. 물론 인사 담당자가 정하는 것도 아니다. 지금 받고 있는 당신의 월급은 당신이 처한 상황과 당신 주변을 둘러싼 여러 가지 환경이 뒤섞여 나온 결과다. 이를 알게 된다면, 월급을 한 푼이라도 더 올릴 수 있는 여지를 만들 수 있을 것이다. 특히 협상을 통해 연봉이 결정되는 회사에 재직하고 있는 경우라면, 임금 협상에 큰 도움을 받을 수 있을 것이다.

세금 또한 마찬가지다. '유리 지갑' 직장인들은 한 푼의 에누리도 없이 국가로부터 세금을 추징당한다. 하지만 세금을 줄일 방도가 전혀 없는 것은 아니다. 흔히들 연말정산을 통해서 세금을 돌려받을 기회를 노리곤 하는데, 이 외에도 세금을 절약할 수 있는 방법은 여러 가지다. 공무원들의 급여명세서에 수당이 많은 것 또한 세금과 밀접한 관련이 있다.

2장과 3장에서는 똑같이 일하면서도 월급의 격차가 존재하는 이유를 추적한다. '정말 열심히 일하는 나의 월급은 이 모양인데, 왜 능력도 없이 팽팽 노는 저 인간의 연봉은 나보다 많지? 정말 불공평해!' 평소 이런 생각을 하는 이들이 많을 것이다. 정말 그 이유를 모르겠는가? 어렴풋이 추측만 하는 정도일지도 모르겠다. 그렇다면 이 책을 통해 답을 찾을 수 있다. 나아가 당신의 노력과 능력에 걸맞은 월급을 받기 위해서 무엇을 해야 할지, 그 힌트도 얻을 수 있을 것이다.

4장에서는 고위직에 있거나 고액연봉을 받는 사람들의 진실을 파헤쳐본다. 누구나 많은 월급을 받고 싶어 한다. 하지만 고액연봉자들을 마냥 부러워할 필요는 없다. 남보다 많은 연봉을 받기까지 수많은 희생이 뒤따르고, 정직하지 못한 일도 숱하게 벌어지는 것이 현실이다. 고액연봉자들의 지위가 예전만 못해 벌어지는 일들을 적나라하게 들여다볼 것이다.

5장과 6장에서는 당신이 월급을 올리고 관리하는 데 직접적으로도 도움이 될 만한 내용을 담았다. 연봉 협상을 어떻게 해야 할지, 이직은 언제 어떻게 하는 것이 좋은지, 퇴직을 대비해서는 무엇을 준비해야 하는지 등을 다룬다. 특히, 월급쟁이라면 반드시 알아야 할 재테크의 요령과 비밀스러운 전략도 소개한다.

부록 '알뜰한 월급쟁이를 위한 합법적인 절세 비기'도 꼼꼼히 챙겨보길 권한다. 회사 문을 박차고 나서지 않는 한 직장인의 지갑은 유리지갑이란 숙명에서 쉽게 벗어나기 힘들다. 그렇다면, 받은 월급을 조금이라도 잘 굴리고 한 푼의 세금이라도 덜 나가게 하는 것이 월급쟁이 재테크의 첫걸음이다.

이미 7년 전 출간해 독자들에게 많은 사랑을 받은 책을, 2018년 격변의 경제 현장을 거치며 최신 정보로 개정하는 일이 쉽지는 않았다. 하지만 이 시대를 살아가는 대한민국 월급쟁이들에게 여전히 유용한 정보가 될 것이라 확신한다. 묵묵히 기다려주며 조언을 아끼지 않은 출판사 관계자들에게 감사의 인사를 전한다. 책을 읽은 모두가 성공으로 한 발짝 나갈 수 있길 바란다.

박유연, 손일선, 문지웅

3장 | 대한민국 제도에 숨어 있는 월급의 비밀

4장 | 고액연봉 속에 웅크린 월급의 비밀

1장

급여명세서에
감춰진
월급의 비밀

01

당신의 월급은
사장이 정하는 게 아니다

2017년 청년실업률이 사상 최고치를 기록했다는 언론의 보도가 2018년 초부터 쏟아져 나왔다. 일자리 정부를 표방하는 문재인 정부가 들어섰지만, 여전히 청년들의 직업 구하기는 쉽지 않은 모양새다. 여기서 한 가지 궁금증이 생길 수 있다. 청년들이 직업을 구하지 못해 아우성을 치는 상황임에도, 중소기업들이 '구인난'에 시달린다는 이야기가 계속 나오고 있기 때문이다.

이런 현상이 벌어지는 가장 큰 이유는 무엇일까? 바로 '월급'이다. 구직자가 원하는 임금 수준과 중소기업이 제시하는 임금 수준의 괴리가 큰 것이다. 쉽게 말해, 중소기업에서 주겠다는 월급으로는 일을 하지 못하겠다는 청년들이 상당수 존재하기 때문이다.

정부가 2018년 3월 공개한 '청년 일자리 대책'에서 중소기업에 취업한 청년들에게 1,000만 원에 달하는 금전적 지원을 하겠다고 발표한 것도 같은 이유에서다. 정부가 직접 자금을 쏟아부어 대기업과 중소기업 간 임금의 격차를 최대한 줄임으로써, 청년들이 중소기업의 문을 두드리게끔 유도하겠다는 의도다.

　이처럼 채용 시장에서 가장 중요한 변수는 월급이다. 인터넷상의 각종 취업 게시판에 "○○ 회사의 월급은 어느 수준인가요?" 같은 질문이 꾸준히 올라오는 것도 이 때문이다. 그렇다면 우리의 월급은 누가, 어떻게 결정하는 것일까?

　월급은 근로자가 제공하는 노동에 대한 대가다. 일반적으로 근로자는 보다 많은 임금을 원한다. 자신이 제공하는 노동의 가치를 높게 평가받고 싶은 것은 당연지사다. 하지만 안타깝게도 노동의 가치는 회사가 평가한다. 회사 입장에서 임금은 비용이기에 회사는 가급적이면 비용을 줄이려고 한다. 결국, 근로자의 노동 대가적 교환 가치와 기업 측 사용 가치의 상호관계 속에서 임금 수준이 결정된다.

　임금을 결정하는 데는 수많은 요소가 있지만, 우선 '대체 가능성'부터 살펴보자. 아마 대다수 독자가 학창 시절에 부모님이나 주변 어른들로부터 '전문직'을 가지라는 조언을 여러 차례 들었을 것이다. 의사, 변호사, 회계사 같은 전문직은 까다로운 자격시험을 통과해야 하므로 다른 직업에 비해 대체 인력을 쉽게 구할 수 없다. 그러니 전문직의 임금은 자연스럽게 높은 수준을 유지하게 된다. 전문직을 가지라는 부모님의 잔소리는 결국 나중에 월급을 많이 받을 수 있는 직업을 가지라는 말과 같은 셈이다.

이 밖에도 다양한 요소들이 임금 수준에 영향을 미친다. 국가적으로 보면 국내총생산GDP 같은 국가 경제 규모와 임금 수준이 비례한다. 단순하게 생각하면 국가의 경제가 성장할수록 국민들의 소득도 늘어나는 것이다. 미국 편의점 아르바이트생의 월급이 한국 편의점 아르바이트생의 월급보다 많은 이유다.

시장 원리에 따라 공급과 수요 측면도 월급에 영향을 미친다. 예를 들어, 노령화가 급속히 진행돼 일을 할 수 있는 젊은 층이 크게 줄어든다면 당연히 청년층의 평균 임금 수준이 올라가게 된다. 여성 인력이 많이 필요한데 여성의 숫자가 많지 않을 경우 여성의 임금 수준이 올라가는 것도 같은 논리다.

또한 물가 상승이 지속적으로 이뤄지면 임금도 상승하는 경향이 있다. 물가가 크게 오르는데 같은 액수의 월급을 받는다면 실질 임금이 저하되는 것이므로, 노동자는 노사 협상에서 물가 수준을 고려해 임금 인상을 요구하는 것이다.

같은 업종에 있는 타 회사의 임금도 중요한 임금 결정의 요소가 된다. 특히 우리나라 직장인들은 항상 자신의 임금을 같은 업종에 있는 경쟁 회사의 임금과 비교하는 경향이 있다. 기자들이 일하는 언론사도 마찬가지다. 다른 언론사의 임금이 얼마나 인상되는지가 노사 협상의 중요한 기준이 되곤 한다.

이런 연장선에서 노조도 임금 결정의 중요한 변수 중 하나다. 임금 수준은 노사 간의 임금 및 단체 협약에 크게 좌우되기 때문이다. 노조의 교섭력과 영향력에 따라 임금 수준이 결정되는 사례는 주변에서 흔히 볼 수 있다. 노조의 힘이 세면 회사 측이 임금 협상에서 우위에 서기 힘들 가능성이 크다. 언론에서 '귀족 노조'라고 불리는 일부 노조의 경우가 여기에 해당한다. 파업 등을 무기로 회사 측을 압박해 높은 임금을 쟁취해내는 것이다. 경제학에서는 노조의 단체 교섭력과 사용자의 교섭력의 균형점에서 임금이 결정된다고 설명하는데, 이 이론을 '임금 교섭력설'이라고 부른다.

기업의 경영 상황이 월급을 좌우하기도 한다. 회사가 유동성 위기에 빠지거나 회생 불가능한 상황으로 악화되면 결국 직원의 임금을 줄이거나 최악의 상황에서는 임금을 지급하지 못할 수도 있다. 반대로 기업이 큰 이익을 내면 직원에게 목돈의 보너스를 지급하기도 한다.

이 같은 요인 외에 정치·사회적인 외부 요소로 임금이 크게 흔들리는 경우도 있다. 지난 2009년 말, 은행이 신입 행원의 임금을 20% 일괄 삭감한 것이 대표적인 사례다. 형식은 은행권의 자율적인 조치였지만 그 내막을 들여다보면, 고임금 비판에 직면한 은행들이 정치권과 금융당국의 입김에 '울며 겨자 먹기' 식으로 임금을 내린 것이라고 할 수 있다. 더 많은 임금을 주고서라도 우수한 인재를 뽑고 싶어도 은행은 정부의 압력 때문에 신입 행원의 임금을 무조건 깎아야 했다.

문재인 정부 들어 시행되고 있는 '비정규직의 정규직 전환'도 비슷한 사례다. 정부가 비정규직을 없애고 '동일 노동, 동일 임금' 원칙을 앞세우면서 비정규직의 월급이 큰 폭으로 상승하고 있다.

임금 지급의 5가지 원칙

근로기준법 제42조에서는 임금 지급의 원칙을 이렇게 규정한다. 1항에는 '임금은 통화로 직접 근로자에게 그 전액을 지급해야 한다. 다만 법령 또는 단체 협약에 특별한 규정이 있는 경우에는 임금의 일부를 공제하거나 통화 이 외의 것으로 지급할 수 있다'고 서술돼 있다. 2항에는 '임금은 매월 1회 이상 일정한 기일을 정하여 지급해야 한다. 다만 임시로 지급하는 임금, 수당, 기타 이에 준하는 것 또는 대통령이 정하는 임금에 대해서는 그러하지 아니한다'고 돼 있다. 이 법 조항은 임금 지급의 5원칙을 담고 있다.

첫째, 임금은 기본적으로 통화로 지급해야 한다는 원칙이다. 예를 들어, 냉장고 회사에서 직원들에게 주는 월급 대신 냉장고를 줄 수 없도록 규정한 것이다. 그러나 법령 또는 단체 협약의 규정이 있는 예외적인 경우라면 급여를 현물로 주는 것도 인정된다. 둘째, 직접 지급의 원칙이다. 임금은 제3자를 거치지 않고 직접 근로자에게 지급해야 한다. 다만 근로자 본인의 예금계좌에 불입하는 것은 인정된다. 셋째, 전액 지급의 원칙이다. 임금은 회사가 자의적으로 분할하여 지급할 수 없고, 한꺼번에 전액 지급돼야 한다. 넷째, 매월 1회 이상 지급의 원칙이다. 3개월에 1회씩 임금을 지급하는 방식은 불가능하다는 것이다. 다섯째, 일정 기일 지급의 원칙이다. 임금은 일정한 날짜를 정해서 지급해야 하는데, 단 임시로 지급하는 임금이나 근속수당, 장려금, 상여금에 대해서는 예외를 인정한다.

최저임금,
인간답게 살기 위한 마지노선

주는 사람, 받는 사람의 마음이 다른 게 임금이다. 받는 사람은 어떻게든 많이 받고 싶어 하고, 주는 사람은 할 수만 있다면 적게 주고 싶어 할 것이다. 그래서 법적으로 최소한 근로자에게 이만큼은 줘야 한다고 정해놓은 것이, 바로 '최저임금법'이다. 최저임금법 1조(목적)에는 이렇게 쓰여 있다. '이 법은 근로자에 대하여 임금의 최저 수준을 보장하여 근로자의 생활 안정과 노동력의 질적 향상을 꾀함으로써 국민경제의 건전한 발전에 이바지하는 것을 목적으로 한다.' 다시 말해, 근로자들이 인간답게 살아갈 수 있도록 사업주가 주어야 할 최소한의 임금을 정부가 정해놓은 것이다.

문재인 정부 들어 최저임금이 한국경제의 뜨거운 이슈 중 하나가 됐다. 이 정부가 2020년까지 최저임금을 1만 원으로 올리겠다는 목표를 세우고, 2018년 최저임금을 전년보다 16.4%나 급격히 올렸기 때문이다. 최저임금 인상이 극심한 소득 불평등 해소와 저임금 노동자의 인간다운 삶을 위해 반드시 해야 할 정책이라는 것이 취지였다. 하지만 최저임금 인상 속도에 대해서는 불만의 목소리가 높다. 인상 금액이 사상 최대에 달할 만큼 껑충 뛰면서 인건비를 감당하기 힘든 중소기업과 영세 소상공인들이 대거 등장했기 때문이다. 이에 정부는 3조 원을 투입해 영세 사업주들에게 최저임금 인상분을 지원해주는 정책을 내놓았다. 그렇다면, 우리나라의 최저임금은 어느 정도 수준이고 구체적인 금액은 어떻게 결정되는 것일까? 간단히 살펴보자.

2018년 우리나라의 시간당 최저임금은 7,530원으로 근로자들이 받을 수 있는 최저임금을 월 단위로 보면 157만 원이다. 이 금액은 최저임금 7,530원에 209시간을 곱해서 나온 숫자다. 209시간은 1주일에 48시간, 한 달

평균 4.35주 일하는 것으로 계산할 때 나오는 시간이다. 그런데 왜 1주일 근로시간을 48시간으로 계산한 걸까? 하루 근로시간인 8시간씩 5일을 근무하면 40시간인데, 여기에 추가로 일하는 8시간을 더한 것이다. 근로기준법상 주 40시간 근무할 경우 근로자는 유급 주휴일을 갖게 된다. 주휴일에는 일을 하지 않아도 1일분의 임금을 지급받을 수 있다. 이에 1일에 해당하는 8시간을 40시간에 추가한 것이다.

그런데 최저임금에 포함되는 임금을 정의하는 것도 쉬운 문제가 아니다. 우리나라는 상대적으로 임금 체계가 복잡하다. 그동안 대다수 기업들이 노사 협상 과정에서 기본급을 올리기보다 각종 상여금이나 수당을 만들어 임금을 올리는 방안을 채택했기 때문이다.

그래서 상여금이나 수당이 어디까지 최저임금에 포함되는지가 논쟁의 대상 중 하나다. 과거에는 상여금이나 수당이 최저임금에 포함되지 않았기 때문에 경영계는 이를 모두 최저임금에 포함시켜야 한다고 주장해왔고, 노동계는 그럴 경우 저임금 근로자의 소득 수준이 줄어들 수 있다며 반대 입장을 굽히지 않았다.

이 같은 논란이 지속되는 가운데, 2018년 5월 국회가 최저임금법을 개정해 매달 1회 이상 지급되는 정기 상여금을 최저임금 산입 범위에 포함시키기로 했다. 논란이 컸던 숙박비·식비·교통비 등 현금성 복리후생비도 경영계의 주장을 반영해 최저임금 산입 범위에 포함했다. 식사 제공 등 현물성 수당은 가치 산정이 어렵다는 이유로 산입 범위에서 제외했다.

다만 국회는 노동계의 반발 등을 의식해 연 소득 2,500만 원 이하 근로자들을 보호하기 위한 제도를 마련했다. 우선 2019년에는 주 40시간 근로 기준 월 최저임금의 25% 이하 상여금과 7% 이하 복리후생비는 산입 범위에 포함시키지 않는다. 상여금과 수당 금액이 적은 저임금 근로자들이 최저임금 인상의 혜택을 최대한 받을 수 있게 한 조치다.

최저임금 산입 범위에서 제외되는 상여금과 복리후생비 비율은 매년 계속 줄어들어 2024년이면 0%가 될 예정이다. 2024년부터는 매달 지급되는 정기 상여금과 현금성 복리후생비 전액이 모두 산입 범위에 포함되는 것이다.

매년 최저임금은 누가 결정하는 것일까? 바로 최저임금위원회다. 최저임금위원회는 매년 6월까지 다음 연도의 최저임금을 정한다. 최저임금위원회는 노동계 측이 추천하는 인사 9명, 경영계 측이 추천하는 인사 9명, 그리고 정부가 추천한 공익위원 9명까지 총 27명으로 구성된다. 노사정이 머리를 맞대고 최저임금을 결정하는 구조인 셈이다.

| 내년부터 바뀌는 최저임금 산입 범위

기존(2018년)	변경 후(2019년부터)
• 기본급, 직무수당만 포함 • 정기 상여금, 복리후생비 불포함	• 기본급, 직무수당 포함 • 월 단위 상여금 포함(최저임금의 25% 초과 금액) • 복리후생비 포함(최저임금의 7% 초과 금액)

| 산입 범위 확대로 늘어나는 최저임금

기존	변경 후
• 최저임금(기본급) 157만 원 • 상여금 50만 원 • 복리후생비 20만 원	• 최저임금 177만 원으로 증가 • 상여금 중 10만 원 포함(최저임금의 25% 초과 금액) • 복리후생비 중 10만 원 포함(최저임금의 7% 초과 금액)

	상여금 중 최저임금 산입 범위에서 제외되는 금액	복리후생비 중 최저임금 산입 범위에서 제외되는 금액
2019년	최저임금의 25%	최저임금의 7%
2020년	최저임금의 20%	최저임금의 5%
2021년	최저임금의 15%	최저임금의 3%
2022년	최저임금의 10%	최저임금의 2%
2023년	최저임금의 5%	최저임금의 1%
2024년	없음	없음

02

당신의 연봉이
오른 진짜 이유

　연말이 되면 어김없이 나오는 경제 기사 중 하나가 '삼성전자 직원들이 월급의 몇 배를 성과급으로 받았다'는 뉴스다. 그들은 많게는 연봉의 50%, 적게는 연봉의 20%를 성과급으로 받는다. 이 같은 소식을 접하면 우선은 부럽고, 한편으로는 '왜 굳이 저렇게까지 많은 성과급을 지급할까?'라는 의문이 든다. 삼성전자는 부가적인 설명이 필요 없는, 누구나 다니고 싶어 하는 직장이다. 굳이 고액의 성과급을 지급하지 않아도 일하고 싶어 하는 사람이 줄을 설 정도다. 그런데 왜 삼성전자는 연말마다 직원들에게 푸근한 선물까지 안기는 것일까?

　대기업 근로자들의 임금 수준은 노동 수요와 공급이 만나서 결정되는 가격보다 높다. 대기업에 들어가기 위해 경쟁하는 수많은 구직자들이 이를 증명한다. 수요와 공급이 만나는 지점보다 실제 임금이 높으니 기업이 노동력을 다 소화하지 못하는 것이고, 취업하고 싶어도 들어가지 못하는 사람이 생겨나는 것이다. 만일 딱 균형 수준의 임금만 제공된다면 어떨까? 그만큼 대기업에 취업하겠다는 사람이 줄어 원하는 사람은 모두 취직할 수 있게 될 것이다.

결국 대기업들은 균형 수준보다 높은 임금을 주면서 필요한 인력보다 적은 수의 직원을 뽑는 경우가 많다. 임금 부담이 크므로 필요한 규모까지 채용하지 않는 것이다. 경제학은 그 이유를 근로자의 '노동 의욕'으로 설명한다. 노동 의욕은 임금과 정비례 관계다. 많은 임금을 받을수록 더 열심히 일하려는 유인이 생긴다. 그만큼 책임감을 느끼기 때문이다. 이는 근로자들의 생산성을 높이고 효율을 개선해 결과적으로 기업 이윤을 키운다. 즉 적은 임금으로 더 많은 사람을 고용할 때보다 그보다 약간 적은 수의 사람에게 많은 임금을 주는 편이 이윤을 늘리는 데 유리한 것이다. 이처럼 시장의 수급보다 생산성을 생각해 임금을 많이 지급하는 방식을 '효율성 임금 이론'이라 한다.

이 이론에 따르면, 근로자들의 월급이 많아지면 생산원가는 커지지만 그만큼 생산성을 높여 결과적으로 기업이 보다 많은 이익을 누리게 된다. 많은 임금은 근로자들을 자동으로 감시하는 효과도 낸다. 사실상 경영자들은 근로자들이 얼마나 열심히 일하는지 알기 어렵다. 따라서 근로자들은 겉으로 일하는 척하면서 경영자 몰래 일을 게을리하기 쉽다. 이를 '감추어진 행동'이라고 부르는데, '도덕적 해이'의 일종이다. 도덕적 해이는 정보를 가진 사람이 개인의 이익을 극대화하기 위해 정보가 부족한 사람의 믿음에 반하는 행동을 하는 것을 의미한다. 즉 정보가 부족한 사람은 정보를 가진 사람이 어떤 행동을 하리라 기대하는데, 정보를 가진 사람이 이와는 다르게 행동할 때 도덕적 해이에 빠졌다고 한다. 그런데 많은 임금은 근로자들이 일을 게을리 하는 도덕적 해이에 빠지게 되는 것을 방지하는 효과가 있다. 임금이 많을수록 태업을 하다 적발돼 일을 그만두어야 할 때 포기해야 하는 대가가 커지게 마련이다. 따라서 고임금 근로자들은 혹시 모를 적발에 대비해 일을 열심히 하게 되는 것이다. 또 보다 많은 임금을 받기 위해 더 열심히 일하는 동기가 되기도 한다.

고임금은 노동 시장에서 '역선택'을 방지하는 효과도 낸다. 정보가 부족해 최선이 아닌 잘못된 선택을 하게 되는 상황을 역선택이라고 한다. 즉 내용을 제대로 충분히 알았더라면 하지 않았을 선택을 정보가 부족해 하게 되는 것이다. 노동 시장에서 역선택은 주로 채용 때 벌어진다. 구직자에 대한 정보를 충분히 알았더라면 뽑지 않았을 사람을 정보가 부족해 뽑게 되는 것이다. 역선택은 임금이 적을수록 심화된다. 해당 임금에 만족할 정도로 질이 낮은 사람만 몰리기 때문이다. 예를 들어, 구직자의 능력치를 0에서 100으로 봤을 때 50에 해당하는 임금을 제공할 경우 여기에 만족하는 능력치 50 이하의 사람들만 모이게 된다. 그런데 기업이 50의 임금을 제공하는 것은 구직자의 능력을 제대로 판별할 수 없으니 그들의 능력치를 평균한 후 이에 맞는 임금을 주겠다는 판단에서 나온다. 50의 임금을 제공하면서 능력이 좋은 사람을 뽑을 수 있기를 기대하는 것이다. 하지만 결과는 평균 이하의 사람만 몰리는 것으로 귀결된다. 기업 입장에서 바람직하지 못한 근로자만 뽑게 되는 역선택에 빠지는 것이다. 이때 기업이 70의 임금을 준다면 능력치가 평균 이상인 사람들도 지원하게 만들 수 있다. 우수 인력을 유입시킬 수 있다는 말이다. 따라서 능력이 우수한 사람을 뽑고 싶은 기업의 욕구가 클수록 해당 기업의 임금이 올라가게 되는 것이다.

회사가 임금 수준을 높게 책정하는 데는 이직률을 낮추려는 의도도 담겨 있다. 보통 업계 1위가 아닌 그 이하 대기업들에 적용되는 이론이다. 2위 이하 기업들은 직원이 언제라도 1위 업체로 옮겨갈 수 있으니 불안하다. 이직이 발생하면 기업 입장에서 숙련된 노동력을 잃는 셈이고, 새로 인력을 뽑아 교육을 시키려면 많은 비용이 소요되기 때문. 이에 2위 이하 업체들은 이직률을 줄이기 위해 1위 업체보다 많은 임금을 지급하곤 한다.

특정 업종 내에서 각 기업 근로자의 임금은 비슷하게 형성된다. 이직을 원하는 근로자들은 대개 동종 업계의 회사로 자리를 옮기는데, 다른 업종으로 옮기면 해당 분야에서 쌓은 전문성을 활용할 수 없기 때문이다. 따라서 보통 자신의 전문성을 살릴 수 있는 동종 업계의 경쟁 업체를 선호한다. 이때 특정 업체의 임금 수준이 아주 높다면 업계 종사자들은 당연히 이곳으로의 이직을 시도할 것이고, 그 과정에서 다른 업체들은 경쟁력에 타격을 입을 수 있다. 이런 일을 막기 위해 약간의 차이는 있어도 동종 업계의 기업들이 근로자의 임금을 비슷한 수준에서 맞추는 것이다.

같은 그룹의 계열사라고 하더라도 업종에 따라 임금 차이가 큰 경우가 많다. 그룹 전체적으로 임금을 맞추기보다 각 계열사가 속한 업종의 특성을 반영해 임금을 결정하기 때문이다. 보통 각 그룹을 보면 금융계열사 종사자들의 임금이 가장 많은데, 이는 급여 수준이 높은 금융권의 특성을 반영해 임금을 결정해서 그렇다.

이처럼 임금은 종사자의 이직을 막는 중요한 장치가 된다. 결국 효율성 임금 이론으로 기업이 조직의 효율성을 높이기 위해 많은 임금을 제시하는 상황을 설명할 수 있는 것이다. 물론 이 같은 이론이 모든 상황에 들어맞는 것은 아니다. 굳이 많은 임금을 주지 않더라도 열심히 일하지 않는 사람에게 인사상 불이익을 줌으로써 열심히 일하게 만들 수도 있다.

또 대기업의 고임금은 생산성을 높이기 위한 수단이 아니라, 생산성 높은 사람들이 지원한 결과라는 설명도 있다. 즉 고임금이 높은 생산성의 원인이 되는 것이 아니라, 높은 생산성이 고임금의 원인이 된다는 반론이다. 대기업에는 일반 기업과 비교해 우수한 인력이 모이게 마련이다. 이들이 모여 일하면 자연히 생산성이 올라가고 이에 따라 자동적으로 많은 임금을 지급할 수 있는 여건이 형성된다는 결과론적 해석이 가능한 것이다.

03

왜 내 연봉은 우리나라 평균 소득에도 못 미칠까?

세계은행에 따르면, 우리나라 1인당 국민총소득^{GNI}은 2017년 12월 말 기준 2만 5,167달러다. 2018년에 3만 달러 돌파가 확실시된다. 여기에 2018년 3월 환율 1,081원을 대입할 경우, 1인당 GNI는 2,720만 원에 이른다. 이를 단순하게 생각하면 4인 가구의 가장(외벌이)은 연봉이 1억 880만 원(2,720만 원×4)이 돼야 한다. 그래야 가족의 각 구성원에게 2,720만 원씩 배분해 평균에 맞춰 살 수 있는 것이다.

그런데 아무리 우리나라에 억대 연봉자가 넘쳐난다고 해도 우리 주변의 4인 가구 가장 중 연봉이 1억 880만 원이 되는 사람을 찾는 것은 쉬운 일이 아니다. 특별히 내 주변에 무능력한 사람이 많아서일까? 이 수치에 담긴 비밀을 공개한다.

1인당 GNI를 계산하는 출발점은 GDP다. 국내총생산을 의미하는 GDP는 한 나라가 1년간 생산한 모든 최종 생산품에 가격을 곱해 산출한다. 물건이든 서비스든 그 종류를 가리지 않고 생산한 모든 물건과 서비스에 가격을 곱하는 것이다. 이후 약간의 가감을 거친 금액을 국민 수로 나눠서 1인당 GNI를 산출한다.

그런데 이 소득의 모두를 가계가 가져가는 것은 아니다. 가계는 소득으로, 기업은 이윤으로, 정부는 세금으로 가져간다. 그러니 1인당 GNI는 단순히 그 나라의 경제총량을 인구수대로 나눠준 것일 뿐, 진정한 의미의 소득과는 그다지 관련이 없다. 1인당 GNI가 3만 달러라고 해서 그 모두를 우리 손에 쥐는 것이 아니라는 뜻이다. 즉 1인당 GNI가 3만 달러라는 것은 그 나라의 경제 수준을 1인당으로 계산해보니 3만 달러에 해당하더라는 것이지 그 나라의 국민들이 평균 3만 달러의 소득을 벌고 있다는 의미가 아니다.

결과적으로, 3만 달러에는 가계 소득, 기업 이윤, 정부 세수입(소득세 제외)이 모두 포함돼 있다. 그러니 4인 가구 가장의 연봉이 1억 880만 원이 안 된다고 해서 절망할 필요는 없다. 대신 4인 가구의 가장이 평균적으로 경제에 1억 880만 원의 기여를 하고 있다는 뜻으로 이해하면 좋다. 즉 우리가 회사에 나가든 따로 사업을 하든 각종 경제 활동을 통해 평균적으로 해당 금액만큼 경제를 구성하고 있는 것이다. 이 가운데 기업이 이윤으로, 정부가 세금으로 가져가고 남은 것을 각 가장이 집으로 가져간다.

그렇다면 집으로 가져가는 소득의 평균값은 얼마나 될까? 이를 알기 위해 3만 달러 가운데 기업 이윤, 정부 세수입을 빼준 뒤 순수하게 각 가계로 돌아가는 소득을 구한 것이 '도시 근로자 월평균 소득'이다. 통계청에 따르면, 2017년 4분기 기준 4인 가구의 월평균 소득은 529만 2,579원이다. 혹시 상여금이 나오지 않는 보통 달 월급이 여기에 미치지 않는다고 해도 괜찮다. 이는 상여금뿐 아니라 각종 수당을 포함한 연 수입을 12로 나눈 값이기 때문이다. 4인 가구의 평균 연 수입은 2016년 기준 6,357만 원이다. 이 연 수입엔 가장의 연봉만이 아니라, 가구 구성원의 전체 수입이 포함된다. 맞벌이라면 부부 소득 합계가 6,357만 원이 넘으면 평균 이상에 해당하며, 맞벌이는 아니지만 자녀가 아르바이트로 소득을 올리고 있는 상황이라면 이것을 합쳐 6,357만 원을 넘을 경우 평균 이상이 된다.

또 여기에는 노동을 통한 수입뿐 아니라 예금이자, 주식 배당금 등 각종 금융 소득도 포함된다. 결국 4인 가구의 평균 연 수입이 6,357만 원이란 것은 1년 동안 한 가정이 어떤 경로로든 벌어들인 모든 수입을 합쳤을 때 6,357만 원이라는 뜻이다. 그리고 이것이 바로 이른바 '세전 소득'이다. 소득세를 비롯한 국민연금, 건강보험 등의 원천징수되는 각종 부담을 제하기 전의 소득이란 말이다.

결국 GDP에서 산출되는 1인당 GNI에는 기업 이윤과 정부 세수입이 포함돼 있고, 이를 제외하고 산출한 평균 소득은 '세금 등 각종 부담을 포함한 가구 구성원 전체의 소득에 금융 등의 부가 소득을 합한 것'이다.

이렇게 계산한 가구 전체 소득이 6,357만 원을 넘으면 평균 이상에 속한다고 볼 수 있다. 혹시 여기에 미치지 못한다 해도 절망은 금물. 평균은 순위를 나열할 때 중간을 의미하는 것이 아니며, 단순히 전체 값을 더한 뒤 구성원 수로 나눈 것이다. 그러므로 상위에 있는 몇몇이 특출나게 많은 소득을 올리면 평균이 올라간다. 예를 들어, 5명으로 구성된 한 공동체에서 소득 분포가 1,000만 원, 2,000만 원, 3,000만 원, 4,000만 원, 10억 원으로 이뤄진다면 이 경제의 평균 소득은 2억 2,000만 원이 된다. 이에 소득이 4,000만 원인 사람은 자신의 소득이 평균치에 미치지 못한다는 것에 절망할 수 있다. 하지만 이 사람은 실제로 2번째로 많은 소득을 올리고 있는 구성원인 것이다.

결국 위치상 정확히 중간에 해당하는, 즉 상위 50%의 소득은 평균소득보다 적다. 우리나라 상위 50% 가구의 소득은 월 400만 원으로 계산된다. 연간으로 보면 4,800만 원이다. 즉 모든 소득을 합쳐 연간 세전 4,800만 원을 벌고 있다면 정확히 중간 수준에 위치하는 것이다. 결국 여러분의 위치는 의외로 높은 곳에 있을 수 있다. 그러니 자신의 소득이 적다며 좌절하지 마라, 절대로.

2016년을 기준으로 가구 연 소득이 7,300만 원을 넘으면 상위 20%에 해당한다. 또 8,976만 원이면 상위 10%에 속한다. TV 드라마나 언론에서 부유한 사람들의 삶을 자주 접하다 보니 상대적으로 자신이 빈곤하게 여겨질 수는 있어도, 생각보다 당신은 꽤 높은 위치에 있을 수 있다. 당신의 상황을 한번 찬찬히 계산해보라. 의외로 뿌듯함을 느낄 수 있을 것이다. 그러니 오늘부터 어깨 펴고 살자.

연봉에 따른
실수령액 계산하는 법

당신이 원하는 연봉은 얼마인가? 이력서의 '희망 연봉' 란에 원하는 금액을 적기 전, 인사 담당자와 치열한 임금 협상을 벌여 연봉계약서에 사인하기 전, 당신이 해야 할 것이 있다. 바로 당신이 만족할 수 있는 삶을 영위하는 데 필요한 구체적인 금액을 월로 계산해보는 것이다. 단, 연봉을 단순히 12 개월로 나눈 것이 당신이 실제 받게 될 한 달 치 급여가 아니라는 사실만은 명심하자.

알다시피 당신의 급여통장에 찍히는 금액, 즉 근로자가 받는 급여의 실수령 액은 계약 연봉보다 적다. 월 급여에서 사회보험료와 근로소득세 등을 납부 해야 하기 때문이다. 구체적으로 빠져나가는 내역은 국민연금, 건강보험료 (장기요양보험), 고용보험료, 근로소득세(지방소득세)다. 그중 근로소득세는 회 사가 매월 급여에서 원천징수해 국세청에 대신 납부한다. 소득세율은 누진 세율 구조라, 소득이 많을수록 높은 세율을 적용받는다. 이때, 부양가족이 나 20세 이하 자녀 수에 따라 원천징수세액이 달라진다. 원천징수세액은 국세청이 제공하는 '간이세액표'에 따라 징수한다.

한 해 동안 소득공제 및 세액공제에 필요한 경비는 개인마다 모두 다르게 발생하므로 1년이 지난 후에야 정확한 세금이 정산된다. 연말정산을 하는 이유도 이 때문이다. 연말정산으로 확정된 결정세액에 따라 세금을 돌려주 거나 추가로 징수하려는 것이다. 따라서 국가는 미리 거두는 세금을 계산하 기 쉽도록 대략적인 범위 내에서 표를 만들어서 제공하는데, 이것이 바로 간이세액표다. 해당 연도의 간이세액표는 국세청 홈페이지에서 확인할 수 있다.

회사로부터 받는 급여 중에는 비과세 항목이 있다. 간단히 말하자면, 업무와 관련해 발생하는 '경비'와 회사에서 지원하는 '복리후생'과 관련된 비용엔 세금이 부과되지 않는다. 대표적인 것이 식대인데, 월 10만 원까지는 비과세다. 이 외 출산 및 보육수당, 자가운전보조금, 벽지수당 등은 소득 금액에서 제외된다. 나머지 구체적인 항목은 급여명세서에 자세히 나오니 꼼꼼히 확인해보자.

| 월급 공제 내역(2018년 기준)

소득세	근로소득세	간이세액표에 따라 징수
	지방소득세	근로소득세의 10%
사회보험료	국민연금	4.5% (보험요율은 9%이나 근로자와 회사가 반씩 부담)
	국민건강보험	3.06% (보험요율은 6.12%이나 근로자와 회사가 반씩 부담)
	장기요양보험	건강보험료의 3.69%
	고용보험	0.65%

일일이 계산하기 힘들다면, 각종 취업포털 사이트나 우리나라 대표 검색포털 등에서 제공하는 '연봉 계산기' 혹은 '임금 계산기'를 활용해보자. 몇 가지 항목만 입력해도 실제 수령액이 어느 정도 되는지 알 수 있다.

04

월급이 올라도
지갑은 두툼해지지 않는다?

치열한 연봉 협상 후 연봉이 올라도, 급여통장에 찍히는 숫자는 세전 소득에 한참이나 못 미친다. 각종 세금, 국민연금, 의료보험료, 대출이자 등 개인적으로 절대 피할 수 없는, '비소비 지출' 때문이다. 일반적인 의미의 소비가 아닌 어쩔 수 없는 지출이란 뜻에서 '비非'라는 단어가 앞에 붙었다. 비소비 지출은 소득에서 원천징수돼 자동으로 떨어져 나간다. 이 때문에 우리가 눈으로 확인할 수 있는 급여통장에 실제 찍히는 금액이 기대했던 것보다 무척이나 적은 수준에 그치는 것이다. 이처럼 실제 들어온 돈을 '가처분 소득'이라 한다. 순수하게 소비에 쓸 수 있는 돈이란 뜻이다.

대한민국 국민의 전체 소득 가운데 비소비 지출 비중은 평균 20%

다. 세전 소득이 300만 원이라면 이 중에서 60만 원이 소득세와 대출 이자 등으로 나간다는 뜻이다. 결국 자연스럽게 소비할 수 있는 가처분 소득은 240만 원이 된다.

비소비 지출은 소득이 많을수록 그 비중이 높아지는 경향이 있다. 이는 소득이 많을수록 세 부담이 커지는 '누진세' 체계 때문이다. 현재 소득세는 다음과 같은 과세표준에 따라 부과되고 있다.

| 종합소득세 과세표준 및 세율

과세표준	세율
1,200만 원 이하	6%
1,200만 원 초과~4,600만 원 이하	15%
4,600만 원 초과~8,800만 원 이하	24%
8,800만 원 초과~1억 5,000만 원 이하	35%
1억 5,000만 원 초과~3억 원 이하	38%
3억 원 초과~5억 원 이하	40%
5억 원 초과	42%

이때 세금을 부과하는 소득은 각종 공제 항목을 제한 뒤의 금액을 의미한다. 예를 들어, 전체 소득이 1억 원인데 기본 공제와 신용카드 사용액 등을 공제했을 때 소득이 7,600만 원이라면, 이 금액에 소득세가 부과되는 것이다. 소득세가 부과되는 방식도 살펴볼 필요가 있다. 소득 7,600만 원 가운데 1,200만 원에는 6%, 3,400만 원(1,200만

원 초과~4,600만 원 이하)에는 15%, 나머지 3,000만 원(4,600만 원 초과 ~8,800만 원 이하)에는 24%의 세율이 적용된다.

소득이 많을수록 과표 구간에 따라 적용되는 세율 자체가 올라가니 상대적으로 많은 세금을 내야 한다. 따라서 억대 연봉을 받더라도 정작 손에 쥐는 건 그 이하 소득 계층과 별 차이가 나지 않을 수 있다. 그러니 '허울 좋은 억대 연봉'이라는 말이 나오는 것이다.

세 부담은 경제가 성장할수록 자동으로 커지는 경향이 있다. 과세 대상 연 소득이 4,000만 원이던 사람이, 10년 뒤 연 소득이 8,000만 원으로 2배 올랐다고 가정해보자. 그런데 이 사이 물가도 2배 올랐다면? 이 사람의 실질 연 소득은 그대로다. 소득이 2배로 늘었지만 물건 값도 2배로 올라 살 수 있는 물건의 양이 그대로이기 때문이다. 즉 10년 전에 살 수 있는 물건이나 지금 살 수 있는 물건이나 그 양은 매한가지고 결국 실질 소득에는 변화가 없게 된다.

사정이 이와 같다면 세금도 2배가 돼야 부담에 차이가 없다. 그런데 현행 과표 체계에서는 얘기가 달라진다. 세 부담을 구체적으로 계산해보면, 과세 대상 소득이 4,000만 원일 때는 1,200만 원까지 6%, 나머지 2,800만 원에 대해서는 15% 세율을 적용받아 492만 원의 세금을 낸다. 그런데 과세 대상 소득이 8,000만 원으로 오르면 1,200만 원까지 6%, 3,400만 원은 15%, 나머지 3,400만 원은 24%의 세율을 적용받아 총 1,398만 원의 세금을 내야 한다. 소득이 2배로 늘었지만 물가도 2배로 오른 상황이라 실질 소득은 그대로인데, 내야 하는 세금이 3배 가까이 느는 것이다.

이처럼 과세 체계가 소득이 많아질수록 세율이 올라가는 누진적인 구조로 돼 있다 보니, 경제 성장과 물가 상승에 맞춘 수준으로 소득이 증가해도 그보다 훨씬 과중한 세 부담으로 이어져 실질 소득이 오히려 줄어드는 결과가 나타나곤 한다.

물론 많이 버는 사람이 많은 세금을 내야 소득 재분배가 가능하므로 현재의 누진세율 구조를 전면적으로 수정하기는 어렵다. 다만 현재의 과세 체계가 의도치 않게 불필요한 부담을 만들어낸다는 사실만큼은 부인할 수 없다. 정부는 이 같은 문제를 해결하기 위해 물가 상승에 맞춰 과표를 올리고, 때로는 소득세율도 인하하고 있다. 실제 최저세율이 적용되는 과표 1,200만 원 이하는 2009년 1,000만 원에서 200만 원 오른 금액이다. 2009년 전에는 1,000만 원에서 1,200만 원 사이의 과세 대상 소득에 15% 세율이 적용됐지만, 현재는 6% 세율이 적용되고 있다. 이에 세 부담이 감소되긴 했지만, 부담을 완전히 상쇄시키지는 못하고 있다.

이자 소득세도 이와 비슷한 문제를 안고 있다. 갑자기 물가가 올라 이를 반영해 이자율이 올랐다고 하자. 명목상으로는 이자 수익이 늘지만 물가가 오른 만큼 이자율도 올랐으니 실질 이자 수익에는 변화가 없다. 그런데 이자 소득세는 명목상으로 증가한 이자 수익에 부과되므로 이전보다 많은 세금을 내야 한다. 소득에는 변화가 없는데 더 많은 세금을 내야 하니 상황이 악화되는 것은 당연하다.

예를 들어, 이자 소득세가 15.4% 부과되는 상황에서 이자율이 연 5%라고 하자. 세후 이자율은 연 4.23%다. 연 5% 이자에 대해 이 금액의 15.4%를 세금으로 내고 남은 이자율을 의미한다(5%×(1−0.154)). 이때 물가 상승률이 3%라 한다면 세후 이자율 4.23%에서 물가 상승률을 제한 실질 수익률은 1.23%다.

그런데 물가 상승률이 5%로 높아지면서 이자율이 7%로 올랐다고 하자. 물가 상승률이 2%포인트 오르니 이자율도 2%포인트 오른 것이다. 이때 7% 이자에 대해 이자 소득세 15.4%를 내고 나면 세후 이자율은 5.922%가 남는다. 여기서 물가 상승률 5%를 제하면 실질 수익률은 0.922%에 그친다. 오른 물가 상승률만큼 이자율이 올랐을 뿐인데, 이자 소득세가 부과되니 실질 수익률이 떨어지는 것이다. 이 같은 세 부담은 우리의 실질 가처분 소득을 감소시키는 효과를 낸다.

세금 외에 다른 비소비 지출 부담도 크게 늘고 있다. 노령화로 인해 국민연금이 2050년경 바닥날 것으로 예상되면서, 이를 메꾸기 위해 매년 늘어나는 국민연금 보험료 납부액이 대표적이다. 또 병원 이용률이 늘면서 건강보험료도 계속 인상 추세에 있다. 비소비 지출 부담을 늘리는 또 다른 요소는 대출이자다. 이는 정부가 아닌 개인 스스로 한 선택에 따른 것이지만 가계경제를 짓누르는 주요 요인임에 틀림없다. 결국 갈수록 증가하는 세 부담, 국민연금, 건강보험료, 대출이자 등의 비소비 지출로 연봉이 올라도 좀처럼 우리의 지갑은 두툼해질 기미가 보이지 않는 것이다.

05

외벌이는 모르는
맞벌이의 함정

맞벌이를 할 것인가, 외벌이를 할 것인가는 대한민국 많은 부부의 공통된 고민이다. 맞벌이 부부들은 자녀양육 문제로 외벌이로 전환할지를 고민하고, 외벌이 부부들은 생활비 문제로 맞벌이를 해야 할지를 고민한다. 그런데 맞벌이가 꼭 경제적인 여유를 보장하는 건 아니다. 왜 그럴까?

한 취업포털 사이트 조사에 따르면, 20대로 한정할 경우 10쌍 중 9쌍의 부부가 맞벌이를 하는 것으로 나타났다. 젊은 부부 대다수가 맞벌이를 하고 있는 것이다. 맞벌이 이유를 묻는 질문에는 대부분 경제적 부담 때문이라고 대답했다. 아무래도 1명의 수입으로는 생활이 어렵다는 것이다. 맞벌이에 대한 욕구도 갈수록 증가하고 있다.

2017년 같은 취업포털이 직장인 1,028명을 대상으로 조사한 결과, 외벌이를 하는 직장인 중 41.4%가 배우자에게 맞벌이를 제안한 적이 있다고 답했다. 경기불황이 큰 요인이 되고 있는 것.

맞벌이 부부가 외벌이 부부에 비해 많은 소득을 얻고 있는 것은 사실이다. 통계청에 따르면, 2017년 기준 맞벌이 가구의 소득은 월평균 560만 원으로 외벌이 가구에 비해 49.3% 많았다. 실질 세 부담도 맞벌이 부부가 외벌이 부부보다 적은 경우가 많다. 조세연구원 조사에 따르면, 외벌이 가구는 소득의 평균 4.4%를 소득세로 내지만 맞벌이 가구는 3.7%만 낸다. 이는 누진세 방식의 소득세 납부 구조 때문이다. 소득이 많을수록 세율이 올라가는 누진세 방식에 적용하면 1명이 다소 많은 소득을 버는 것보다 2명이 나눠 버는 것이 유리하다. 예를 들어, 부부 중 1명이 8,000만 원을 벌 경우 앞서 밝힌 과세표준 세율에 따라 총 1,398만 원의 세금을 내야 한다. 반면 맞벌이 부부 각자가 5,000만 원씩 벌 경우 각 642만 원씩 총 1,284만 원을 세금으로 낸다. 맞벌이 부부가 합산 1억 원을 벌어 외벌이보다 가구 소득이 더 많은데 세 부담은 적은 것이다. 게다가 연말정산 때 맞벌이 부부는 각자 기본 공제를 모두 적용받으므로 돌려받는 세금도 더 많게 된다.

이처럼 여러 면에서 맞벌이 부부가 외벌이 부부보다 유리한 점이 많다 보니 경기불황에 대한 체감도에도 차이가 난다. 지난 금융위기 때 직장인을 상대로 한 경기불황 체감도를 조사한 바에 따르면, 외벌이 직장인의 경기불황 체감도는 5점 기준 4.4점으로 조사됐다. 반면 맞벌이 직장인들의 체감도는 3.8점이었다. 외벌이 직장인들이 경기불황을 더욱 예민하게 체감하는 것이다.

그럼에도 불구하고 맞벌이 부부들은 한결같이 여유가 없다고 말한다. 왜 그럴까? 바로 소비 습관 때문이다. 맞벌이 가구의 경우, 많이 버는 만큼 많이 쓰는 생활이 일반화돼 있다. 한 통계에 따르면, 맞벌이 가구가 외벌이 가구에 비해 외식비는 39.5%, 교육비는 36.5% 더 지출하는 것으로 나타났다. 상대적으로 소득이 많다 보니 더 쓰는 것이다. 특히 자녀와 자주 놀아주지 못하는 탓에 보상심리로 자녀에게 많은 돈을 쓰는 경우가 많다. 또 양육 도우미나 파출부 고용 등의 가사 서비스, 교통·통신비, 여가를 위한 문화생활비, TV나 자동차 등 내구재 구입비 등도 맞벌이 가구가 더 지출했다.

또 맞벌이 부부들은 소득과 지출을 각자 따로 관리하는 경우가 많다. 심지어 상대 배우자의 소득이 얼마인지 정확히 모르는 경우도 있다. 이렇게 되면 각자의 소비에 둔감해지면서 개인을 위한 지출이 늘어남에 따라 전체 가계 지출도 커지게 된다. 이 같은 소비 습관은 자녀에게로 이전될 수 있다. 쇼핑에 보다 자주 그리고 빨리 노출되면서 부모와 비슷한 소비 성향을 갖게 되는 것이다. 특히 아이와 놀아주는 장소를 쇼핑 공간으로 정할 경우 이 같은 문제는 보다 심각해진다.

맞벌이 가구의 소득 대비 저축률은 10~15%대에 불과하다는 통계도 있다. 통상 전문가들이 전체 수입의 50% 이상을 저축하라고 조언하지만, 실질적으로 외벌이 가구의 저축액과 다를 바 없는 것이다. 맞벌이 부부는 일단 소비한 뒤 남는 돈을 저축하는 경우가 많은데, 이러한 습관이 경제생활 만족도 저하로 이어지고 있다. 많이 번 만큼 많이 쓰다 보니 저축액이 부족해져 생활에 여유가 사라지는 것이다. 한 취업포털 사이트가 맞벌이 직장인 545명을 대상으로 경제 만족도를 설문한 결과, '매우 여유롭지 않다'라는 응답이 37.8%로 가장 많았다. 전체 평균 만족도는 5점 만점 기준 2.2점으로 외벌이 직장인 675명의 2.1점과 큰 차이가 없었다.

이와 같은 맞벌이의 함정에 빠지지 않으려면 어떻게 해야 할까? 맞벌이 가구도 1명의 수입에 맞춰 살아야 한다. 처음부터 무분별한 소비 습관을 갖지 않는 것이 중요하다. 소비에는 '비가역성'이라는 특성이 있다. 늘리기는 쉽지만 한번 늘린 수준을 낮추기는 쉽지 않다는 뜻이다. 이런 상황에서 만약 1명이 직장을 그만두게 된다면 경제적으로 큰 고통을 겪게 된다.

따라서 '수입-지출' 구조를 냉정하게 분석해 맞벌이를 계속하는 것이 정말 효율적인지 검토해볼 필요가 있다. 맞벌이를 하면 어쩔 수 없이 나가게 되는 지출 내역이 생긴다. 자녀양육비, 외식비, 교통·통신비 등이 대표적이다. 이를 합친 금액이 둘 중 1명의 소득에 육박할 수 있다. 맞벌이로 인한 실질 순소득 증가 효과가 얼마 되지 않는 것이다. 여기에 자녀와 많은 시간을 함께 보냄으로써 아이가 얻게 되는 안정감 같은 여러 무형의 가치를 경제적으로 환산하면 맞벌이가 실질적으로 손해일 수 있다. 여러 가지 사항을 고려했을 때 여전히 맞벌이가 유리하다면 소비보다는 저축에서 안정감을 느낄 수 있도록 소비 습관을 바꾸고, 중장기적인 재무 계획을 세워야 한다.

06

급여명세서에 숨어 있는
수당의 힘

A 은행은 21일, B 증권사는 25일, C 기업은 27일.

월급쟁이들이 한 달 동안 손꼽아 기다리는 급여일이다. 법적으로 정해진 날이 없다 보니 급여일은 회사마다 제각각이다. 21~27일 사이에 월급을 지급하는 회사가 가장 많고, 대한민국 공무원 급여일은 20일로 정해져 있다. 회사에 따라서는 매달 1일에 월급을 지급하는 곳도 있다.

요즘은 기업들이 내부 전산망을 잘 갖추고 있어 따로 급여명세서를 발급하지 않는 곳이 많다. 급여일이 되면 회사 전산망에 급여명세서가 자동으로 올라가고 급여통장에는 각종 공제 금액을 뺀 실 수령액이 찍힌다. 따라서 중소기업에서 일하는 직장인들을 제외하면 실제로 급여명세서가 어떻게 생겼는지 아는 사람이 드물 정도다. 그러고는 '인사팀에서 잘 계산해서 넣어줬겠지' 하고 만다. 하지만 간혹 인사팀에서 더 많은 금액을 공제하는 실수를 할 수도 있으므로 꼼꼼히 살펴볼 필요가 있다. 월급쟁이의 재테크는 바로 급여명세서를 제대로 볼 줄 아는 것에서부터 시작된다.

급여명세서의 소득 항목 들여다보기

급여명세서를 펼치면 먼저 소득 항목이 눈에 들어온다. 소득은 보통, 기본급과 수당으로 이뤄진다. 그리고 설, 추석 등 명절에 지급되는 상여금과 회사의 경영실적 혹은 개인의 업무성취에 따라 지급되는 성과급 등이 있다.

기본급이란 본봉本俸이라고도 불리는데, 근로자의 최저생활을 보장하기 위한 가장 기본적인 임금 항목이다. 따라서 기본급은 특수 사정에 따라 지급되는 수당에 대응하는 개념이라고 할 수 있다. 기본급은 단체교섭 등 임금 협상은 물론, 퇴직금과 초과근무수당 등을 결정하는 기준이 된다. 수당은 기본급을 보완해주는 보충적인 급여다. 그런데 왜 굳이 기본급과 수당으로 나눠서 임금을 지급하는 것일까? 업무의 조건, 강도, 성격 등이 천차만별이므로 근로자의 급여에 차등을 주기 위해서다. 즉 수당은 급여 차등화를 위한 수단인 것이다.

하지만 수당제도는 일부 몰상식한 근로자들에 의해 남용되는 경우가 많아 늘 말썽이다. 특히 공무원들은 기본급이 낮다는 이유로 부당하게 각종 수당을 지급받아 지탄의 대상이 되곤 했다. 이에 따라 공무원의 경우 초과근무수당을 부당하게 수령하다가 적발되면 징계는 물론 적발 횟수에 따라 일정 기간 초과근무수당을 받지 못한다.

한편 각종 수당 중에서 식대와 자가운전보조금, 자녀보육수당, 생산직 근로자의 야근수당, 벽지수당 등은 과세 대상에서 제외된다. 식대의 경우 월 10만 원까지는 비과세 소득으로 인정된다. 자가운전보조금은 월 20만 원까지, 근로자 또는 배우자가 자녀출산 등으로 지급받는 월 10만 원 이내의 자녀보육수당 역시 비과세 소득이다. 공장 근로자의 경우 연봉이 2,500만 원을 넘지 않으면, 야근수당을 받아도 연간 240만 원까지는 세금을 내지 않아도 된다. 이 같은 비과세 소득은 연말정산 때 총 급여액에서 빠지므로 절세에 효과적이다.

단, 기본급과 수당 구조는 종종 경영진에 의해 남용되기도 한다. 즉 기본급을 낮게 책정하고 대신 수당을 많이 준다고 약속해놓고 실제로는 여러 가지 이유를 들어 수당을 제대로 지급하지 않는 것이다.

급여명세서의 지출 항목 들여다보기

기본급, 수당, 상여금, 성과급 등으로 구성된 소득 항목만 보면 뿌듯하다가, 아래 혹은 옆에 나열된 지출(공제) 항목을 보면 갑갑해질 것이다. 내가 피땀 흘려서 번 급여 중 일부가 손에 쥐어보지도 못하고 사라지기 때문이다. 이 때문에 300만 원의 월급을 받아도 차, 포 다 떼고 나면 통장에 꽂히는 실수령액이 기껏해야 250만 원 정도다.

급여에서 빠져나가는 지출 항목 중 대표적인 것은 국민연금, 건강보험, 고용보험, 소득세, 지방소득세다. 국민연금은 각종 실비와 수당,

복리후생비를 제외한 급여액의 4.5%를, 건강보험료는 실비와 수당, 복리후생비를 제외한 급여액의 3.06%를 원천징수한다. 고용보험료는 수당과 복리후생비를 제외한 월 급여의 0.65%를 공제한다.

소득세는 매달 들어오는 급여 중 비과세 소득을 제외한 금액에 근로소득 간이세액표상의 세율를 곱해 원천징수한다. 간이세액표는 급여 수준과 가족 수에 따라 작성된 일종의 사전 세액 조견표로 100% 정확하다고 볼 수 없다. 따라서 이 세액표에 따라 매월 납부한 소득세와 지방소득세(소득세의 10%)는 다음 해 연말정산을 통해 더 냈다면 돌려받게 되고 덜 냈다면 더 내게끔 돼 있다.

07

연봉제 vs. 호봉제,
당신의 선택은?

2016년, 정부는 공기업의 성과 연동 연봉제 도입을 강력하게 추진했다. 방만 경영의 대명사로 꼽히는 공기업에 대해 수익성과 효율성을 중심으로 내부 경쟁을 강화하고 성과에 따른 보상을 명확히 하기 위해서라는 이유를 댔다. 그러나 노조 측은 강하게 반발했고, 결국 정권 교체 과정에서 백지화됐다. 지금까지도 대부분의 공기업에서는 호봉제가 유지되고 있다. 도대체 호봉제와 연봉제는 무엇이고, 호봉제에서 연봉제로 바뀌면 무엇이 달라지는 걸까?

4가지로 나뉘는 호봉제

쉽게 말해서, 호봉제는 직원의 근속연수와 연령, 학력 그리고 성별

등이 임금의 결정 요소가 되는 제도다. 현재 우리나라 기업들이 가장 많이 도입하고 있는 임금 체계이며 영업직보다 사무직에서 주로 따른다. 사무직은 영업직에 비해 작업 성과를 정확히 측정하기 곤란하기 때문에 호봉에 따라 차별을 두는 것이다.

호봉제는 우리나라의 전통적인 유교사상과도 연관이 있다. '장유유서長幼有序'라는 관념에 부합하는 것이다. 호봉제는 직업의 특성에 따라 크게 단일 호봉제와 계급별 호봉제로 구별된다. 단일 호봉제는 계급 개념이 없는 교사 등에 적용되며, 급여액을 오로지 호봉에 따라 차등을 둔다. 계급별 호봉제는 급여액이 계급과 호봉에 따라 상이해지는 방식이다. 대리, 과장, 차장, 부장 등 승진할 때마다 계단식으로 오른다.

임금의 수준이 호봉별로 상승하는 방식에 따라서 4가지 유형으로 분류할 수 있다. 첫째, 정액 승급제는 매년 상승하는 임금 인상액이 동일하다. 근속연수와 임금 수준이 1차 함수 관계다. 이 때문에 호봉이 올라갈수록 임금 상승률이 떨어진다. 이를테면, 매년 똑같이 10만 원씩 올라도 월급이 200만 원일 때 상승률이 5.0%이고, 300만 원일 때는 상승률이 3.3%로 낮아지는 것이다. 둘째, 체증 승급제는 임금 인상액이 시간이 갈수록 체증하는 방식이다. 직장에 오래 다닐수록 임금 인상액의 폭이 커지는 것이다. 임금 상승률이 계속 동일할 때 이러한 형태가 나타난다. 셋째, 체감 승급제도 있다. 근속연수가 오래될수록 임금 인상액이 차츰 감소하는 형태다. 넷째, S자형 승급제는 시간이 지나면서 임금 인상액이 증가하다가, 일정한 시점이 지나면 감소하는 형태다. 체증 승급과 체감 승급이 혼합된 형태라고 보면 된다. 전문직, 기술직 등에 해당하는 30~40대 주요 인력들의 이탈을 방지하는 차원에서 S자형 승급제를 도입하는 기업들이 많다. 회사에 따라 이러한 4가지 유형 중 하나를 변형해 운영하는데, 노사 협상, 경쟁 업체의 임금 수준. 회사의 전략 등의 영향으로 변형되곤 한다.

호봉제의 가장 큰 장점은 직원들이 자신의 소득을 예상할 수 있으므로 보다 안정된 생활을 영위할 수 있다는 점이다. 이를 통해 회사에 대한 직원의 충성도를 견고히 할 수 있다. 제도 자체가 단순한 만큼 누구나 이를 도입해 사용하기 쉽다는 것도 장점이다. 사회적 분위기나 전통으로 볼 때 연공을 중시하는 동양권의 기업 풍토에 가장 잘 어울리는 제도라고 할 수 있다.

하지만 단점도 많다. 업무량이나 업무 난이도의 차이가 매우 큰 조직일 경우 어려운 일을 하는 직원들의 사기를 저하시킬 수 있다. 완전히 똑같은 업무를 수행하는데 젊다는 이유만으로 월급이 적다면 젊은 층의 사기가 떨어질 수 있다. 무엇보다 가장 큰 문제는 효율성과 생산성을 제고하려는 조직의 목표에 어긋날 수 있다는 것이다. 성과가 있는 팀과 직원에게 더 많은 임금을 제공하여 생산성을 끌어올리려는 경영진의 의도가 자리 잡을 공간이 없는 것이다.

어느덧 대세로 자리 잡은 연봉제

이와 같은 이유로 우리나라에서도 호봉제를 대체할 다양한 제도가 도입되고 있다. 연봉제가 대표적이다. 연봉제는 업무 성과에 따라 매년 연봉이 달라지는 체계다. 기업들은 고용의 유연성과 성과주의 문화를 정착시키기 위해 연봉제 도입에 적극 나서고 있다. 과거에는 임원급, 영업직 등 단기성과를 평가하기 쉬운 분야에만 도입되었는데, 이제 일반 사원으로까지 대대적으로 확대되고 있는 것이다. 보수적인 기업 문화의 상징과 같은 금융권에서도 성과급이 부분적으로 도입되고 있다. 은행별로 같은 연차라고 해도 연봉이 20% 전후 차이가 나는 성과급을 지급한다.

연봉제는 근속연수나 나이에 관계없이 전년도의 실적 또는 공헌도를 평가하고 이를 기준으로 계약에 의해 연간 임금 수준을 결정하는 능력중시형의 임금 지급 체계다. 전년도의 업무 성과를 기초로 당해 연도의 1년 치 연봉을 정해 지급하는 방식이 가장 보편적이다. 연봉제를 도입하면 사원들의 목표의식이 명확해지고 조직 내 경쟁 구도가 형성되면서 효율성이 올라가는 효과가 있다. 비슷한 제도로 '성과급제'가 있다. 연봉 협상이 없지만 기본급제를 베이스로, 회사가 직원의 업무 성과를 측정한 후 이에 따라 상여금을 차등 지급하는 제도다. 이 밖에 맡은 직무에 따라 업무 강도가 세거나 어려운 일을 맡은 이에게 더 많은 월급을 지급하는 '직무급제'도 있다.

현재 국내 기업의 40% 정도가 연봉제를 운영 중인 것으로 추산된다. 또 30%는 부분 성과급제를 운영 중이다. 고용노동부 조사에 따르면, 연봉제 도입 초기 시점인 1996년만 해도 연봉제를 도입한 기업이 전체 1.6%, 성과급제를 도입한 기업은 전체 5.7%에 불과했다. 하지만 최근 들어 연봉제가 급격히 확산되면서 연공서열형 임금제도를 제치고 가장 일반적인 급여 형태가 됐다. 대기업으로 한정하면 30대 그룹의 80% 이상이 연봉제를 운영 중이다.

연봉제 도입의 주된 목적은 직원들의 업무 효율을 높이는 데 있다. 인건비 절감 효과는 거의 없고 오히려 소폭의 임금총액 증가 효과가 나타난다고 한다. 일을 잘하는 직원에게 임금을 좀 더 주기 때문이다. 하지만 이런 비용 부담에도 불구하고, 기업들은 성과 확대를 위해 속속 연봉제를 도입하고 있다.

또 정규직과 비정규직 간 차등을 두기 위해 연봉제를 도입하는 경우도 많다. 비정규직 보호법에 따라 호봉제로는 정규직과 비정규직 사이 임금에 차등을 두는 것이 어려워지자, 이를 유지하기 위해 연봉제를 도입하는 것이다.

위험 기피적 태도와 연봉제

직원들은 연봉제에 대해 극히 부정적인 경우가 많다. 경제학은 이를 노동자들의 위험 기피적 태도 때문이라고 설명한다. 위험, 즉 불확실성에 대한 태도는 크게 3가지로 구분할 수 있다. 불확실성 속에서 더 큰 보상의 기회를 원하는 위험 선호적 태도, 기계적인 확률 계산을 통해 한 푼이라도 기대 이익이 많은 상황을 선택하는 위험 중립적 태도, 다소 작은 보상이라도 안정적인 상황을 원하는 위험 기피적 태도가 그것이다. 연봉제를 적용하면 성과에 따라 아주 많은 연봉을 받을 수 있는 한편, 성과가 부진할 경우 연봉이 대폭 깎이는 위험도 감수해야 한다. 위험 기피적인 사람들은 전자에 대한 기대보다 후자에 대한

두려움이 더 커 평균적으로 이익은 적어도 안정적인 상황을 선호한다. 그런데 대부분의 사람들이 위험 기피적이다. 그래서 연봉제보다는 호봉제를 선호하는 사람이 많은 것이다. 물론 소액의 여윳돈을 가지고 주식 투자를 하는 이들에게 위험 선호적인 태도가 엿보이긴 하나, 생계에 결정적인 영향을 미치는 급여 문제에 있어서는 위험 기피적인 태도를 보이는 것이 일반적이다.

노동자들이 고통 분담에 어느 정도 적극적으로 나오는 것도 위험 기피적 태도와 관련이 있다. 한 설문조사에서 '고용위기가 발생할 때 동료의 일자리를 유지하기 위해 월급을 양보할 의사가 있느냐'고 묻자, 응답자의 52.1%가 '그렇다'고 답했다. 양보할 수 있는 금액은 평균적으로 월급의 1/5가량이었다. 많은 월급을 받는 것보다 안정적인 일자리를 선호하는 성향에 따른 결과다. 따라서 기업이 연봉제를 도입하려 들 때는 엄청난 반발이 일어나곤 한다. 협상 과정에서 파업이 일어나는 일도 부지기수다.

어렵사리 연봉제를 도입한 기업 안에서 직원의 스트레스는 큰 편이다. 삼성전자가 대표적이다. 삼성전자의 경우 기본급은 상대적으로 적은 반면, 성과인센티브OPI, Overall Performance Incentive 라는 이름의 성과급이 있는데, 연봉의 최대 50%까지 지급한다. 별도로 목표달성 장려금TAI, Target Achievement Incentive을 주는 경우도 있다. 이러저러한 성과급을 모두 받으면, 기본 연봉에 맞먹는 성과급을 받을 수도 있다. 성과급은 당연히 회사의 실적이 좋을수록 많이 지급되고, 실적이 나쁘면 아예 나오지 않는 경우도 있다. 이에 삼성전자 직원들의 연봉은 매년 큰 차이가 발생한다. 같은 해에 입사했더라도 사업부가 다르다는 이유로 연봉 편차가 크게 벌어지는 일도 있다. 실적이 좋은 반도체 사업부에 다니느냐, 실적이 좋지 않은 가전 사업부에 다니느냐에 따라 연봉이 크게 달라지는 것이다. 이러한 문제로 받는 스트레스가 적지 않은 까닭에 삼성전자가 직원의 이직률이 매우 높은 직장 중 한 곳이 되었다는 게 업계의 설명이다.

정확한 성과 측정이 성공의 열쇠

연봉제의 성공 여부는 정확한 성과 측정에서 비롯된다. 개인 단위의 성과를 정확하게 측정할 수 있는 조직이라면 연봉제가 상대적으로 쉽게 안착할 수 있다. 핵심은 조직 내 공정하고 객관적인 평가 체계를 수립하는 것이다. 직원들이 모두 수긍할 수 있는 정확한 평가 방식을 마련하기 위해서는 객관적인 인사고과가 이뤄져야 한다.

직원들이 적절하게 평가받지 못했다고 생각할 경우 오히려 조직의 효율성이 떨어질 가능성이 크다. 특히 부서 전체가 공동으로 업무를 추진하면서 개인의 노력이 모여 어떤 성과물이 나오는 조직이라면, 연봉제가 성공하기 어렵다. 그런 상황에서 개인별로 연봉에 차등을 둘 경우 조직 내 큰 위화감이 조성될 수 있기 때문이다. 기본적으로 연봉제는 미국처럼 개인주의적이고 능력을 우선시하는 문화에 맞는 제도다. 그러니 평등주의적이고 연공서열적 전통을 중시하는 우리의 기업 문화에서 섣부르게 도입했다가는 상당한 갈등과 부작용을 초래할 수 있다.

연봉을 결정할 때 단기적인 업적과 결과가 중시되므로, 장기적인 비전 달성에 소홀해질 수 있다는 점도 연봉제가 극복해야 할 문제다. 일반적으로 노조가 연봉제 도입을 반대하는 이유도 여기에 있다. 정확한 인사고과라는 게 사실상 불가능하기 때문에 윗사람을 맹종하는 조직 문화가 생기고, 조직 내 소위 잘나가는 인사와 못 나가는 인사 간 보이지 않는 장벽이 생겨 조직 팀워크가 크게 훼손될 수 있다는 것이다.

따라서 연봉제에 대한 CEO의 의지가 매우 강하다고 해도 운영 과정에서 흐지부지될 가능성이 크다. 제도를 입안하고 실천하는 인사 담당자들 역시 어차피 직원 신분이란 점도 원인이 된다. 노동연구원이 연봉제를 도입한 기업 인사 담당자들을 대상으로 설문한 결과, 직원 급여 결정에 연공 64.6%, 능력 15.9%, 직무 가치 13.2% 순으로 비중을 두었음이 드러났다. 어떤 사람에게 5,000만 원의 연봉을 지급한다면 이 가운데 64.6%는 능력과 상관없이 연공에 따라 책정된다는 뜻이다. 그렇다 보니 연봉제를 도입한 기업이라 하더라도 입사 연도가 같다면 동기 간 임금 격차가 최대 40%를 넘기기 어렵다. 대부분 기업의 급여 차등 범위는 10% 내외로 알려져 있다.

특히 인사 담당자들은 성과를 측정할 때 회사, 팀, 개인으로 나눠 산정한다. 그러니 개인이 아무리 무능해도 회사 성과와 팀 성과가 좋으면 많은 연봉을 받을 수 있다. 이는 조직의 결속력을 강조하면서 집단 성과급을 선호하는 한국인의 습성 때문으로 풀이된다.

결국 연봉제라고 하지만 대부분 기업들이 완벽한 연봉제를 실시하지는 않고 있다. 기존 기본급은 기본 연봉으로, 상여금은 성과 연봉으로, 연월차수당 등 법정급여는 별봉 형태로 지급하는 기업이 많다. 기본 연봉과 성과 연봉 모두를 협상하는 경우도 있고, 기본 연봉은 모두에게 동일하게 지급하되 성과 연봉만 협상을 통해 차등 지급하는 경우도 있다.

연봉제의 운영 유형

연봉제는 운영 방식에 따라 아무리 성과가 부진해도 다음 해에 금액이 깎이지 않는 방식이 있고, 성과가 좋지 않으면 깎이는 방식도 있다. 지속적으로 성과가 좋은 사람들에겐 전자보다 후자가 유리하다. 남이 덜 받는 만큼 더 받을 수 있기 때문이다. 반면 성과가 좋더라도 일시적으로 부진에 빠지면 다시 정상 수준으로 회복하기 어렵다는 것이 단점이다. 일시적으로 깎인 뒤 그 폭을 다시 만회하는 데 오랜 시간이 걸릴 수 있기 때문이다. 다만 기업 대부분은 1년간의 성과보다 누적 성과를 기준으로 직원을 평가한다. 이 경우에는 일시적 부진의 영향력이 상대적으로 줄어든다.

또 전년도 연봉을 기반으로 협상하는 방식과 일단 전 직원에 동일한 조건의 급여를 부여한 뒤 협상하는 방식이 있다. 전자는 한번 연봉이 삭감되면 다시 회복하는 데 오랜 시간이 걸리지만 지속적으로 성과가 좋은 사람은 연봉이 계속 크게 오른다. 후자는 한 해 부진해 연봉이 깎였다 하더라도 성과가 좋으면 바로 회복할 수 있다는 장점이 있지만, 누적된 좋은 성과를 인정받기는 어렵다.

2장

똑같이 일하고도
차별받는
월급의 비밀

08

능력 없는 사람이
더 많은 월급을 받는다

"월급에 만족하고 있습니까?"라고 묻는다면, 당신은 무엇이라 대답할 것인가? 대부분이 불만족스럽다고 답하지 않을까? 그렇다면 각도를 바꿔보자. 당신의 CEO에게 "직원들에게 지급하는 급여가 적정한가?"라고 물어본다면? 대부분은 부담스럽다고 답할 것이다. 직장인의 급여는 주는 쪽이든 받는 쪽이든 누구든 만족하기 어려운 속성을 갖고 있기 때문이다. 왜 그럴까?

경제학의 기본 원리인 '수급 원리'에 따르면, 월급은 노동의 공급자(노동자)는 물론 노동의 수요자(사용인) 모두가 만족하는 수준에서 결정된다. 수요와 공급의 접점에서 가격과 공급량이 결정되는 시장 원리에 따라, 노동 시장도 수요와 공급이 만나는 점에서 임금과 고용량이 결정된다는 것이다. 노동의 공급자와 수요자가 원하는 가격을 주고받으니 모두 만족할 수 있다. 가격이 마음에 들지 않으면 공급자는 일자리를 거부하고, 수요자는 노동자를 고용하지 않으면 그만이다.

그런데 현실은 이론과 다르다. 노동자 대부분은 급여에 만족하지 않고 CEO 대부분은 노동자에게 주는 급여가 부담스럽다. 이에 노동자들은 수시로 임금 인상을 위한 단체 행동을 벌이고, CEO들은 회사 사정을 들어 고통 분담을 외친다.

이러한 상황을 어떻게 이해해야 할까? 경제학의 다른 이론을 적용해야 한다. 우선 '가치 이론'이다. 들인 노력만큼 돈을 받는, 즉 '받는 만큼 일하는' 상황이다. 받는 월급의 수준이 불만족스럽더라도 일단 받는 월급이 있으니 일을 하면서 그 이상의 노력은 하지 않는 사람들. 이들을 이 유형으로 분류할 수 있다. 다음은 '효용 이론'이다. 월급보다 일 자체가 주는 기쁨, 즉 효용 때문에 일을 하는 사람들이 이에 해당한다. 월급의 수준이 마음에 들지는 않지만 일 자체가 재미있거나 보람이 있어서 일을 하는 것이다.

이들 중 내가 어디에 해당하는지 궁금한가? 가장 쉽게 판별할 수 있는 방법이 있다. 직장의 야간 근무(야근)나 휴일 근무에 임하는 당신의 태도다. 야간이나 휴일에 근무해야 할 때, 태도는 크게 둘로 나뉜다. 첫째는 진행하는 프로젝트를 완성하는 일을 당연하게 여겨 기꺼이 임하는 유형이다. 업무 자체가 즐거워서 일하는 사람이다. 이들은 휴일이나 야간 근무에 대한 수당이 얼마이든 크게 개의치 않는다. 둘째는 어쩔 수 없어서 특근에 임하는 유형이다. 이들은 받는 만큼 일한다. 휴일이나 야근에 대한 수당에 무척 민감하게 반응하면서 제대로 지급됐는지 꼼꼼히 살피며, 대개는 책정된 수당에 만족하지 않는다.

이러한 성향의 차이는 '임금 탄력성'으로 수치화할 수 있다. 휴일이나 야간 근무를 자율에 맡길 경우, 관련 수당이 올라가면 어쩔 수 없어서 일하는 사람들의 출석률은 매우 가파르게 올라간다. 수당에 따라 근무시간이 매우 탄력적으로 반응하는 것이다. 반면 기꺼이 일하는 사람들의 휴일이나 야간 근무 출석률은 수당 변화에 크게 영향받지 않는다. 근무시간과 수당에 큰 상관관계가 없는 것이다.

그렇다면 두 유형 가운데 생산성에 비해 많은 월급을 받는 쪽은 어디일까? 어쩔 수 없어서 일하는 사람들은 자신의 월급에 만족하지 못하니 본인의 능력보다 월급을 적게 받는다고 생각한다. 하지만 평균적으로 볼 때, 이들은 자신의 생산성을 초과하는 월급을 받는 경우가 많다. 왜 그럴까? 경영자들이 월급을 책정할 때 평균 생산성을 기준으로 삼기 때문이다. 경영자들은 성과급을 통해 생산성에 따라 급여에 격차를 두기 원하지만, 조직 전체의 사기를 고려해 큰 차이를 두지 못한다. 따라서 생산성이 높든 낮든 받는 월급에는 큰 차이가 없다. 결국 생산성이 높은 사람들은 자신의 생산성을 충분히 보상하지 못하는 월급을 받고, 생산성이 낮은 사람들은 자신의 생산성을 뛰어넘는 월급을 받게 되는 것이다.

당연히 생산성은 일 자체가 즐거워서 기꺼이 일하는 사람들이 어쩔 수 없어서 일하는 사람보다 높다. 급여가 불만족스러워 언제나 툴툴대는 사람은 생산성이 떨어져 자신이 실제 기여하는 것보다 많은 월급을 받게 되고, 급여 수준에 크게 개의치 않고 일을 즐기며 하는 사람들은 실제 기여하는 것보다 적은 월급을 받게 된다. 그렇다면 어떻게 해야 할까? 받은 만큼만 일해야 하는 것일까?

생산성이 높은 사람들은 결국 보상을 받는다. 남들에 비해 빨리 승진하거나 평균 생산성이 높은 좋은 직장으로 옮기면서 연봉이 크게 오르는 것이 일반적이다. 반면 생산성이 낮은 사람들은 지금은 능력보다 많은 월급을 받을지라도 승진이 늦어져 결국 상대적으로 적은 월급을 받게 되는 것이다.

나는 얼마짜리 복권일까?

어느 날 당신이 복권에 당첨돼 20억 원을 받게 되었다고 하자. 20억 원을 연 2%짜리 예금에 가입해 넣어둘 경우 세전 기준으로 연간 4,000만 원의 이자를 얻을 수 있다. 연봉으로 따지면, 매년 4,000만 원의 꾸준한 수입을 얻는 셈이다.

그렇다면 바꿔서 생각해보자. 연봉이 4,000만 원인 사람은 20억 원짜리 복권에, 연봉 1억 원인 사람은 50억 원짜리 복권에 당첨된 것이나 다름없다. 게다가 연봉이 4,000만 원이던 사람의 연봉이 1억 원으로 오른다면? 그는 30억 원짜리 복권에 추가 당첨된 셈이다. 당신은 얼마짜리 복권인가? 그리고 앞으로 얼마짜리 복권에 추가 당첨될 수 있는가?

09

일류 대학 졸업장의
두 얼굴

이미연 주연의 1980년대 최고의 히트작 〈행복은 성적순이 아니잖아요〉를 기억하는가? 이 영화는 내용도 좋지만 사실 그 제목 때문에 흥행에 큰 성공을 거뒀다고 해도 과언이 아니다. 일종의 패러다임의 전환이랄까? 그동안 그저 공부를 잘하면, 좋은 회사에 들어가면, 돈을 많이 벌거나 성공하면 행복할 것이라고 생각하며 살아온 사람들에게 영화의 제목이 적지 않은 충격과 깨달음을 안겼던 것이다.

행복이 성적순이 아니라면, 행복과 월급의 관계는 어떨까? 행복은 월급순일까, 아닐까? 영국의 한 대학에서 실험한 결과에 따르면, 사람들이 느끼는 행복과 만족감은 소득의 크기와 비례하지 않았다. 보고서에는 '돈을 인생의 목적으로 추구하는 사람은 행복해지는 정도가 제한될 수밖에 없다'고 기록됐다.

런던정치경제대학 리처드 레이어드 Richard Layard 교수 역시 연구를 통해 수입 증대가 행복 증대로 직결되지 않는다고 밝혔다. 그가 내세운 가장 큰 이유는 '익숙해짐'이었다. 레이어드 교수는 "사람들은 소득 증대로 인한 생활 수준 향상을 이내 당연한 것으로 여기면서 만족감을 잊는다. 번 돈이 가져다주는 가치를 느끼지 못할 정도로 빡빡하게 산다면 아무리 수입이 많아도 행복하지 않다"고 말했다. 그 유명한 '이스털린의 역설 Easterlin's paradox'도 같은 맥락이다. 미국의 경제사학자 리처드 이스털린 Richard Easterlin은 1974년, "소득이 일정 수준을 넘어서면, 소득이 증가해도 우리가 느끼는 행복감에는 별다른 영향을 미치지 않는다"는 연구 결과를 발표해 눈길을 끌었다.

월급은 성적순이 아니다

학교 성적은 월급과 관계가 있을까? 성적은 곧 학력 수준을 의미한다. 그럼 고학력일수록 더 많은 연봉을 받는 것일까? 또 학력 수준이 같다면 학교 다닐 때 공부를 더 잘한 사람이 더 많은 월급을 받지 않을까?

대부분 직장인들은 학점과 연봉은 거의 관련이 없다고 느낀다. 한 취업포털 사이트에서 조사한 결과, '대학 시절의 학점이 연봉과 비례한다고 생각하느냐'는 질문에 과반수가 '아닌 것 같다'고 응답했다. '전혀 아니다'라고 응답한 사람도 31%로, 10명 중 8명은 학점과 연봉의 상관관계를 부정했다.

다만 학력 수준에 따른 소득 격차와 임금 격차는 엄연히 존재하는 것이 현실이다. 고용노동부의 통계를 보면, 2016년 기준 고졸자 임금을 100으로 볼 때 중졸 이하 임금 수준은 79.8, 대졸 이상은 160.7로 학력이 높을수록 많은 연봉을 받았다.

| 학력별 임금 격차(단위 : %, 고졸 임금 기준 100) | | | | | |
학력 \ 연도	2012	2013	2014	2015	2016
중졸 이하	80.6	82.3	74.7	77.6	79.8
고졸	100	100	100	100	100
초대졸	106.5	107	112.5	113.9	114.6
대졸 이상	153.6	153.1	153.8	162.7	160.7

자료처 : 고용노동부

고학력 비정규직, 시간강사의 연봉

시간강사는 학력 수준과 연봉이 비례하지 않는 가장 단적인 사례다. 이들 대부분은 국내외 유수 대학에서 박사 학위까지 받은 고학력자들이지만, 연봉은 최저 생계비 수준에도 못 미치고 있다.

2016년 한국비정규교수노동조합이 조사한 결과에 따르면, 대학에 출강하는 전국 7만여 명의 시간강사 평균 연봉은 811만 6,000원에 불과하다. 시간강사의 시간당 강의료 5만 5,000원에 평균 강의시간을 적용해 산출한 금액이다. 평균 월급으로 따지면 67만 6,400원 꼴이다. 2016년 4인 가족 기준 도시근로자 가구당 평균 월 소득이

563만 275원이라는 점을 감안하면, 시간강사의 소득 여건이 얼마나 열악한지 알 수 있다.

고학력 엘리트 계층인 시간강사들의 연봉이 왜 이렇게 적은 것일까? 여러 가지 이유가 있겠지만 보수적인 교수 문화와 대학의 시간강사 홀대 경향 등이 가장 큰 이유다. 대학이 정년을 보장받은 교수들 위주로 운영되다 보니 시간강사들의 처우 개선은 뒷전이 된 것이다. '나 역시 그 과정을 거쳤는데 왜 당신들만 불만을 갖느냐'고 반문하는 교수들도 많다. 동일한 사업장에서 정규직과 같은 일을 하면서도 비정규직으로 고용된 근로자가 정규직 근로자보다 훨씬 더 적은 급여를 받는 것도 같은 맥락에서다. 이처럼 연봉은 학력이나 지식 수준 또는 능력이 아니라, 결국 어떤 집단에 속해 있느냐에 따라 결정된다.

대학 졸업장 없이도 억대 연봉?

우리나라에는 박사 학위를 받아도 저임금에 시달리는 시간강사들이 있지만, 미국에는 고등학교만 졸업해도 억대 연봉을 받는 이들이 있다. 바로 소방대장, 항공관제사, 시설물 보안책임자, 법정 속기사 등이 여기에 해당한다. 다소 생소하게 느껴지는 직업이지만 최근 미국에서는 고액연봉 직업으로 주목받고 있다.

소방대장의 연봉은 최고 1억 4,000만 원, 항공관제사는 1억 8,500만 원, 시설물 보안책임자는 1억 4,300만 원, 엘리베이터 정비사는 1억 2,700만 원, 법정 속기사는 1억 2,200만 원이다. 그런데 놀라운 것은 이 직업을 갖고 있는 사람들 중 상당수가 대학 졸업장을 갖고 있지 않다는 것이다.

물론, 우리나라에서도 대학 졸업장 없이 억대 연봉을 기대할 수 있는 직업이 있다. 반도체, 석유화학 등 최근 기록적인 수익을 내고 있는 일부 대기업의 고졸 생산직 직원들은 대졸 사무직보다 훨씬 많은 연봉을 받는다. 생산직 중 일부 직원들은 연차가 쌓일 경우 억대 연봉을 받기도 한다.

MBA와
연봉

젊은 직장인들 사이에서 경영학석사MBA 붐이 일고 있다. 특히 MBA 평가에서 톱 10에 드는 이른바 명문 MBA에 합격할 경우 회사에서 비용을 전액 부담해주는 경우가 많아서 경쟁이 치열하다. 이를 두고 동료나 상사들의 불만이 제기되기도 한다. 실제 MBA를 준비하느라 업무에 소홀한 직장인들이 많기 때문이다. 결국 업무 성과는 형편없는데 회삿돈으로 명문 MBA로 유학을 가는 이상한 풍경이 곳곳에서 벌어지는 것이다.

자비로든 장학금으로든 큰돈을 들여 MBA를 가는 목적은 단연코 '고액연봉'을 받기 위해서다. 영국의 MBA 평가기관인 QS에 따르면, 2017년 북미지역 MBA 졸업생 평균 연봉은 9만 8,900달러로 전 세계에서 가장 많다. 그다음은 서유럽으로 8만 5,500달러의 연봉을 받는 것으로 나타났다. 산유국이 밀집한 중동 지역에서도 MBA 출신들은 7만 8,200달러의 평균 연봉을 받아 3위에 올랐다. 한국, 일본, 중국 등 아시아태평양에서 MBA 출신들은 평균 7만 1,300달러의 연봉을 받는 것으로 집계됐다.

MBA 출신들의 국가별 평균 연봉을 비교할 때 25개국 중 가장 연봉이 많은 나라는 스위스다. MBA 졸업생들은 스위스에서 보너스를 제외하고도 12만 3,500달러의 연봉을 받고 있다. 2위는 미국으로 10만 2,100달러, 3위는 캐나다로 99만 800달러다. 우리나라 MBA 출신 졸업생들의 연봉은 6만 5,000달러로 15위였다.

┃ 국가별 MBA 출신 연봉 (단위 : 달러 $)

국가 　내역	연봉	보너스	총계
스위스	123,500	17,400	140,900
미국	102,100	18,800	120,900
캐나다	99,800	11,300	111,100
프랑스	98,500	17,700	116,200
호주	98,400	17,800	116,200
영국	92,400	30,500	122,900
이탈리아	86,400	25,400	111,800
싱가포르	82,700	22,600	105,300
일본	80,000	26,600	106,600
독일	77,200	16,900	94,100
칠레	76,300	18,600	94,900
인도	66,500	9,800	76,300
멕시코	66,000	12,800	78,800
러시아	65,500	12,900	78,400
대한민국	65,000	10,000	75,000
컬럼비아	63,800	10,800	74,600
아르헨티나	63,600	20,700	84,300

페루	58,500	8,400	66,900
홍콩	58,100	10,400	68,500
브라질	54,600	13,000	67,600
스페인	52,500	16,500	69,000
말레이시아	52,300	11,200	63,500
우루과이	48,900	13,200	62,100
중국	42,400	12,600	55,000
대만	36,800	12,000	48,800

자료원_QS, 2018 jobs&salary

로스쿨도 고액연봉을 보장하는 진로로 각광받고 있다. 2015년 서울대학교 법학전문대학원 이재협 교수의 조사 결과, 로스쿨 1~3기 출신 변호사의 연봉은 6,000만~8,000만 원이 36.7%로 가장 많았고, 6,000만 원 미만이 23.4%로 뒤를 이었다. 반면, 사법시험에 합격해 사법연수원을 나온 변호사들의 연봉은 8,000만~1억 원이 31%, 6,000만~8,000만 원이 28.3%로 나타났다. 로스쿨 출신보다 사시 출신들이 상대적으로 많은 연봉을 받고 있다는 사실을 알 수 있다.

'변호사의 천국'이라고 불리는 미국은 어떨까? 미국의 학자금 대출 전문기업 소파이SoFi가 2014년부터 2016년까지 3년간 취합한 로스쿨 졸업생들의 연봉 자료에 따르면, 코넬 대학 로스쿨 출신 변호사들의 연봉이 18만 3,377달러로, 1위에 올랐다. 2위는 컬럼비아 대학 로스쿨 출신들인데 평균 연봉은 17만 7,962달러로 집계됐다. 3위는 뉴욕 대학으로 17만 7,203달러. 시카고 대학과 하버드 대학 등이 뒤를 이었다.

10

월급 상승에 기여하는
후천적 학습 능력

"우리 사장은 도대체 왜 저런 사람에게 월급을 주는 것일까?" 직장 생활을 하며 한 번쯤 이런 생각을 하게 만드는 사람이 있을 것이다. 함께 일할 때 도움이 되기는커녕 오히려 방해만 되는 사람들을 보면 내가 월급을 주는 것도 아닌데 아깝다는 생각이 든다. 특히 그런 사람들로 인해 내게 돌아오는 몫이 줄어들고 있다는 데까지 생각이 미치면 울화통이 치밀어 오른다. 열심히 하는데도 성과가 나오지 않는 사람은 차라리 낫다. 자기 일을 남에게 미루거나 도통 아무것도 하려고 들지 않는 사람들은 정말 눈엣가시다. 그런데 왜 이런 사람들이 꼬박꼬박 월급을 받아가느냐 이 말이다.

기업은 생산 과정에서 여러 가지 요소를 투입한다. 그중에서도 노동력은 투입량을 비교적 신축적으로 조정할 수 있는 '가변 투입 요소'에 해당한다. 이에 비해 공장시설이나 토지 등은 쉽게 투입량을 조정할 수 없어 단기적으로 투입량이 정해지기에 '고정 투입 요소'라고 부른다. 기업들은 각 투입 요소의 고용 여부를 '한계 생산'에 따라 판단한다. 한계 생산이란 투입 요소를 늘릴 때 이에 맞춰 늘어나는 생산량을 뜻하는데, 노동의 한계 생산은 추가로 1명을 더 고용했을 때 늘어나는 생산량을 말한다. 기업은 일반적으로 한계 생산과 비용을 맞추려고 노력한다. 사람 1명을 더 고용하기 위해서는 그만큼 비용이 소요되는데, 이에 따라 늘어나는 생산물의 가치가 최소한 그 비용보다는 많아야 고용에 나서는 것이다.

문제는 기업들이 추가로 1명을 고용할 때 해당 노동자가 얼마나 생산에 기여할지 정확하게 계산할 수 없다는 것이다. 새로 채용하는 사람의 능력을 정확히 판단하는 것은 무척 어려운 일이기 때문이다. 이에 기업들은 그간의 경험에 비춰 신입사원들의 평균적인 한계 생산을 도출한 뒤 시장 상황에 따라 채용에 나선다. 그리고 새로 뽑은 사람의 능력은 그 뒤에 판별된다. 평균보다 능력이 좋은 사람이 고용되면 싼 값에 채용한 것이 되고, 평균보다 능력이 나쁜 사람이 고용되면 비싼 값에 채용한 것이 되는 것.

기업들이 이 같은 불확실성에 빠지는 것은 경제학에서 말하는 '정보의 비대칭성' 때문이다. 구직자가 얼마나 능력이 있는지는 구직자 스스로가 가장 잘 안다. 기업은 이를 알아내기 위해 학력, 경력, 집안 상황 등 여러 요소를 사전에 기입해 제출하게 하지만 여기에는 한계가 많으므로 불확실성의 함정에서 완전히 벗어날 수 없다.

어떤 기업이 2배로 성장할 수 있는 기로에 놓여 있다고 가정하자. 기업은 성장을 위해 대대적인 투자에 나설 것이다. 그렇다면 모든 물적 자원과 인적 자원 역시 2배로 늘어날까? 그렇지 않다. 2배 이상으로 투입되는 자원이 있는가 하면 그 이하로 투입되는 자원도 있다. 심지어 성장 과정에서 오히려 구조조정되는 자원들도 있다. 이처럼 성장 과정에서 투입이 줄어드는 요소를 '열등 투입 요소'라고 한다. 한번 열등 투입 요소에 포함되면 재기가 불가능한 경우가 많다.

결국 회사에 무능력한 사람들이 존재하고 이들에게 월급이 지급되는 것은 채용 당시 기업이 직원의 능력을 정확하게 판별하기 어려운, 정보의 비대칭성 때문이다. 이후 각종 고용 안정 장치로 인해 이들이 자리를 지킬 수는 있지만, 합병 등 구조조정 사안이 발생하게 되면 가장 먼저 칼바람을 맞게 된다.

그런데 아이러니하게도, 열등 투입 요소에 해당하는 무능력자인데도 계속 생존하는 경우가 많다. 오히려 각종 의혹 속에서 승승장구하는 경우도 있다. 시쳇말로 '줄'을 잘 서는 사람들이다. 이는 전통적인 경제학적 시각에서 보면, 매우 불합리한 일이다. 하지만 최근 경제학계의 새 트렌드가 된 '진화경제학'에 따르면, 줄을 잘 서는 열등 투입 요소들이야말로 생존에 가장 적합한 사람들일 수 있다.

줄을 잘 서는 사람들은 위에서 끌어주고 밑에서 올려주니 당연히 생존에 유리하다. 그럼 자연스럽게 누구나 이 집단에 편입되기 위해 경쟁하게 된다. 개인의 이 같은 결정은 사회적으로는 바람직하지 못하다. 능력이 아닌 다른 요소가 우선적으로 평가되기 때문이다. 하지만 이는 개인 입장에서 볼 때 생존을 위한 가장 합리적인 행동인 셈이다. 이러한 생존 전략은 누가 명시적으로 가르쳐주지 않아도 자연스럽게 전해진다. 그리고 능력을 우선시하는 반대편에 있던 사람들은 점차 소멸되고 만다. 진화에 실패해 도태되는 것이다.

특정 집단에 편입하는 사람이 계속 늘어나면 이 집단이 조직 전체를 지배하고, 반대편이 우위에 서는 상황으로는 웬만해선 가기 어렵게 되는데, 이러한 현상을 '경로의존성path dependency'이라고 한다. 조직이 한번 특정 상황에 빠지면 다시 전환하기 어렵다는 의미다.

조직에서 성공과 실패를 가르는 요인은 선천적인 업무 능력이 아닌, 후천적인 학습 능력인 셈이다. 그리고 이 학습 능력이란 줄을 잘 서는 '눈치'를 뜻한다. 즉 줄을 잘 서는 사람은 능력이 부족해도 성공할 수 있는 반면, 그렇지 못한 사람은 실패하기 쉽다. 이른바 열등 투입 요소들은 후천적인 학습 능력이 뛰어난 경우가 많다. 이를 통해 조직을 주도하는 집단으로 편입되고 주류 구성원이 되면서 살아남는 것을 넘어, 조직을 주도하기까지 한다. 그러면서 동료들과 비슷한, 심지어는 더 많은 월급까지 받는다.

당신에겐 선천적인 업무 능력이 있는가, 아님 후천적인 학습 능력이 뛰어난가? 괜히 서글픈 생각이 드는가? 아쉽지만 현실은 무척 엄혹하다.

11

외모 프리미엄, 정말 월급에 더해질까?

외모지상주의가 사회 곳곳에 만연하다. 새삼스러운 일도 아니다. 전국 성형외과는 1년 365일 문전성시를 이루고, 성형이 하나의 트렌드가 되어 본인의 성형 사실을 당당하게 밝히는 문화 속에서 남성의 성형 또한 낯설지 않다.

외모가 남들보다 뛰어나면 사는 데 여러모로 편리한 것이 사실이다. 사회 어느 분야든 이왕이면 외모가 괜찮은 사람을 선호한다. '외모=능력'이라는 공식이 우리나라 사회 전반에 공공연히 자리 잡으면서, 많은 기업들이 직원을 채용할 때도 외모에 높은 점수를 주고 있다. 인사 담당자들은 말로는 외모를 전혀 고려하지 않는다고 하지만, 많은 실험들이 이 같은 발언이 사실이 아니라는 걸 증명하고 있다. 이로 인한 문제가 확산되자 블라인드 면접을 보겠다는 기업이 늘었다. 그런데 블라인드라고 해서 면접 시 입사 지원자의 얼굴을 완전히 가리는 것이 아니므로, 여전히 채용 여부에 외모가 미치는 영향을 무시할 수 없을 것 같다.

외모와 연봉은 정비례

남들보다 부족한 외모로 다행히 입사에 성공했다고 해도, 난관은 도처에 존재한다. 특히 많은 여성 직장인들이 외모 때문에 인사상 불이익을 당한 적이 있다고 말한다. 외모는 학력, 집안, 지역, 배경 등과 함께 직장 내 차별을 부추기는 결정적인 요소가 된다. 예쁘고 잘생긴 직원은 능력과 무관하게 좋은 보직을 받는 경우가 많다는 이야기다.

외모는 연봉에도 직접적인 영향을 미친다. 미국의 한 연구 결과에 따르면, 고용 시장에서 외모로 인한 차별이 심각하고, 더 나아가 외모는 고액연봉을 약속하는 무형 자산 역할을 톡톡히 한다. 당시의 조사 결과는 가히 충격적인데, 평균 이하의 외모를 가진 직장인이 평균적인 외모의 동료들보다 약 9% 적은 임금을 받는 것으로 드러났다. 또 보통의 외모를 가진 직장인은 준수한 외모를 가진 동료들보다 약 5% 적은 임금을 받고 있었다.

여성의 몸무게가 1% 늘어날수록 가계 소득이 0.6% 감소한다는 연구 결과도 있었다. 영국의 엑스터 대학 의대 연구팀에 따르면, 키가 약 7cm 큰 남성이 작은 남성보다 연평균 260만 원 더 많은 연봉을 받았으며, 몸무게가 약 6kg 덜 나가는 여성이 더 나가는 여성보다 연간

260만 원을 더 버는 것으로 나타났다.

2017년, 취업포털 잡코리아가 남녀 직장인 1,769명을 대상으로 설문조사한 결과, 응답자의 88%가 '외모가 직장생활에서 경쟁력을 결정하는 요소가 된다'고 답했다. 여성 직장인의 스트레스 원인 중 외모가 차지하는 비중이 51%로 1위를 차지했으며, 심지어 중년 남자 직장인들 사이에서도 외모 관리를 하는 이들이 회사나 사회에서 우대받고 임원으로 승진하는 사례가 늘어나자, 살을 빼거나 피부를 관리하기 위해 헬스센터나 피부과 등에 다니는 '아재'가 늘고 있다. 미국 시사주간지 〈뉴스위크〉가 기업의 인력채용 담당자를 대상으로 구직자 평가 기준을 조사한 결과, 1위가 경험, 2위가 자신감, 3위가 외모, 4위가 학벌이었다. 학벌보다 외모가 중요하다는 뜻이다. 구직과 취직, 승진에 이르기까지 직장에서 살아남기 위해서는 매력적인 외모 가꾸기에 공을 들일 필요가 있는 것이다.

외모를 뛰어넘은 사람들

외모와 연봉이 정비례 관계라면, 외모가 부족한 사람은 무작정 성형을 하거나 애초에 고액연봉을 포기하고 살아야 하는 걸까? 다행스럽게도 우리 주변에는 부족한 외모를 딛고 성공한 사람들이 의외로 많다. 영국 ITV 오디션 프로그램 〈브리튼즈 갓 탤런트Britain' Got Talent〉에 출연해 우승한 폴 포츠Paul Potts는 천상의 목소리로 전 세계인을 감동시켜 자신만의 성공 스토리를 써 내려갔다. 중국 알리바바그룹의 마윈 회장 역시 지금은 순자산이 38조 원(2016년 4월 기준)에 달하는 성공 신화의 주역이 되었지만, 한때는 작은 키와 못생긴 외모 때문에 놀림을 당했다고 고백했다. 그럼에도 "나는 못생긴 게 아니라 특별하게 생겼다"라고 공언해온 그를 처음 만난 자리에서, 일본 소프트뱅크의 손정의 회장이 단 6분 만에 2,000만 달러를 투자하기로 결정해 화제가 된 바 있다.

이와 같은 긍정적인 마인드와 자신감이야말로 못생긴 외모를 '특별함'으로 바꿀 수 있는 비결인 셈이다. 직장에서도 마찬가지다. 실력을 겸비한 자신감으로 경쟁력을 갖춘다면 외모 프리미엄쯤은 얼마든지 뛰어넘을 수 있다.

12

힘들고 위험한 일인데, 월급은 적은 이유

　뭐니 뭐니 해도 인간이 직업을 갖는 가장 큰 목적은 생계유지일 것이다. 하지만 일 그 자체에서 느끼는 보람, 즉 일을 하면서 느끼게 되는 즐거움도 직업 선택의 주요한 기준이 된다. 직업에 따라 가질 수 있는 즐거움의 정도는 다르다. 어떤 직업은 누구나 하고 싶어 할 만큼 즐거운 일이지만, 또 어떤 직업은 모두가 꺼리는 힘들고 고된 일이기도 하다.

　경제학의 아버지라 불리는 애덤 스미스Adam Smith는 '보상적 임금 격차compensation differential'라는 이론을 만들어냈다. 힘들고 위험한 일엔 금전적으로 많은 보상이 뒤따른다는 뜻이다. 고된 일을 하는 사람에게 상대적으로 많은 임금을 줌으로써 일에서 느끼는 고통을 보상해줘야 한다는 것. 같은 하위직 공무원이라도 상대적으로 많은 월급을 받는 환경미화원이 대표적이다. 또 일 자체에서 보람을 느낄 수 있고 사회적으로 존경받는 일이라 하더라도 위험한 일이라면 임금을 많이 주는 경우가 있다. 미국의 소방관이 대표적이다.

일을 하는 주된 이유를 임금과 즐거움으로 구분할 때, 즐거움이 적거나 위험한 일이라면 그 일을 하는 사람에게 그만큼 많은 돈을 지급해 형평성을 맞춰야 한다는 것이 보상적 임금 격차의 주된 내용이다. 그런데 모든 일에 보상적 임금 격차 이론이 적용되는 것은 아니다. 오히려 적용되는 사례가 예외일 만큼 우리 주변에는 힘들고 위험한 일에 종사하는 사람에게 적은 임금이 지급되는 경우가 많다. 그리고 이같은 흐름은 갈수록 커지고 있는 상황이다.

수요-공급에 좌우되는 임금

원인은 수요-공급 원리. 힘들고 위험한 직업에 많은 임금이 지급되려면 일단 지원자가 적어야 한다. 꼭 필요한 일인데 지원하는 사람이 적으면 임금을 높여서라도 사람을 모아야 하기 때문이다. 그런데 최근 상황을 보자. 갈수록 일자리 찾기가 어려워지면서 힘들고 고된 직업에도 많은 지원자가 몰린다. 환경미화원 모집 시험이 웬만한 공무원 채용보다 뜨거운 열기 속에서 진행되고 있다는 것을 아는가? 여기에 외국인 노동자까지 늘면서 고된 일자리에 몰리는 계층은 지속적으로 늘고 있다. 구직자들이 몰리면 많은 임금을 지급할 필요가 줄어드는 것이 당연하다.

보상적 임금 격차 이론이 성립하기 위해서는 적절한 수급 상황이 조성돼야 한다. 하지만 전반적인 일자리 공급이 줄자 고된 일자리에도 많은 사람이 몰려 고된 일에 대해 제대로 보상받지 못하게 된 것이다.

이러한 상황이 악순환을 유발할 수 있다. 경제가 성장함에 따라 좋은 직업을 갖고 있는 사람들의 소득은 계속 증가하는 반면, 고된 일자리의 임금은 제자리를 유지하면서 더욱 소득 격차가 벌어지는 양극화 현상이 심화될 수 있는 것이다.

강성 노조 활동이 빚어내는 현실

아이러니한 것은, 노동자들의 권익 보호를 위해 결성된 노조가 오히려 소득의 양극화를 부추기는 경향이 있다는 것. 노조가 강력한 힘을 발휘해 임금 인상 등을 관철시키는 것은 노동자 입장에서 반가운 일이다. 그러나 이는 경영자 입장에서 부담스러운 일이고 결국 대응책을 찾게 만든다. 그 대표적인 방법이 비정규직같이 노조 가입 자격이 주어지지 않은 별도의 직군을 형성하는 것이다. 비정규직 노동자들은 노조와 기업 간 임금 협상에서 배제돼 경영자가 자유롭게 임금을 지급할 수 있기 때문이다. 이에 정규직보다 임금 수준이 크게 떨어지는 경우가 많으며 직업 안정성도 취약한 편이다. 이 같은 차별은 노조 활동이 활발한 기업일수록 심해진다. 노조가 매우 강성해 정규직 노동자들이 많은 임금을 받을수록 경영자들은 비정규직 노동자들에게 상대적으로 적은 임금을 지급하게 된다. 정규직이나 비정규직이나 하는 일은 거의 차이가 없는데 단지 신분 문제로 임금 격차가 벌어지는 일이 부지기수다.

대기업의 노조 활동이 중소기업 노동자들의 임금 상승을 억제하는 요인이 되기도 한다. 대기업 노동자들이 많은 임금을 받아 대기업 경영자에게 부담이 발생하면, 대기업은 중소기업에 더 큰 희생을 강요하게 되고, 이 과정에서 중소기업 노동자들의 몫이 줄어드는 것이다. 특히 중소기업에는 노조가 있는 경우가 거의 없다 보니 부담이 그대로 전가되곤 한다.

노조 활동은 취업자와 실업자 간 격차도 확대시킬 수 있다. 기존 취업자들이 강한 노조 활동을 통해 지속적으로 임금을 늘려갈 경우 기업의 고용 여력은 계속 떨어진다. 이렇게 되면 구직자와 실업자 들은 더욱 취업이 어려워지고, 일하지 못하는 기간이 길어지면서 생애 전체 관점에서 소득에 큰 타격을 입게 된다. 기존 근로자에겐 많은 임금을 주면서도, 신입사원의 임금은 대폭 떨어뜨리게 되니 입사 연도에 따라 지속적으로 급여 격차가 벌어지기도 한다.

물론 노조 활동을 하는 기존 노동자들이 실업자나 신입사원에게 어려움을 주려는 의도를 갖고 있지는 않을 것이다. 단지 그들이 추구하는 공동 이익과 관련 행위가 결과적으로 실업자들에게 피해를 주는 부정적인 '외부 효과'를 만들어내 근원적인 격차로 이어질 수 있다는 게 문제다. 내부자들이 스스로의 이익을 추구함으로써 외부자들이 피해를 입게 되는 상황을 가리켜, '내부자-외부자 이론'이라고 한다.

이 같은 현상은 경제위기 이후 심화되는 경향이 있다. 경제위기로 대량 실업이 발생한 상황에서 추후 경기가 회복되면서 남아 있는 사람들이 대폭적인 임금 인상을 요구할 경우, 고용 여력이 떨어진 기업이 실업자들을 제대로 흡수하지 못해 직장을 잃은 사람들의 고통이 영속화되는 일이 생기는 것이다. 그러면 실업자들은 생계를 위해 어렵고 고된 일이라도 하겠다며 눈높이를 낮추게 되고, 결국 고된 일자리에 대한 인력 공급이 늘면서 일에 합당한 임금이 지급되지 않는 것이다.

애덤 스미스는 어렵고 힘든 일자리에 종사하는 노동자들은 상대적으로 많은 임금을 받게 되어 고통을 보상받을 수 있을 거라고 예상했다. 그러나 최근의 현실 속 일자리 상황은 전혀 그렇지 않다.

13

월급 속에 존재하는
성 차별, 학력 차별, 경력 차별

만약 당신이 같은 일을 하고 있는 동료보다 적은 연봉을 받고 있다면 어떻겠는가? 같이 일해서 같은 성과를 냈는데 동료만 특별한 대우를 받는다면? 나보다 성과가 떨어지는 동료가 오히려 더 많은 월급을 받는다면?

월급날, 직장인이라면 한 번쯤 이런 의심을 품어본 적이 있을 것이다. 동료의 급여통장에 찍힌 액수가 궁금하다. 솔직히 동료들끼리 급여명세서를 오픈하고 비교해본다면 월급 차가 발생하는 원인 등을 알 수 있겠지만, 현실적으로 불가능하다. 동료들 사이 상대방의 월급을 묻는 것은 결례로 받아들여지기 때문이다.

금기가 깨질 경우 일어날 파장도 만만치 않다. 사이좋게 지내던 동료 간 불화의 씨앗이 될 수도 있다. 모든 불행의 근원이 '비교'에서 온다는 말을 흘려서 들을 일이 아니다.

최근 많은 기업이 급여에 성과를 연동시키고 있다. 직종에 따라 다소 차이는 있지만, 기본급과 성과급 비율은 과거 9 대 1 혹은 8 대 2 정도였으나 최근에는 6 대 4나 5 대 5 정도로 집계된다. 해마다 기본급보다 성과급 비중이 커지고 있는 것이다.

하지만 여전히 많은 기업에서 불공정한 게임이 벌어지고 있다. 같은 일을 하는 직원임에도 개인의 성과와 능력이 아닌, 외모와 학벌, 집안, 네트워크 등 다른 요인으로 임금에 차별을 두는 것이다. 실제 이 같은 임금 차별은 일종의 부당노동 행위에 해당하지만 이러한 문제를 회사 측에 제기하는 순간 순조로운 회사생활은 끝난다고 봐야 한다. 그러니 벙어리 냉가슴 앓는 직장인들이 적지 않은 것이다.

임금 차별 유형

먼저 '차별'이란 단어의 정의부터 바로 해보자. 차별의 사전적 정의만 보면 '차이'와 별반 다르지 않다. 결국 다르게 취급한다는 뜻으로 해석될 수 있는데, 사실 사회적 의미는 그 이상이다. 동일하게 취급해야 할 대상을 다르게 취급할 때 차별이 되므로, 차별은 불평등과 같은 의미로 쓰인다.

따라서 직장 내 임금 차별이란 상사와 부하 직원 간 임금 차이가 아닌, 같은 일을 하는 같은 직급의 직원들 간 임금 격차를 뜻한다. 사실 똑같은 일을 하는 경우는 드물기 때문에 비슷한 일도 이 범주에 포함시킬 수 있다.

임금 차별의 가장 전형적인 예는 성별에 따른 차별이다. 즉, 같은 일을 하는 같은 직급의 남녀 직원이 있을 경우, 보통 남직원이 여직원보다 더 많은 월급을 받는다. 2017년 고용노동부가 발표한 고용형태별 근로실태조사 결과에 따르면, 여성의 시간당 임금 총액은 1만 2,573원이지만 남성은 1만 9,476원으로 남성이 여성보다 시간당 7,000원 정도를 더 받는다. 같은 일을 하고도 여성이 더 적은 보수를 받는 일이 비단 우리나라에서만 벌어지는 건 아니다.

2018년 초, 영국 〈더타임스〉 보도에 따르면, BBC가 2017년 열린 윔블던 테니스 대회에서 해설을 맡은 '테니스 여제' 마르티나 나브라틸로바Martina Navratilova에게 약 2,200만 원을 지급한 반면, '코트의 악동' 존 매켄로John Patrick McEnroe에겐 같은 기간 이보다 10배 많은 2억 2,000만 원을 지급했다. BBC는 성차별이 아니라 역할의 차이에 따른 것이라고 해명했지만 여론의 공분을 샀다.

성별뿐만 아니라, 학력에 따른 임금 차별도 존재한다. 같은 해에 같이 입사했더라도 대학원을 졸업한 동료가 학부만 졸업한 동료보다 더 많은 월급을 받는다. 물론 이 경우는 대학원을 경력으로 인정해준 것으로 어느 정도 용인되고 있다. 심각한 것은 출신 대학별로 임금에 차등이 주어지는 것. 한 직장 안에서 소위 명문대 출신이 지방대 출신보다 더 많은 월급을 받는 것이다. 업무 관련 실력과 성과가 아니라 출신 대학에 따라 임금에 차등을 주는 것은 분명 '차별'에 해당한다. 사실 이 같은 명문대 선호 현상은 대기업보다 오히려 중견기업 안에서 더 심한 편이다. 중견기업들은 우수한 인재 영입을 통해 더 큰 기업으로 성장하려는 의지가 강하기 때문이다.

같은 장소에서 같은 일을 하는 정규직과 비정규직 간 임금 차별도 존재한다. 일반적으로 각종 복지 혜택도 정규직에 집중되고 비정규직에 대한 복지는 최소한에 그친다. 비정규직에 대한 차별을 해소해야 한다는 목소리가 높지만 정규직들의 반발이 만만치 않아 쉽게 개선되지 않고 있다. 문재인 정부에서는 차제에 비정규직의 정규직 전환을 기업에 권장하고 있지만 급격한 인건비 상승 부담으로 기업들이 주저하고 있는 상황이다.

무엇이 바람직한 임금 체계인가?

결국 기업이 직원들의 마음을 상하지 않게 하면서 동시에 의욕을 가지고 일에 전념할 수 있게 하려면, 합리적인 임금 체계를 갖추어야 한다. 차이는 두되 차별은 하지 않는 임금 체계 구축이 필요하다. 공정한 임금 체계야말로, '기회는 균등하고, 과정은 공정하며, 결과는 정의로울 것'이라는 문재인 대통령의 캐치프레이즈를 구현하는 길이기도 하다.

그렇다면 일체의 차별을 제거하는 바람직한 임금 체계란 어떤 것일까? 다시 원칙으로 돌아가야 한다는 목소리에 귀를 기울여야 한다. 이때 말하는 원칙이란 바로 '동일 노동-동일 임금'이다. 같은 시간 같은 일을 하는 같은 직급의 직원 간에는 임금 차이를 둬서는 안 된다는 것. 이 원칙을 기반으로 각종 차별적 요소를 임금에 반영하지 못하게 하는 제도적 장치를 마련해야 하는 것이다. 문재인 정부는 10차 개헌을 통해 국가에 '동일 가치 노동에 대한 동일 수준의 임금' 지급 노력 의무를 부과하려고 하고 있다. 남녀고용평등법(남녀고용평등과 일·가정 양립 지원에 관한 법률)에 있는 차별 금지 조항을 헌법으로 끌어오려는 것이다.

제도를 아무리 잘 설계한다 해도 임금 격차 문제가 하루아침에 해소되지는 않을 것이다. '동일 가치 노동'에 대한 정의가 애매한 것도 임금 격차 해소를 어렵게 만드는 원인으로 지적받고 있다. 성별, 학력, 고용 형태, 출신 지역 등에 따른 임금 차별을 없애고 싶다면, 사회 전반의 인식과 문화를 바꾸는 작업도 동시에 진행돼야 할 것이다.

14

외국인 노동자가
내 월급을 깎는다고?

통계청 발표에 따르면, 2016년 기준 국내 거주 외국인은 171만여 명이다. 우리나라 인구의 3.4%를 차지하는 비중이다. 하지만 이 수치는 정확하지 않다. 대면 조사에 어려움이 많기 때문이다. 법무부가 출입국 자료를 뽑아 집계한 바에 따르면, 국내 거주 외국인이 200만 명을 훌쩍 넘는다. 여기에 밀입국자까지 포함하면 그 수는 더욱 늘어날 것이다. 그런데 이와 같은 외국인 노동자가 우리의 월급에 미치는 영향이 만만치 않다. 무슨 말일까?

증가하는 외국인의 일자리 점유율

외국인 노동자들이 갖는 직업은 주로 임금이 적은 하위 일자리다.

건설업 일용직 가운데 외국 인력 비중은 2011년 5.8%에서 2015년 8.0%로 크게 증가했다. 또 음식·숙박업 일용직 중 외국 인력 비중도 같은 기간 3.26%에서 4.78%로 증가했다. 하위 일자리의 외국인 점유율이 계속 높아지고 있는 것이다.

비단 하위 일자리뿐 아니다. 한국개발연구원^KDI의 추정에 따르면, 2017년 기준 6만~7만 명 정도의 외국인이 내국인도 선호하는 국내 일자리를 차지했다. 너무 어렵고 힘들어서 아무도 하려고 들지 않는 일자리가 아니라, 내국인도 몰리는 일자리를 외국인이 차지하고 있는 경우를 집계한 통계다.

왜 외국인 노동자들이 한국에 진입하고 있는 걸까? 상대적으로 높은 임금 수준 때문이다. KDI에 따르면, 한국의 단순 직종 평균 임금이 200만 원에 육박한다. 대만(60만~70만 원), 싱가포르(60만~90만 원), 두바이(20만~30만 원), 홍콩(30만~40만 원) 등 경제 수준이 비슷한 다른 나라보다 훨씬 높다. 미국이나 일본 등 몇몇 선진국을 제외하면, 외국인 노동자 입장에서 한국이 최고의 선택지가 될 수 있는 것이다. 이러한 선호도는 최저임금 상승에 따라 더욱 올라갈 것으로 보인다.

내 임금을 위협하는 외국인 노동자

외국인 노동자의 진입은 관련 시장의 임금에 부정적인 영향을 미칠 수 있다. 미숙련 노동자^unskilled labor(단순 노동에 종사하는 노동자) 시장의 수요는 한정돼 있는데, 외국인의 진입으로 인력 공급이 늘어남에 따라 노동자의 가격(임금)이 떨어지는 것이다.

노벨 경제학상을 수상한 미국의 이론경제학자 폴 앤서니 새뮤얼슨Paul Anthony Samuelson은 이런 상황을 생산성과 연관해 해석했다. 기계 같은 자본은 단기적으로 그 양이 고정되어 있으므로 일시에 늘릴 수 없다. 노동자들이 생산 과정에서 사용할 수 있는 설비가 단기적으로 한정돼 있다는 의미다. 이런 상황에서 인력 공급이 늘면 개개인에게 돌아가는 설비의 양이 감소한다. 10명이 기계 10대를 나눠 쓰던 상황에서 20명이 기계 10대를 나눠 쓰는 상황으로 이해하면 된다. 이렇게 되면 개인의 생산성은 떨어질 수밖에 없고, 그러면 경영자들은 임금을 덜 지급하고 싶어진다.

외국인 노동자의 진입은 숙련 노동자skilled labor(일정한 교육과 훈련을 받아 고도의 복잡한 작업을 할 수 있는 노동자)의 임금에도 영향을 준다는 분석이 있다. 노동 시장은 숙련 노동자 시장과 미숙련 노동자 시장으로 양분돼 있다. 외국인 노동자들은 주로 미숙련 노동자 시장에 진입하므로 숙련 노동자 시장엔 영향이 없을 것이라고 생각할 수 있지만, 그렇지 않다. 미숙련 노동자 시장의 상위 그룹에 속해 있는 인력들이 임금 정체를 견디지 못해 숙련 노동자 시장으로 진입하기 때문이다. 이들이 취업에 성공할 수 있을지는 부차적인 문제다. 어찌 됐든 숙련 노동자 시장의 노동력 공급 증대를 유발한다는 측면에서 임금 저하를 가져올 가능성이 있다.

또 미숙련 노동자 시장의 임금 정체는 '잠재적 시장 진입자'들이 곧바로 숙련 노동자 시장으로 진입할 수 있게 노력하도록 만든다. 적은 임금을 피하기 위해 처음 사회에 진출할 때부터 숙련 노동자 시장에 취업을 시도하는 것이다. 최근 심각한 청년실업 문제 역시 이와 유사한 원인에 따른 결과라는 분석이 있다. 당장은 적은 임금이라도 감수하고 일을 하겠다고 나서기보다, 시간이 걸리더라도 더 열심히 준비해서 바로 많은 임금을 받을 수 있는 직장에 들어가려는 이들이 많다는 것이다.

숙련 노동자 시장으로 지속적인 노동력이 유입되다 보면, 결국 숙련 노동자 시장의 임금 정체를 불러오게 된다. 외국인 노동자가 없던 때 미숙련 노동자 시장에서의 취업으로도 만족했을 사람들이 외국인 유입에 따른 해당 시장의 임금 저하를 참지 못하고 숙련 노동자 시장에서의 취업을 시도하게 되면서, 결과적으로 숙련 노동자 시장에 대한 노동력 공급 증대로 임금 정체가 유발되는 것이다. 최근 몇 년간 대기업 신입사원들의 초임이 정체 상태에 있는 것도 이 때문이다. 금융위기가 터졌을 때 각 대기업들이 신입사원의 초임을 대폭 삭감하기로 한 것도, 숙련 노동자 시장에서 노동력 수요보다 공급이 훨씬 많았기 때문이다.

인력 송출국의 임금은 올라간다?

재미있는 것은 이런 일이 벌어지면, 외국인 노동자들이 건너온 본국의 임금이 올라간다는 것이다. 예를 들어, 파키스탄의 자본량을 100, 노동량을 100이라 하자. 이러한 상황에서 50의 노동량이 해외로 이주하면 남은 50이 100의 자본을 이용해 생산을 하게 된다. 예전에는 1인당 1의 자본이 투입됐는데, 이제 1인당 2의 자본이 투입되는 것이다. 그렇다 보니 개개인의 생산성이 올라갈 수밖에 없고 결국 임금도 올라가는 것이다.

최근 외국인 노동자들의 진입에 따른 한국 인력 시장을 보면, 외국인들이 속속 일자리를 잠식하면서 일용직 임금이 답보 상태에 있다. 식당 보조원들의 임금도 마찬가지다. 반면 세계은행 등의 자료에 따르면, 인력을 대거 송출하는 국가들의 1인당 소득이 크게 늘어나는 추세에 있으며, 해외 거주자들이 외국에서 번 돈을 자국으로 송금하면서 경제 성장의 밑거름 역할까지 하고 있다고 한다.

결국 외국인 노동자들의 진입은 인력을 받는 나라의 임금과 고용을 줄이는 효과를 내고, 인력 송출국의 임금을 올리는 효과를 낸다. 또 인력 송출국은 인력 유출로 저절로 실업 상황이 완화되는 효과까지 얻는다.

이 같은 상황만 보면, 외국인 노동자들에 대한 국민의 적대감도 일면 이해가 간다. 그렇다고 해도 이미 그 수가 200만 명에 달해 비중 있는 이웃이 된 외국인 노동자를 무조건 경원시해서는 안 된다. 앞으로 이들이 우리나라의 인구 감소에 따른 인력 공백을 메꿔주는 역할도 할 것이기 때문이다. 외국인 노동자들과 어울리며 상생할 수 있는 보다 근본적인 방안이 필요한 이유다.

3장

대한민국 제도에
숨어 있는
월급의 비밀

15

최저임금 상승이
당신의 월급도 올려줄까?

이제 주변에서 억대 연봉자를 찾는 일은 그리 어려운 일이 아니다. 그만큼 우리나라 근로자의 임금 수준이 많이 오른 것이다. 그럼에도 여전히 적은 소득으로 고통받는 사람도 많다. 통계청에 따르면, 2017년 기준 전체 임금 근로자 1,977만 9,000명 가운데 43%에 해당하는 852만 4,000명의 월급이 200만 원 미만이다. 저임금의 '불완전 취업자'들이 우리 경제에 상당 부분을 차지하는 것이다.

최저임금제도는 불완전 취업자들이 큰 고통을 겪지 않도록 정부가 마련한 최소한의 가이드라인이다. 노동계는 매년 최저임금 수준을 높이기 위해 사용자 단체와 협상을 벌이고 여의치 않으면 단체 행동에 돌입하기도 한다. 그런데 이처럼 최저임금을 높이면 해당 계층의 복지에 정말 도움이 되는 것일까? 좀 더 깊게 생각해봐야 한다.

최저임금제도의 부작용

미숙련 노동자 시장의 임금은 정부의 개입이 없을 경우, 시장 수요와 공급이 만나는 지점에서 결정된다. 문제는 매우 낮은 수준이 될 가능성이 크다는 것이다. 이러한 문제를 막기 위해 정부는 최저임금제도를 통해 노동자에게 시장 수준보다 높은 임금을 지급하게 강제한다. 즉 최저임금제도는 임금 가격이 특정 수준 이하로 떨어지는 것을 막는 '가격하한제도' 정책의 일종이다.

이 제도로 인해 미숙련 노동자 시장이 고용할 수 있는 인력의 양은 정부 개입이 없었을 경우와 비교해 줄어들 수밖에 없다. 최저임금제도로 가격(임금)이 올라간 만큼 고용 여력이 줄기 때문이다. 반면 노동자의 미숙련 노동자 시장으로의 진입은 늘어난다. 원래 임금이 흡족하지 않아 일을 하지 않았던 사람이라도 정부가 정한 최저임금 수준이라면 일할 마음이 생길 수 있기 때문이다. 이렇게 되면 어떤 결과가 초래될까?

결국 최저임금제도로 인해, 미숙련 노동자 시장엔 노동력 수요는 줄고 공급이 늘어나는 초과 공급 현상이 발생한다. 노동력의 초과 공급은 곧 실업자 증가를 의미한다. 최저임금제도가 실업자 증가라는 부작용을 몰고 오는 것이다.

불법고용이 만연하는 부작용이 발생할 수도 있다. 최저임금제도에 부담을 느낀 기업들이 부담을 줄이기 위해 아직 일할 나이가 되지 않은 청소년들을 매우 낮은 임금에 고용하는 것이 대표적이다. 최저임금을 인지한 성인들은 사업주에게 제도 준수를 요구하겠지만, 법을 잘 모르는 청소년들은 이런 요구를 제대로 하지 못할 것이다.

이러한 최저임금제도에 따른 부작용을 줄이기 위해 정부도 사업주에게 보조금을 지급하는 등의 노력을 하지만, 실업을 최소화하면서 불완전 취업자들의 후생까지 향상시키는 데는 한계가 많다.

대기업 노동자가 최저임금 상승을 외치는 이유

한 가지 의문이 들 때가 있다. 이미 많은 임금을 받고 있는 대기업 노동자들이 왜 최저임금 수준을 높이기 위해 투쟁하는 것일까? 노동계가 공익적인 차원에서 미숙련 노동자들의 후생을 위해 투쟁하는 것일까? 그렇게 순수한 의도만 있는 건 아니다.

앞서 말했듯, 노동 시장은 숙련 노동자 시장과 최저임금을 받는 미숙련 노동자 시장으로 구분된다. 최저임금 수준이 높아지면 기업들은 미숙련 노동자 고용에 부담을 느끼게 된다. 그렇게 되면 기업들은 미숙련 노동자의 고용을 줄이고, 숙련 노동자를 좀 더 고용하는 것이 낫다는 결론에 이를 수 있다. 미숙련 노동자 고용 인원을 3명 줄이는 대신, 숙련 노동자를 1명 더 고용하는 식이다. 기업 입장에선 전체 생산성에 큰 차이가 없는 데다 비용이 줄기 때문에 이득이다.

이러한 과정에 따라, 최저임금 상승은 미숙련 노동자 수요를 줄이고, 숙련 노동자 수요는 늘리는 결과를 가져온다. 그리고 이는 숙련 노동자의 임금 상승으로 이어질 가능성이 있다. 숙련 노동자에 대한 수요가 늘면서 이들에 지급되는 가격, 즉 임금이 올라가는 것이다. 그러니 최저임금 상승은 직접적 수혜 대상인 미숙련 노동자가 아닌, 숙련 노동자에게 도움이 되는 정책이 될 수 있다. 특히 기업이 미숙련 노동자의 고용을 줄이는 쪽으로 반응할 경우, 미숙련 노동자들이 피해를 입을 가능성까지 있다.

또 숙련 노동자들은 최저임금이 올라가면 이를 명분 삼아 자신들의 임금도 올려달라는 요구를 하기도 한다. 최저임금이 올라가면서 최저임금을 받는 노동자들과 자신들의 임금 격차가 줄어들었으니, 그에 맞춰 임금을 올려달라는 것이다.

물론 노동계가 단지 개인적 이익에만 급급해 최저임금 상승을 외치고 있다고 일방적으로 매도해서는 안 된다. 미숙련 노동자들에게 있어 최저임금제도가 중요한 버팀목이 된다는 것만은 확실하기 때문이다. 다만 이러한 제도의 진정한 성공을 위해서는 그로 인한 영향을 다각도로 따져본 후 신중히 접근할 필요가 있어 보인다.

16

실업수당 받고 노는 게
차라리 낫다고?

　월급쟁이들의 큰 불만 중 하나는, 내가 피땀 흘려 일해 돈을 버는 족족 국가가 세금을 떼어간다는 것이다. 이러한 상황에서 소득에 매기는 세율이 갑자기 올라간다면 어떤 일이 벌어질까?

　임금과 관련해 사람은 크게 2가지 유형으로 분류할 수 있다. 첫째는 임금보다 여가를 중요시하는 사람이다. 이들은 돈은 조금 덜 받더라도 일이 적어서 여가를 즐길 수 있기를 원한다. 둘째는 여가보다 임금을 중요시하는 사람이다. 이들은 쉬는 시간을 줄여서라도 일을 더 많이 해서 많은 돈을 벌고 싶어 한다.

　그런데 세금은 어떤가? 세금을 부과하면 당연히 임금이 줄어든다. 따라서 과중한 세금 부과는 직장인들을 덜 일하게 만드는 방향으로 유도하게 된다. 열심히 일해봐야 세금으로 떼어가는 부분이 많으니 차라리 편히 쉬겠다는 심리가 생기기 때문이다. 경제학은 이 같은 현상을 '대체 효과'로 설명한다. 세금 부과로 인해 늘어난 여가시간이 노동시간의 일부를 대체한다는 의미다.

반면 반대의 효과도 생각해볼 수 있다. 갑자기 세금이 많이 부과되면 똑같이 일해서는 예전 같은 생활 수준을 유지할 수 없게 된다. 이에 소득이 줄었으니 쉬는 시간을 줄여서라도 일을 더 하자는 심리가 생길 수 있다. 경제학은 이를 '소득 효과'라고 설명한다. 소득의 변화에 따라 여가와 노동시간의 배분이 달라진다는 의미다.

소득세 부과에 따른 실질적인 임금 감소가 노동시간에 미치는 영향은 대체 효과와 소득 효과 중 어느 것이 더 큰가에 좌우된다. 주로 가계를 책임지는 남성 노동자들에겐 소득 효과가 더 커 세후 임금이 줄면 일을 더 하려는 심리가 발동하고, 주로 보조 소득자인 여성에겐 대체 효과가 더 커 직장을 그만두는 경우가 많은 것으로 알려졌다. 프랑스가 대표적인 경우다.

그런데 같은 상황에서도 저소득층 가구에는 전혀 다른 일이 벌어진다. 바로 '부負의 소득세제negative income tax'라는 것 때문이다. 이 제도의 기본 아이디어는 소득이 일정 수준 이하로 떨어질 때 마이너스 세율이 적용된다는 것이다.

예를 들어, 월 소득 100만 원을 기점으로 그 이하 소득에는 −50% 소득세율이 적용되는 식이다. 소득이 100만 원 이하로 떨어지면 국가가 개인에게 되레 세금(보조금)을 지급하게 된다. 보조금의 크기는 기초수당(소득이 전혀 없을 때 국가가 지급하는 생활보조금), 마이너스 세율, 스스로 벌어들인 소득에 따라 결정된다. 구체적인 공식은 '기초수당−(마이너스 세율×스스로 번 소득)'이다.

한번 A라는 사람이 스스로 50만 원을 벌고 있어서 기초수당 50만 원을 받고 마이너스 세율 50%를 적용받는다고 가정해보자. 공식대로 계산하면 보조금으로 '50만 원−(50%×50만 원)', 즉 25만 원이 나온다. 50만 원을 번 사람이 국가로부터 마이너스 세율에 따라 25만 원의 세금을 지급받는 것이다.

이 제도의 기본 설계는 소득이 적을수록 보조금이 많아진다는 것이다. 극단적으로 소득이 전혀 없을 때는 '50만 원−(50%×0원)'이라 보조금이 50만 원이며, 기준점인 100만 원에 이르면 '50만 원−(50%×100만 원)'으로 보조금은 0원이 된다. 이후 소득이 100만 원을 넘어서, 예를 들어 200만 원이 되었다면, '50만 원−(50%×200만 원)'으로 −50만 원의 보조금을 지급받는다. 이는 국가에 50만 원의 세금을 내야 한다는 의미다. 결국 100만 원을 기준으로 소득이 그 이하하면 국가가 개인에게 세금(보조금)을 지급하고, 그 이상이면 개인이 국가에 세금을 내는 것이다.

근로소득보전세제 운영의 아이러니

이 제도는 이미 많은 국가들이 도입해 운영 중이다. 우리나라도 2008년부터 '근로소득보전세제 EITC, earned income tax credit'라는 이름으로 시행하고 있다. 일하는 빈곤층이 내야 할 세금보다 자녀 공제, 의료비 공제 등의 소득공제 금액이 더 크면 그 차이를 국가가 현금으로 지급하는 것이다. 예를 들어, B 가장이 연 1,500만 원을 벌어 세금으로 20만 원을 내야 하는데 소득공제에 따른 세액 감면의 크기가 100만 원이라면 80만 원을 국가가 지급해주는 것이다.

이 제도의 단점은 국가의 막대한 재정이 소요된다는 것이다. 이를 줄이려면 기초수당을 줄이거나 마이너스 세율을 높여 지급되는 보조금 크기를 줄여야 한다. 이를테면, 앞선 사례에서 A의 기초수당이 50만 원, 스스로 벌어들인 소득이 50만 원일 때, 마이너스 세율만 50%에서 80%로 올리면 보조금 지급액이 25만 원에서 10만 원으로 줄게 된다. 문제는 마이너스 세율을 지나치게 높이면 소득이 증가함에 따라 보조금 크기가 너무 빨리 줄어들게 되니 근로자의 일할 의욕을 잃게 만들 수 있다는 것이다. 생각해보라. 마이너스 세율이 90%라면 50만 원을 벌었을 때 보조금이 '50만 원-(90%×50만 원)', 즉 5만 원이다. 그러니 스스로 번 소득 50만 원을 합하면 손에 55만 원을 쥐게 된다. 이는 일을 전혀 하지 않았을 때 국가로부터 받는 보조금 50만 원과 비교해 불과 5만 원 많은 금액이다. 결국 수혜자 입장에서는 차라리 일을 하지 않는 편이 낫다고 여겨 일부 계층이 '실업 함정'에 빠질 수 있다. 힘들고 고통스럽게 일을 해서 돈을 조금 더 버느니, 실업자로 있으면서 국가 보조를 받아 최소한의 생계유지만 하자고 생각하게 된다는 말이다. 이는 일하는 저소득층에게 지원을 늘리자는 제도의 본래 취지를 무색하게 만들뿐더러 국가 경제에도 큰 위협이 될 수 있다.

국가의 재정 부담을 줄이기 위한 또 다른 방편으로, 기초수당을 줄이는 방법이 있다. 예를 들어, 앞선 사례에서 마이너스 세율을 50%로 그대로 유지하더라도 기초수당을 35만 원으로 줄이면 50만 원을 스스로 벌 경우 보조금 지급액이 10만 원으로 줄어든다. 그만큼 재정 부담이 줄어드는 것이다. 하지만 이렇게 되면 보조금이 50만 원에서 35만 원으로 줄어 제도가 당초 노렸던 재분배 정책의 의미가 퇴색되는 문제가 발생한다.

결국 제도의 효과를 극대화하기 위해서는 마이너스 세율의 절댓값을 낮게 유지해 국민의 일할 의욕을 고취시키고, 보조금 액수를 키워 재분배 정책의 의미를 살려야 한다. 하지만 그러기에는 재정 부담이 너무 크다. 이 밖에 재산은 많은데 소득이 적은 사람들에게까지 보조금이 지급될 수 있는 '부정 수급'의 가능성도 있다.

17

고령화 사회에서
피할 수 없는 임금피크제

우리나라에서 정년제를 운영하는 기업의 근로자 평균 정년은 59세다. 그럼에도 구조조정으로 인한 정리해고, 명예퇴직 등으로 인해 근로자의 평균 정년은 계속 앞당겨지고 있다. 문제는 국민연금 수급 개시 연령이 65세(1969년 이후 출생자)이기에 근로자들의 노후에 대한 불안은 계속 가중될 수밖에 없다는 것. 이처럼 평생직장에 대한 개념이 사라지는 현실 속에서, 노년층의 사회보장제는 앞으로 더욱 뜨거운 사회적 이슈로 부상할 것이다.

고령층 실업대란을 막기 위한 대안 중 하나로, 임금피크제가 주목받고 있다. 임금피크제란 고용 보장을 전제로 근로자의 임금을 조정하는 것인데, 즉 일정 연령이 되면 임금을 삭감하는 대신 정년을 보장

한다. 근로자가 은퇴하기 직전까지 꾸준히 임금이 상승하는 기존 제도와 달리 피크 임금을 기준으로 최대 절반 수준까지 점차 임금을 줄이는 방식이다. 정년을 채우지 못하고 퇴사하는 근로자가 대부분인 현실에서, 고령층은 임금피크제를 통해 고용 안정성을 확보할 수 있다. 정부의 사회보장비용 부담을 줄일 수 있다는 점도 장점이다.

임금피크제는 미국, 유럽, 일본 등 일부 국가에서 공무원과 일반 기업체 직원을 대상으로 선택적으로 적용하고 있으며, 우리나라에는 2001년 은행을 중심으로 이와 유사한 제도가 도입됐다. 공식적으로는 신용보증기금이 2003년 7월 '일자리를 나눈다'는 뜻에서 워크 셰어링의 형태로 임금피크제를 도입한 것이 첫 사례다.

정년보장형과 정년연장형

임금피크제는 크게 정년보장형과 정년연장형으로 구분된다. 정년보장형 임금피크제는 근로자에게 정해진 정년까지 고용을 보장하는 대신, 일정 연령에 도달한 시점부터 임금을 삭감하는 방식이다. 우리나라에서 임금피크제를 도입한 거의 대다수의 기업들은 정년보장형을 채택하고 있다.

우리나라에서 처음으로 임금피크제를 도입한 신용보증기금도 이 유형을 택했다. 신용보증기금은 당시 정년인 58세까지 고용을 보장하는 대신 만 55세가 되는 해부터 1년 차에는 원래 받던 임금의 75%, 2년 차에는 55%, 3년 차에는 35%를 받는 것으로 정했다. 정년보장형 임금피크제는 임금 인상보다는 고용 안정을 원하는 근로자에게 매력적인 제도다. 특정 연령부터 월급이 줄어들긴 하지만 정년까지 안심하고 회사를 다닐 수 있기 때문이다. 기업 입장에서는 고용 조정에 따른 부담과 인건비 절감 효과를 얻을 수 있다. 물론 단점도 있다. 기업이 인력구조의 변경 목적을 자칫 정리해고의 수단으로 악용할 소지가 있는 것이다.

또 다른 유형인 정년연장형 임금피크제는 정년을 기준으로 한 노동력인구의 감소를 극복하기 위해 정년에 도달한 은퇴 예정자를 다시 노동력에 재투입하여 활용하는 방식이다. 물론 임금은 과거보다 줄어든다. 일본 기업 대부분이 이를 따르고 있으며, 우리나라에서는 극히 일부의 기업만 도입했다. 기업 입장에서는 신규 근로자 채용에 수반되는 비용을 절감하면서 동시에 관련 직무에 익숙한 근로자를 계속 활용할 수 있다는 점, 근로자 개인 입장에서는 정년이 지나서도 근로의 기회를 가질 수 있다는 점이 장점이다.

그렇다면 직장인들은 임금피크제 도입을 어떻게 생각하고 있을까? 2014년, 온라인 취업사이트 '사람인'이 직장인 559명을 대상으로 설문조사한 결과, 72.3%가 '긍정적이다'라고 응답했다. 그 이유로는 '안정적으로 직장에 다닐 수 있어서(42.6%)'가 가장 많았고, 그다음으로는 '노후를 보장받을 수 있어서(26.3%)', '평균 수명이 길어지기 때문에(14.2%)', '인사 적체가 해소될 것 같아서(8%)' 등의 의견이 뒤를 이었다. 실제로 임금피크제를 시행하면 신청할 의사가 있는지를 묻는 질문에 64.4%가 '있다'고 응답했다.

우리나라의 경우 임금피크제가 2001년 처음 도입되었으나 확산

속도는 그다지 빠르지 않다. 2008년 글로벌 경제위기를 겪으며, '고용 안정'이란 가치가 부각되면서 확산되기 했지만, 전체 기업으로 보면 임금피크제를 도입한 기업은 아직 소수에 불과하다.

　임금피크제가 많은 기업으로 확산되지 못한 가장 큰 이유는 노사의 시각 차 때문이다. 노동계는 임금이 최대 50%나 줄어드는 것을 받아들이지 않고 있으며, 경영계는 근로자의 고령화가 부담이다. 임금피크제가 도입돼 50대 이상의 고령층이 계속 일을 하게 되면, 일자리의 총량이 줄어 청년실업 문제가 더 심각해질 것이라는 주장도 있다. 아버지와 아들이 일자리 하나를 두고 '세대 간 전쟁'을 벌여야 한다는 이야기다. 그러나 이러한 생각은 기우라는 의견도 많다.

　청년 세대와 베이비붐 세대의 직장과 직무가 다르고, 임금피크제 도입으로 인한 인건비 감소로 오히려 청년층 신규 고용이 증가할 수 있다는 논리다. 돈은 조금 덜 주는 대신 고령층에게는 고용 안정성을 제공하고 이를 통해 줄어든 인건비로 청년들의 채용은 늘릴 수 있다는 것이다. 정부 측도 선진국 사례를 보면 고령자의 고용률이 늘면 청년의 고용률도 함께 증가하기 때문에 일자리 하나를 두고 세대 간 다툼이 일어나는 게 아니라 일자리 총량의 전체 파이가 커질 수 있다고 주장한다. 다만 기업들이 임금피크제를 통해 고령층 근로자의 임금만 줄이고 대신 청년 채용에 나서지 않는다면 정부가 의도한 효과를 거두기는 사실상 불가능해진다. 따라서 일자리 대체 선순환이 제대로 이뤄지도록 다양한 보완책을 마련해야 할 것이다.

18

한국 미용사보다
미국 미용사가 대우받는 이유

2017년 기준 한국, 독일, 일본의 1인당 GNI는 각각 2만 5,167달러, 4만 4,000달러, 4만 3,407달러다. 독일의 1인당 GNI는 한국의 2배에 육박한다. 그런데 직종별 임금을 보면 다른 결과가 나온다. 한국자동차산업협회KAMA에 따르면, 2016년 기준 한국의 5개 완성차업체 평균 연봉은 9,213만 원으로, 도요타(9,104만 원), 폭스바겐(8,040만 원)보다 많다. 독일과 일본이 한국보다 1인당 GNI는 월등히 높은데, 자동차 업체 종사자의 임금은 한국이 더 많은 것이다.

왜 현대자동차의 임금이 도요타나 폭스바겐보다 높을까?

미국에서는 배관공이나 전기공의 임금이 대학 교수의 임금보다 많다. 또 미용사들의 임금이 대기업 직원들의 임금 못지않다. 그러나 한국의 배관공은 제조 대기업 종사자들보다 적은 임금을 받고 있다. 프로 운동선수들의 연봉을 따져보자. 미국 프로 야구 메이저리그 선수들의 연봉은 최저 50만 달러 이상이며 3,000만 달러를 넘는 경우도 있다. 반면 한국 프로 야구선수들의 연봉을 달러로 환산하면 최고 200만 달러 수준이다. 물론 이 역시 많은 금액이지만, 미국 선수들과 비교하면 차이가 크게 벌어지는 것이다.

왜 이런 차이가 벌어지는 것일까? 일단 자동차 업종은 대표적인 수출입 산업이다. 즉 자동차 생산국끼리 서로 수출입을 활발히 한다. 반면 배관공, 전기공, 미용사, 야구선수들의 생산 결과는 대체로 그 나라 안에서 소비된다. 결국 수출입 산업에 종사하는 사람들의 임금은 상황에 따라 나라별로 비슷해지거나 오히려 개도국이 선진국보다 많아질 수도 있는 반면, 자국 내에서 소비되는 산업에 종사하는 사람들의 임금은 그 나라 경제 규모에 영향을 받는다는 것을 알 수 있다.

경제학자 폴 앤서니 새뮤얼슨도 제품의 거래를 통해 이를 설명한다. 자동차 시장은 수출입을 통해 전 세계 시장이 사실상 통합되어 있다. 관세 등의 장벽이 있긴 하지만 각종 협상을 통해 장벽도 허물어지고 있다. 이처럼 시장이 통합돼 있으면 치열한 가격 경쟁이 벌어진다. 한 업체의 자동차 가격이 시장 수준보다 과도하게 높으면 업체가 생존할 수 없기 때문이다. 결국 성능이 비슷하다면 자동차가 어디서 생산되든 가격은 비슷한 수준으로 수렴한다. 제품 가격이 비슷하다면 투입 비용도 비슷해지게 마련이다. 이 과정에서 당연히 생산에 투입되는 인력들의 임금도 비슷해진다. 결국 수출입이 활발하게 일어나는 산업에 종사하는 이들의 월급은 전 세계적으로 크게 차이가 나지 않게 된다. 물론 노조의 활동 등 변수에 따라 나라별 차이가 발생할 수는 있는데, 우리나라 현대자동차 종사자들의 임금이 도요타나 폭스바겐 종사자들보다 많은 것은 이 때문이다.

나라별 상·하위 임금 격차의 배경

반면 수출입이 일어나지 않는 비교역재 산업에 종사하는 사람들의 임금은 각국 사정에 따라 결정된다. 한국의 미용사들은 한국의 수요 공급 상황에 따라 임금이 결정되고, 미국의 미용사들은 미국 내 수요 공급 상황에 따라 임금이 결정되는 것이다.

선진국들은 대체로 사람이 직접 제공하는 서비스업 종사자들의 임금이 많은 편이다. 배관공, 전기공 등 숙련된 기술이 필요한 일일수록 많은 임금을 받는다. 전반적으로 소득 수준이 높은 상황에서 사람으로부터 직접 서비스를 받기 위해서는 그만큼 많은 대가를 지급해야 하는데, 이 같은 상황이 임금에 반영된다.

반면 후진국은 사람이 직접 제공하는 서비스일수록 임금이 적다. 후진국은 산업 발전 속도가 더뎌 노동력이 남아돌기 때문이다. 경제 전반적으로 자원이 효율적으로 배분되지 못할 때 벌어지는 현상이다. 이에 소수의 일자리를 두고 치열한 경쟁이 벌어지고 이 과정에서 임금이 적어진다. 특히 누구나 할 수 있는 단순 노동직의 경우 언제라도 타인으로 대체할 수 있기 때문에 임금이 적게 책정될 수밖에 없다.

이에 따라 후진국은 학력이 낮을수록 임금이 큰 폭으로 떨어지는 경향이 있다. 다만 좋은 대학을 졸업해 좋은 기업에 들어가면 후진국이라고 해도 많은 임금을 받을 수 있다. 전 세계적으로 좋은 기업들이 참여하는 수출입 산업 종사자의 임금은 비슷한 수준으로 맞춰지기 때문이다. 그러니 후진국은 고소득층과 저소득층 간 임금 격차가 크다.

반면 선진국은 굳이 대학에 진학하지 않더라도 자신만의 기술을 습득할 경우 많은 임금을 받을 수 있는 길이 열려 있다. 상황이 이렇다 보니 선진국으로 갈수록 오히려 대학 진학률이 떨어지는 것이다. 독일을 비롯한 유럽 국가의 국민들은 우리나라처럼 무조건 대학에 진학해야 한다는 생각을 갖지 않는다.

2016년 OECD에 따르면, 한국의 소득계층 상·하위 10%의 임금 격차는 4.5배였다. 상위 10% 계층이 하위 10% 계층보다 4.5배 많은 임금을 받고 있는 것이다. 이는 OECD 9개국 중 2위에 해당한다. OECD 평균은 3.39배이며, 덴마크 2.64배, 핀란드 2.4배, 프랑스 3.1배, 스위스 2.61배 등 다른 선진국들은 한국보다 격차가 훨씬 작다. 유럽의 선진국들이 상·하위 간 임금 격차가 작다는 것을 알 수 있다.

우리나라도 선진국이 된다면, 굳이 좋은 대학을 졸업하지 않아도 자신만의 좋은 기술을 가지고 독창적 영역을 구축해내는 유능한 고소득자들이 늘어나지 않을까?

19

같은 월급이라면
미국보다 한국이 살기 좋다?

당신은 이런 생각을 해본 적이 없는가? 지금 받고 있는 월급으로 베트남이나 캄보디아 같은 나라에 가면 보다 풍족하게 살 수 있지 않을까? 이를 정확히 따져보고 싶다면 '구매력평가PPP·Purchasing Power Parity 환율'이라는 것을 알 필요가 있다.

PPP 환율, 도대체 뭐지?

동일한 물건을 구입하는 데 필요한 통화의 양을 비교하는 것, 이를 PPP 환율이라 부른다. 대표적인 것이 '빅맥지수'다. 맥도날드의 빅맥 햄버거는 전 세계 어느 곳에서나 팔린다. 각국에서 팔리는 빅맥 햄버거의 가격을 비교하는 것이 빅맥지수다. 우리나라에서 팔리는 빅맥 가격이 3,000원이고 미국에서 팔리는 빅맥 가격이 3달러라면, 3달러와 3,000원이 같은 가치를 갖고 있다고 보는 것이 PPP 환율의 기본개념이다. 이처럼 비교할 수 있는 품목은 빅맥 외에도 많은데, 이러한 품목의 가격을 조사해 종합한 것이 PPP 환율이다. 앞서 빅맥으로 한정하면 1달러가 1,000원과 같은 가치를 지니고 있다고 볼 수 있다.

이때 PPP 환율은 자국 내에서의 구매력을 나타낸다. 달러로 나타낸 한국의 PPP 환율은 2016년 기준 1달러당 760.67원이다. 이는 미국에서 1달러로 살 수 있는 물건을 한국에서는 760.67원으로 살 수 있다는 뜻이다.

짐작할 수 있듯이, PPP 환율은 통화끼리 교환할 때 적용하는 일반 환율과는 차이가 있다. 일반 환율은 외환 시장에서 외국 화폐의 수급에 따라 결정된다. 즉 외환 시장에 달러 공급이 많으면 달러 가치가 떨어지면서 달러당 환율이 내려가고, 달러 공급이 줄어들면 달러 가치가 올라가면서 달러당 환율이 오르는 식이다.

일반 환율은 상대국에서의 구매력을 나타낸다. 예를 들어, 2018년 3월 기준 일반 달러화 환율은 1,080원 정도다. 이는 1달러로 미국에서 살 수 있는 물건의 양과 1,080원으로 미국에서 살 수 있는 물건의 양이 같다는 뜻이다. 즉 1,080원을 미국에 가져가면 1달러를 받을 수 있고 이를 통해 미국에서 1달러짜리 물건을 살 수 있으니 1,080원과 1달러로 같은 물건을 살 수 있다고 볼 수 있다. 이는 한국 돈 1,080원의 미국에서의 구매력이 1달러에 해당한다는 의미다.

이를 한마디로 설명하면, 일반 달러화 환율이 1,080원이란 것은 미국이라는 시장에서 1,080원과 1달러가 같은 구매력을 지니고 있다는 뜻이고, PPP 달러화 환율이 760.67원이란 것은 760.67원으로 한국에서 물건을 사는 것과 1달러로 미국에서 사는 것의 결과가 같다는 뜻이 된다. 즉 일반 환율은 같은 장소에서의 구매력을 비교하는 것이고, PPP 환율은 자국 내에서의 구매력을 서로 비교한 것이다.

구매력과 직결되는 환율

이 같은 상황이라면 미국인이든 한국인이든 미국보다 한국에서 쇼핑하는 것이 훨씬 유리하다. 예를 들어 미국인이 1달러를 가져와 한국에서 1,080원을 받은 뒤 쇼핑을 하면 미국에서 1달러로 사는 것보다 더 많은 양의 물건을 살 수 있다. 미국에서는 1달러로 한국의 760.67원어치 물건밖에 못 사는데, 1달러를 한국으로 가지고 들어오면 1,080원으로 바꿀 수 있으니 1,080원어치의 물건을 살 수 있는 것이다. 차이라면, 한국에서 팔리는 물건을 샀느냐, 미국에서 팔리는 물건을 샀느냐 정도다.

반대로 한국인이 미국에서 쇼핑을 하면 한국에서 760.67원에 살 수 있는 물건을 사기 위해 1,080원(1달러)을 지급해야 한다. 부담이 그만큼 커지는 것이다. 이러한 결과가 나오는 건 한국 물가가 미국 물가보다 전반적으로 낮기 때문이다. 즉 물가가 낮을수록 일반 환율과 비교해 PPP 환율은 낮아진다. 후진국일수록 인건비 등이 저렴하므로 물건을 보다 싼 값에 만들 수 있고 이에 따라 물건 값이 저렴해지면서 나타나는 결과다.

일반 환율과 PPP 환율은 후진국으로 갈수록 격차가 커진다. 경제가 성숙하지 않으면 화폐가치가 낮아 외국 화폐와 비교한 일반 환율은 높아지는 반면, 물가가 낮아 PPP 환율은 낮아지기 때문이다.

이러한 결과를 종합해볼 때, 같은 월급을 받는다면 미국인보다 한국인의 삶의 질이 더 나을 것으로 보인다. 후진국으로 갈수록 같은 돈으로 더 많은 양의 물건을 살 수 있고 같은 소득으로 누릴 수 있는 게 많으니 삶의 질이 높다. 한국에서 연봉 1억 원을 받는 것보다 베트남에서 연봉 1억 원을 받는 것이 더 많은 소비를 할 수 있으니 삶의 질이 올라가는 것이다.

그런데 후진국 국민이 외국으로 나가면 얘기가 달라진다. 일반 환율이 매우 높으므로 일반 환율에 맞춰 자국 돈을 외국 화폐로 환전하면 적은 양의 외국 화폐만 받게 되고, 이후 다시 자국보다 적은 양의 소비만 해야 하기 때문이다. 반면 물가가 높은 선진국 국민들은 같은 양의 돈이라도 자국 내에서 소비하는 것보다 이를 후진국으로 가져가면 많은 외국 돈으로 바꿀 수 있다. 덕분에 많은 양의 소비를 할 수 있으니 유리해진다.

경제적으로 우리보다 뒤처지는 외국인 노동자들이 한국에서 낮은 수준의 임금을 받으면서 일을 하는 것도 이 때문으로 이해할 수 있다. 한국 돈으로는 월급이 매우 적은 것 같아 보여도, 후진국의 일반 환율은 무척 높아서 이 돈을 자국으로 가져가면 큰 액수의 자국 화폐로 바꿀 수 있다. 여기에 자국의 PPP 환율이 무척 낮으니 이 돈으로 한국에서 살 수 있는 것보다 훨씬 많은 물건을 구입할 수 있어서 풍요

롭게 살 수 있다. 그러니 한국에서의 일이 힘겹다고 해도 몇 년씩 꾹 참고 일하며 이겨내는 것이다.

환율로 보는 삶의 질

결국 PPP 환율이 일반 환율보다 낮을수록 해당 국민의 자국 내 삶의 질은 높아진다. 이에 1인당 GDP 등 눈으로 보이는 지표에서 선진국과 후진국의 격차는 크게 나타날 수 있으나, 후진국의 PPP 환율이 일반 환율보다 매우 낮다면 삶의 질은 의외로 큰 차이가 나지 않을 수 있다. 소득이 적어도 그것으로 보다 많은 물건을 구입할 수 있게 되므로 삶의 질이 올라갈 수 있는 것이다.

경제가 성장할수록 PPP 환율은 오르고, 일반 환율은 내려가는 것이 일반적이다. 인건비 등이 오르면서 물가가 올라 PPP 환율은 올라가는 반면, 경제성장으로 해당국의 통화 가치가 올라가면서 일반 환율은 내려가는 것이다. 반대의 움직임이 심화되면 PPP 환율이 일반 환율을 추월하기도 한다. 이처럼 PPP 환율이 오르면 삶의 질은 나빠진다. 같은 월급으로 자국 내에서 예전보다 더 적은 소비를 해야 하기 때문이다. 이럴 때는 가치가 높은 자국 돈을 외국 돈으로 바꿔 외국에서 소비하는 것이 훨씬 유리하다.

주된 소비가 국내에서 이뤄진다는 측면에서, 결과적으로 PPP 환율이 낮고 일반 환율이 높은 상황이 유리하다. 이처럼 PPP 환율은 자국 내에서 국민의 삶의 질이 얼마나 높은지 알아보는 데 무척 용이하다. 이를 종합적으로 보여주는 지표가 구매력 기준 1인당 GDP다. IMF에 따르면, 2017년 한국의 1인당 GDP는 2만 9,730달러이지만, 구매력 기준으로는 3만 9,387달러였다. 1인당 GDP보다 1인당 PPP가 1만 달러 가까이 높았다. 이는 평균적인 한국인이 미국에 가면 2만 9,730달러어치 생활을 하는 데 그치지만, 한국 내에서는 미국의 3만 9,387달러를 버는 사람과 같은 생활을 할 수 있다는 뜻이다. 한국의 PPP 환율이 일반 환율보다 낮아서 생기는 일이다.

선진국에선 반대의 일이 벌어진다. 2016년 스위스의 1인당 GDP는 7만 9,242달러지만, 구매력 기준으로는 5만 9,561달러였다. 평균적 소득을 올리는 스위스인이 미국에 가면 7만 9,242달러어치 생활을 할 수 있지만, 스위스에 그대로 머무르면 미국에서 5만 9,561달러를 버는 사람과 같은 수준으로 생활할 수 있다는 것이다. 스위스의 물가 가 매우 높아서 벌어지는 일이다.

20

고액연봉을 원한다면, 고배당주 기업을 노려라

기업의 활동을 가장 단순하게 요약하면, 자본을 투입해 물건을 생산한 뒤 이를 팔아 번 수익을 나눠 갖는 것이다. 이때 나눠 받는 주체는 크게 3곳이다. 정부, 종업원, 주주. 정부는 세금으로, 종업원은 임금으로, 주주는 배당 소득으로 나눠 받는다. 그리고 난 뒤 남은 돈은 사내에 이익 유보금으로 쌓아 둔다.

정해진 이익을 세 주체가 나눠 갖는 상황은 남이 더 받으면 내가 덜 받는 '제로섬 게임'에 비유할 수 있다. 주주가 배당을 많이 받아 가면 종업원이 받는 임금은 줄어들기 때문이다. 이 같은 도식이 현실에선 어떻게 적용될까?

배당을 많이 해주는 배당주의 대표 주자는 에쓰오일S-에, 두산, 한

솔제지, SK텔레콤 등이다. 대체로 주가 대비 5% 전후의 배당을 해준다. 2018년 3월 기준, 1년짜리 정기예금 금리가 연 2% 내외에 그친다는 점을 감안하면 무척 높은 수익률이다.

이들 기업 종업원들의 임금 수준은 어떨까? 2017년 임직원 평균 연봉을 보면 에쓰오일이 1억 1,080만 원, SK텔레콤은 1억 2,000만 원으로, 매우 높다. 에쓰오일은 정유 업계 2위, SK텔레콤은 이동통신업계 1위다. 고배당주 기업들이 종업원의 임금도 많은 것이다.

왜 이런 일이 벌어지는 것일까? 우선 이익 측면에서 고배당이나 많은 임금은 기업이 많은 이익을 얻은 결과물이다. 원체 많은 이익이 나다 보니 높은 배당 성향을 유지하면서도 종업원들에게 많은 임금을 지급할 수 있는 것이다. 그런데 이러한 설명을 모든 기업에 일반화하기는 어렵다. 이들보다 이익을 더 많이 내는 삼성전자는 고배당주가 아니기 때문이다.

따라서 기업 성향으로 해석해봐야 한다. 기업 중에는 기업 가치를 유지하기 위해 지속적으로 반드시 투자를 해야 하는 기업과 꼭 그렇지 않은 기업이 있다. 투자를 계속 하기 위해서는 재원이 있어야 하는데 차입만 하다 보면 이자가 많아 부담이 된다. 따라서 투자를 많이 하는 기업은 이익 가운데 상당 부분을 투자금으로 돌릴 수밖에 없으니, 이들 기업의 주주나 종업원들의 이익 배분 비율이 떨어지는 것이다.

반면 상대적으로 투자가 덜 필요한 기업들은 이익금 가운데 상당 부분을 주주나 종업원에게 나눠줄 수 있으므로 배당률이나 임금 수준을 높게 유지할 수 있다. 에쓰오일, 두산, 한솔제지, SK텔레콤 등 고배당주 기업들은 삼성전자나 현대자동차, 하이닉스 등 대규모 투자가 필요한 기업보다 상대적으로 투자 수요가 적은 편이다.

사실 재무제표상에서 보면 임금은 영업 비용에 포함된다. 기업은 벌어들인 영업 이익에서 임금 등의 여러 비용을 지급하고 남은 순이익 가운데 일부를 주주들에게 나눠준다. 이 과정만 보면 임금이 덜 지급될수록 순이익이 늘고 주주가 배당받는 몫이 늘어난다. 이를 도식적으로 해석하면 임금과 배당이 모순적인 관계인 것 같지만, 앞서 살펴봤듯 임금과 배당은 실질적으로 보완 관계를 구성하고 있다. 즉 배당률이 높은 기업은 종업원들의 임금 수준도 높은 것이다.

배당은 하나 마나라고?

배당에 관한 한 가지 재밌는 사실이 있다. 배당률과 주가의 관계다. '배당락'이란 말을 한 번쯤 들어봤을 것이다. 매년 12월 31일이 지난 다음 날 기업의 주가가 떨어지는 상황을 말한다. 기업들은 매년 배당을 실시하면서 12월 31일 현재 주식을 보유한 사람에게 배당받을 수 있는 자격을 부여한다. 지속적으로 손 바뀜이 발생하는 주식 특성상 언제 누가 주식을 보유하는지 제대로 파악하는 것이 어려우므로, 한해 마지막 날 주식을 보유한 사람에게 그 해의 이익을 기반으로 배당해주는 것이다. 따라서 이날 하루만 주식을 보유해도 배당받을 수 있다.

배당락의 폭은 배당을 많이 해주는 기업일수록 커진다. 주가의 결정 원리 때문이다. 주가는 해당 기업의 가치를 종합적으로 고려해 결정되는데, 그 가치를 결정하는 중요한 요인 중 하나가 기업이 얼마나 많은 현금을 보유하고 있는지다. 즉 기업이 내부에 많은 현금을 쌓아두고 있으면 해당 기업의 가치가 올라가 주가 역시 높아진다. 이 같은 상황에서 기업이 배당을 통해 주주들에게 현금을 나눠주면 해당 기업의 가치가 떨어지고 이에 따라 주가도 하락한다.

상황이 이렇다는 건, 결과적으로 배당이 아무런 의미가 없다는 뜻이다. 배당금을 나누면 그만큼 주가가 하락하므로 주주 입장에서 아무런 변화가 없는 것이다. 12월 31일 하루만 주식을 보유해도 배당금을 챙길 수 있지만, 다음 날 배당락에 의해 떨어진 주가에 맞춰(당연히 살 때보다 낮은 가격으로) 주식을 팔아야 하므로 결과적으로 이익을 챙기기 어렵다. 노벨 경제학상을 수상한 경제학자 프랑코 모딜리아니Franco Modigliani는 이러한 상황을 '배당무의미성 이론'으로 설명했다. 이 이론에 따르면, 기업들은 배당을 실시할 아무런 이유가 없는 것이다.

하지만 현실에서는 많은 기업들이 주주들에게 배당을 해준다(모딜리아니는 이를 '배당금의 수수께끼'라고 불렀다). 왜 그럴까? 이론에서 자주 벗어나는 주식 시장의 특성 때문이다. 사내 현금 보유량은 주가를 결정하는 여러 요인 중 하나일 뿐이다. 아무리 많은 배당을 실시해도 경제 전반적인 상황이 호조세를 보이면 주가는 오를 수 있다. 반대로 배당을 전혀 하지 않기로 결정하더라도 갑자기 경제에 충격이 오면 주가가 급락할 수 있다.

결국 주가와 배당률은 아무런 관계가 없을 수도 있다. 이에 따라 주주들은 주가 상승에 대한 기대 외에 배당을 통해 안정적인 현금 수익을 얻길 바라기 때문에, 고배당 성향을 유지하는 기업들의 주식이 큰 인기를 끄는 것이다.

21

노동조합의 유무가
월급에 미치는 영향

당신이 다니는 회사에는 노조가 있는가? 그 노조가 제 역할을 하고 있는가? 매우 강성해 경영자와 실질적인 협상을 할 수 있는 경우도 있고, 유명무실해 경영자에게 휘둘리는 경우도 있을 것이다. 후자의 경우 '어용노조'라고 불리며 조롱의 대상이 되기도 한다.

실제적으로 노조와 임금은 깊은 상관관계에 있다. 노조의 힘이 강할수록 임금이 올라간다. 회사의 영업 이익이 많이 발생할 때 이 가운데 많은 부분을 노동자들에게 나눠달라는 요구를 관철시켜 임금 수준을 높일 수 있기 때문이다. 반면, 노조의 힘이 약한 기업들은 경영자가 임금을 마음대로 결정하면서 임금 수준이 낮아질 가능성이 크다.

노조와 임금의 상관관계는 사회 전반적인 트렌드와도 관련이 있다. 한국 사회에서 본격적으로 노조가 결성되기 시작한 건 1987년이다. 민주화 욕구가 분출되던 이 시기에 급속도로 노조가 결성되었고 이후 한국 노동자들의 임금은 수년간 두 자릿수의 높은 상승률을 기록했다. 그런데 최근 들어, 노조의 힘과 임금 상승의 비례관계가 느슨해지고 있다. 노조의 힘이 강하다고 해서 반드시 임금이 올라가는 건 아닌 것이다. 왜 그럴까?

첫 번째 요인은 노조에 미치는 임금의 영향이다. 그간 한국 기업의 노조들은 활발한 활동을 통해 노동자의 임금 수준을 많이 끌어올렸다. 그런데 이 상황이 노조원들의 결속력을 높이기보다 오히려 떨어뜨렸다. 임금이 만족할 만한 수준으로 올라오자 노조 활동을 통해 추가로 얻을 수 있는 이익의 효용이 떨어졌기 때문이다. 여기에 해당하는 기업의 노동자들은 강한 노조 활동을 통해 추가 임금 상승을 외치기보다, 기업 내부 경쟁에 더 관심을 갖게 된다. 노조원 전체의 이익을 위해 공동 활동을 펼치기보다, 승진 등의 개별 이익을 추구하는 데 더 공을 들이는 것이다. 그렇다 보니 임금 수준이 높은 기업들의 노조는 힘을 잃는 경우가 많다. 아예 노조가 사라지거나 설립되지 않는 경우도 있다. 삼성그룹이 대표적이다. 고용노동부의 발표에 따르면, 2016년 기준 '전국노동조합 조직 현황'을 보면 노조 가입 대상 노동자 1,917만 명 가운데 노조에 가입된 사람은 197만 명으로, 조직률이 10.3%에 그쳤다. 1990년의 18.4%와 비교하면 크게 떨어진 수치다.

반면 임금 수준이 낮은 기업들의 노조는 계속 활발하게 활동한다. 노동자들이 기업 임금 체계 자체를 만족할 만한 수준으로 올려놓기 위해 공동의 활동을 벌이는 것이다. 기업 상황이 좋을 때는 노조가 활동하지 않다가, 기업이 어려워지면 노조가 목소리를 내는 것도 비슷한 이유에서다. 결국 최근 들어, 임금 수준이 높을수록 노조 활동이 약해지고, 임금 수준이 낮을수록 노조 활동이 강해지는 역설적인 관계가 형성되고 있다. 선후 관계가 바뀌었기 때문이다. 과거에는 노조 활동이 강하면 임금이 올라가는 '노조→임금'의 선후 관계였지만, 요즘은 임금이 많으면 노조 활동이 약해지는 '임금→노조'의 관계가 형성되고 있는 것. 대기업들의 사무직 노조가 대표적이다. 현대자동차는 노조의 힘이 무척 센 것 같지만, 이는 생산직 노조에만 해당하고 사무직의 노조는 존재감이 거의 없다.

두 번째 요인은 '노조 - 경영자'의 상호 관계다. 1987년 이후 노조는 민주화 욕구와 결합되면서 매우 강한 힘을 얻었고 사회 전반적인 공감대까지 형성되면서 경영층을 강하게 압박할 수 있었다. 하지만 2000년대 이후 관계가 서서히 역전되고 있다. 노조가 임금 인상을 요구하면서 파업 등 단체 활동을 벌이면, '기업을 생각하지 않는 이기적인 행위'라며 비판받는 일이 많아진 것이다. 최근 경영자들은 이 같은 분위기를 이용해 노동자들이 단체 활동을 하면 직장 폐쇄 등 강한 수위의 역공을 펼치기도 한다. 그러면 '자업자득'이라는 여론이 나오면서 노동자들이 힘을 잃고 결국 경영자에게 주도권을 내주는 상황이 발생하는 것이다. 심지어 기업이 애초에 노조를 설립하지 못하게 강제하고, 설립 움직임이 있으면 주동자를 해고하는 일까지 발생한다. 이러한 상황은 내부 경쟁이 치열한 조직일수록 심화된다. 업무 성과를 두고 내부의 경쟁이 심하면 노동자들은 공동의 이익을 추구하기보다 개인의 이익을 우선시한다. 그렇다 보니 노조 활동보다 개인 업무에 더 큰 관심을 가지게 되는 것이다. 경영자들도 직급별 임금 차이를 크게 두는 방식 등으로 이 같은 상황을 적극적으로 유도한다. 노조 활동을 적극적으로 하는 직원에 대해 승진 등의 불이익을 주기도 한다. 결국 이 같은 조직은 노조 활동에 한계가 생기고, 노동자가 임금에 불만이 있더라도 적극적으로 목소리를 내지 못하게 된다. 이러한 조직은 일반적으로 이직률이 높다. 공동으로 목소리를 내 후생을 향상시키기 어려운데, 경쟁에서마저 두각을 나타내지 못하면 큰 어려움에 직면할 수밖에 없다. 그렇다 보니 이를 타개하기 위해 다른 직장으로 옮기는 것이다. 경쟁 자체에 피곤을 느껴 이직하는 경우도 많다.

반면 상대적으로 경쟁이 덜한 조직은 공동의 후생을 향상시키는 데 큰 관심을 갖게 되어 노조 활동이 활발해질 수 있다. 이 같은 조직은 직업 안정성이 높아 이직률이 낮은 경우가 많다. 대체로 사무직보다 생산직의 노조 활동이 적극적인데, 생산직의 내부 경쟁 강도가 상대적으로 덜하기 때문이다. 현대자동차 생산직 노조가 대표적이다.

세 번째 요인은 임금 협상 방식이다. 경영자와 노조 간 협상을 통해 임금을 결정할 때, 주요 고려 요인 중 하나는 경쟁 기업의 임금 수준이다. 이러한 상황에서 임금 협상에 가장 빨리 나선 노조가 높은 수준의 임금 인상을 요구했다고 치자. 그러면 해당 기업의 경영자는 경쟁 기업 노동자들의 (아직 오르지 않은) 임금 수준보다 너무 높아선 안된다고 지적하면서 임금 인상을 최소화하려고 든다. 이것이 관철될 경우, 결정된 임금 수준이 이후 협상에 나서는 다른 노조에게 일종의 모범규준 역할을 하게 되고, 결국 업계 전체적으로 임금 인상이 제어될 수 있다. 업계 노조들이 개별적으로 활동하면서 임금이 만족스럽지 않은 수준으로 인상되는 경우다.

물론 노조들이 다른 대응을 할 수 있다. '산별 노조' 결성이 대표적이다. 이는 업계 노조가 연합해 만든 상위 노조를 뜻한다. 산별 노조를 만들어 업계 경영자들과 동시에 임금 협상을 진행하면, 상대적으로 수월하게 높은 임금 인상안을 관철시킬 수 있다. 은행장들과 임금을 협상하는 은행노조 연합으로 탄생한 '금융노동조합연맹(금융노련)'이 대표적이다. 그런데 최근 들어 산별 노조가 여러 방면에서 많은 경계를 받으면서 힘이 약화되고 있는 실정이다. 노조에 대한 국민 인식 변화의 영향이 큰 것 같다.

요약해보자. 노조의 존재가 일반적으로 임금 인상에 긍정적인 영향을 미치는 것은 맞다. 그러나 최근 들어 그 영향력이 다소 약화됐다. 이와 같은 트렌드는 사회가 갈수록 개인 단위로 분열되는 현상과 관련 있다는 것이 전문가들의 분석이다. 한편 중소기업의 경우 노조가 만들어진 경우가 거의 없다. 2017년 기준 300명 이상 사업장에서 일하는 노동자(194만 6,000명)의 노조 조직률은 42.4%에 이르지만, 30명 미만 사업장에서 일하는 노동자(960만 2,000명)의 조직률은 0.2%에 불과하다. 중소기업의 임금과 노동 환경을 감안하면 노조의 필요성이 무척 시급함에도, 바로 그러한 현실 때문에 거의 조직되지 못하고 있는 상황이다.

22

우리사주,
무조건 좋아하다 큰코다친다

우리사주란 근로자의 복지 증진과 경제·사회적 지위 향상을 도모하기 위해 근로자로 하여금 자기 회사의 주식(자사주)을 취득하게 하는 제도다. 우리사주제도를 통해 근로자의 재산 형성, 기업생산성 향상, 협력적 노사관계 조성 등의 목적을 달성할 수 있다는 것이 일반적인 설명이다.

근로자 입장에서 보면, 자사주를 소유함으로써 회사의 성장에 따른 과실을 공유할 수 있다는 것이 가장 큰 장점인데, 이를 통해 월급 외에 추가적인 소득을 얻을 수 있다. 또한 자사주를 소유한 근로자는 경영 참여를 통해 인력 감축이나 임금 삭감 등의 방안에 관해서도 반대 목소리를 낼 수 있으므로 고용 안정을 도모할 수 있다. 회사가 분사되거나 상속인이 기업을 포기할 때 근로자들이 직접 기업 인수를 추진할 수 있는 발판도 된다.

기업 입장에서는 기업에 대한 근로자의 애사심을 향상시켜 생산성을 증대시킬 수 있다는 것이 장점이다. 임금 교섭 시 자사주를 지급함으로써 노조의 무리한 임금 인상 요구를 무마시키는 카드로도 활용할 수 있다. 특히 적대적 M&A(인수합병)의 위협을 받을 경우, 우리사주를 우호적 지분으로 활용할 수 있다는 것도 큰 장점이다. 사회 전체적으로는 소유 분산과 부의 공평한 분배 등을 통해 건전한 자본주의를 발전시킬 수 있는 계기가 된다는 게 전문가들의 평가다.

우리사주는 과거 상장 또는 유상증자 시 20%를 근로자에게 우선 배정하는 우선배정제도로만 운영됐지만, 2002년 1월부터 신新 우리사주제도를 도입해 사업주가 성과급 형태로 근로자에게 무상으로 자사주나 자사주 매입자금을 지원할 수 있게 됐다. 우리사주제도를 운영할 우리사주조합은 설립준비 위원회를 구성해 창립총회를 개최한후 지방노동관서에 신고하면 된다. 사업주의 우리사주조합에 대한 출연금은 전액 손비로 처리되고 대주주 등의 출연금은 소득 금액의 일정한 범위 내에서 소득공제가 된다. 근로자의 경우 우리사주 구입비는 연간 400만 원까지 소득공제 혜택을 받을 수 있고 1년 이상 보유시 배당 소득을 비과세해준다.

직장인 입장에서 가장 관심 있는 부분은 우리사주가 실질적으로 재테크에 도움이 되느냐 하는 문제다. 결론은 그럴 수도 있고 아닐 수도 있다는 것이다. 언론 지면에서 우리는 종종 '우리사주 대박!'이라는 제목의 기사를 접하곤 한다. 우리사주로 막대한 돈을 번 근로자의 이야기다. 일반적으로 조합원들은 시장 가격보다 20~30% 할인된 가격으로 우리사주를 살 수 있는 만큼, 주가가 오르면 큰 이익을 얻을 수 있고 설령 주가가 오르지 않더라도 현 상태만 유지한다면 일정한 수익률을 보장받을 수 있다. 최근 대표적인 성공사례 중 하나가 2016년 11월 유가증권 시장에 상장한 삼성바이오로직스다. 삼성바이오로직스는 기업공개IPO 시 13만 6,000원에 공모주를 우리사주조합에 배정했다. 그로부터 2년도 채 안 된 2018년 6월 현재, 삼성바이오로직스의 주가는 40만 원대 초반이다. 1년 7개월 만에 3배 이상 가격이 뛴 것이다.

AK그룹 계열사인 제주항공 직원들도 함박웃음을 지었다. 2015년 11월, 유가증권 시장에 상장한 제주항공의 공모가는 3만 원이었는데, 2018년 6월 현재 제주항공의 주가는 4만 원대 초반으로 아직까지 주식을 계속 보유하고 있는 직원들은 30%대가 넘는 수익률을 기록한 것으로 추정된다.

반면 우리사주가 '족쇄'가 되는 경우도 종종 있다. 글로벌 금융위기 속에서 워크아웃 대상이 된 금호산업의 경우 직원들의 우리사주는 사실상 애물단지가 됐다. 금융위기 직전인 2007년, 금호산업이 유상증자를 하는 과정에서 조합원들은 우리사주를 배정받았다. 당시 금호산업의 주가는 6만 원이었고 유상증자가 이뤄지기 한두 달 전에는 8만 원을 넘기도 했다. 이때 우리사주로 배정된 주식의 가격은 3만 2,200원. 직원들은 큰 수익을 얻을 수 있을 거라 기대했다. 하지만

1년 뒤 금호산업 주가는 1만 2,900원으로 떨어졌고 워크아웃이 본격적으로 개시되면서 4,000원대로 폭락했다. 직원들은 대박은커녕 쓰라린 배를 움켜쥐어야 하는 상황에 처한 것이다. 극단적인 경우 우리사주 투자금 전액을 날리는 일도 생긴다. 제일저축은행의 우리사주조합은 지난 2008년 3월 6,680원에 우리사주를 취득했지만 2011년 10월, 제일저축은행이 상장 폐지되면서 투자금액 전액이 허공으로 사라졌다.

특히 우리사주를 받은 직원들이 명심해야 할 것이 있다. 매도가 금지되는 보호예수 기간이 1년이라는 점이다. 1년 동안은 주가가 폭락해도 꼼짝없이 손절매도 못하고 주식 시장의 시세 판만 바라봐야 하는 상황이 생길 수 있는 것이다. 단, 퇴직이나 결혼자금, 학자금, 주택 구입자금 마련 등 특별한 사유가 있을 때는 예외적으로 1년 이내 매각이 허용된다.

하나 더, 지극히 낙관적인 기대에만 부풀어 대출까지 받아 우리사주를 청약하는 일은 지양하자. 주가가 계속 하락할 경우 우리사주 청약을 위해 대출을 받은 직원들은 지나친 이자 부담으로 이중고를 겪을 수 있기 때문이다.

23

보이지 않는 또 하나의 월급, 복지제도

'워라밸work and life balance'이라는 말을 들어보았는가? 이는 일과 삶의 조화를 의미하는 말로, 요즘 2030 세대들이 직장을 선택할 때 삼는 중요한 기준 중 하나가 되었다. 그동안 취업준비생들이 직장을 정할 때 가장 많이 고려하는 사항은 '임금, 비전, 복지' 3가지였다. 그리고 과거에는 그중 '복지'의 비중이 약했다. 업무 부담이 크더라도 연봉이 많거나 회사가 좋은 비전을 제시한다면 일단 택하는 구직자들이 많았던 것이다.

하지만 이러한 인식에 변화의 바람이 불고 있다. 일에 파묻혀 사는 삶이 아닌, 자신의 삶을 즐기겠다는 인식이 각 분야로 광범위하게 퍼지고 있다. 이와 같은 맥락에서 복지제도가 직장 선택 기준에서 차지하는 비중도 점차 높아지는 추세다. 복지는 '눈에 보이지 않는 월급'이라고도 불릴 정도로 직장 선택의 기준이 되는 것은 물론, 현 직장의 만족도에도 큰 영향을 미친다. 복지제도에 눈을 뜨기 위해 잠깐 외국으로 시선을 돌려보자.

미국 〈포천Fotune〉 지는 매년 '미국에서 가장 일하고 싶은 기업'을 조사한다. 그중 새스인스티튜트SAS 사는 매년 5위 안에 드는 비즈니스 분석 소프트웨어 기업이다. SAS는 직원들에게 그 흔한 스톡옵션도 제공하지 않으며, 최고 연봉을 지급하지도 않는다. 노조도 없다. 상장도 하지 않은 회사다. 그럼에도 구직자들이 몰려든다. SAS는 과연 무엇이 다른 것일까?

"행복한 젖소가 더 많은 우유를 생산한다Contented cows give more milk." 이는 SAS 창업자인 짐 굿나이트Jim Goodnight 회장의 경영철학이다. 그는 직원 복지가 기업 성장과 직결된다는 믿음으로 회사를 '복지 천국'으로 만들었다. 회사가 직원을 행복하게 하면 직원이 고객을 만족시키고 고객 만족은 회사의 성장으로 이어진다는 믿음을 복지 프로그램을 통해 실천한 것이다.

우선 SAS 회사 캠퍼스 안에는 6,100㎡ 규모의 건강센터가 자리 잡고 있다. 헬스장을 비롯해 당구장, 사우나, 미용실, 손톱 관리실, 수영장까지 없는 게 없다. 전통마사지 숍에서는 스웨덴 마사지, 스포츠 마사지 등 온갖 서비스가 제공된다. 직원이 미용실까지 가는 데 소요되는 35분을 절약해주기 위해, 캠퍼스 내에 미용실까지 만들었다. 이 밖에도 세탁소, 자동차 정비소, 서점, 명상 정원, 회사 지원 식당 등 없는 걸 찾기가 힘들 정도다. 특히 직원들의 가족까지 생각해서 회사 식당에서 가족을 위한 음식을 '테이크 아웃'해갈 수 있게 했다. 매주 수요일에는 M&M 초콜릿, 금요일에는 크리스피 도넛이 공짜다. 4명의 내과의사, 10명의 간호사, 영양사, 실험실 직원, 물리치료사, 심리상담사 등 모두 56명이 직원의 건강 상태를 가족처럼 보살핀다. 알레르기 주사, 임신 진단테스트, 백혈구 검사 등 기본적인 의료 서비스를 받을 수 있는 데다, 모두 무료다. 예약한 뒤 사전 통보 없이 나타나지 않을 때만 10달러를 벌금으로 물린다.

SAS의 셈법은 다른 기업과 다르다. 연 450만 달러를 투자해 운영하는 건강센터가 연 500만 달러의 비용을 절감해준다고 보는 것이다. 덕분에 직원들이 병원 대기실에서 시간을 낭비하지 않아도 되며 필요할 때 치료를 더 쉽게 받을 수 있다고 믿기 때문이다.

직장과 가정생활을 분리하지 않는 것도 직원들의 만족도를 끌어올

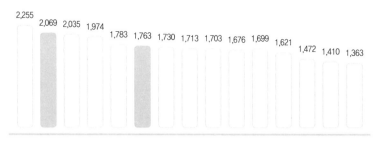

| 주요국 연간 노동시간(단위 : 시간, 2016년 기준)

멕시코 2,255 / 한국 2,069 / 그리스 2,035 / 칠레 1,974 / 미국 1,783 / OECD 평균 1,763 / 이탈리아 1,730 / 일본 1,713 / 캐나다 1,703 / 영국 1,676 / 호주 1,699 / 스웨덴 1,621 / 프랑스 1,472 / 덴마크 1,410 / 독일 1,363

자료원_OECD

리는 요인이 되고 있다. SAS의 근무시간은 주당 35시간이다. '자유근무 시간제'이므로 직원 스스로가 일주일 근무 스케줄을 계획한다. 출근시간, 병가일수는 아무도 따지지 않는다. 자유근무는 직장과 가정생활에 균형을 추구하기 위한 것이다. 가정사에 문제가 있으면 회사생산성이 떨어지기 때문이다. 아이들이 부모를 필요로 할 때 특별 휴가를 사용할 수 있고, 회사 내부에 600명을 수용할 수 있는 첨단 육아시설도 갖추고 있다.

이러한 이야기가 대한민국 현실에서는 꿈 같은 일처럼 여겨질지 모르겠다. 하지만 국내에서도 최근 직원 복지에 대한 관심이 부쩍 커지면서 대기업은 물론 중소기업들도 특화된 복지제도를 속속 도입하고 있다. 워라밸이나 복지에 중점을 두는 구직자들의 성향을 감안해야 하기 때문이다. 장기휴가제도, 직원 해외 워크숍, 문화강좌 수강료 지원을 비롯해 자녀학비 지원, 육아 부담 경감을 위한 탄력근무제 실시, 건강검진 지원, 직장 내 어린이집 마련, 휴가철 콘도 이용 지원 등이 대표적이다. 최근에는 아빠의 육아휴직을 시행하는 기업도 빠르게 늘고 있다. 신세계 그룹은 국내 대기업 중 처음으로 선진국형 근무제도인 '주 35시간 근무제도'를 도입해 화제가 되었고, 카카오는 입사후 3년마다 유급 휴가 30일과 휴가 지원금 200만 원을 지급하기로 해 주변 직장인들의 부러움을 샀다. 월급 규모보다는 직원을 가족처럼 생각해주고 일과 삶의 균형을 찾을 수 있게 돕는 직장, 이에 대한 선호도가 더 높아질수록 국내 기업들의 변화도 더욱 빨라지지 않을까?

4장

고액연봉 속에
웅크린
월급의 비밀

24

1원만 받겠다는
CEO의 본심

"월급으로 1원만 받겠습니다."

1998년 IMF 직후 국내 금융사 구조조정 과정에서 주택은행(국민은행 합병 전신)의 첫 수장을 맡은 고故 김정태 행장의 선언이었다. 동원증권 사장 출신으로, 제2금융권에서 제1금융권 최대 은행으로 자리를 옮긴 김 행장은 월급으로 단 1원만 받는 대신 경영성과에 대한 스톡옵션stock option을 요구했다. 결과가 어땠을까? 김 행장은 이후 2006년 스톡옵션으로 받았던 주식을 매각해 110억 원대의 이익을 얻었다. 연봉 12원을 충분히 보상하고도 남는 수준의 금액을 벌어들인 것이다.

이후 한국 사회에 벤처 열풍이 불면서 스톡옵션제도가 급속히 확산됐다. 스톡옵션이란 주식에 대한 권리를 말하는데, 기업이 근로자의 의욕을 고취시키기 위해 임직원들에게 일정 기간이 지난 후에 회사 주식을 일정 부분 매수할 수 있도록 부여하는 권한을 의미한다. '주식매입선택권' 또는 '주식매수선택권'이라고도 불린다.

스톡옵션이 근로자의 열정을 고취시키는 이유는 향후 회사가 성공해 주가가 크게 올랐을 경우, 주식을 액면가 또는 시세보다 훨씬 낮게 살 수 있는 권리를 획득함으로써 소위 '돈방석'에 앉을 기회를 잡을 수 있기 때문이다. 예를 들어, 2년 뒤에 주식 1만 주를 현재 시세보다 조금 낮은 수준인 2만 원에 살 수 있는 스톱옵션을 부여받았다고 하자. 만약 2년 뒤 주가가 4만 원이 된다면 스톡옵션을 부여받은 사람은 1만 주를 2만 원에 사서 4만 원에 되팔 수 있는 것이다.

스톡옵션제도는 임직원의 직급이나 근속연수를 바탕으로 제공되는 우리사주조합제도와 달리 철저히 능력 중심으로 적용되는 인센티브제도다. 외부에서 걸출한 CEO를 영입하거나 우수한 기술 인력을 확보하기 위한 목적으로 스톡옵션을 크게 활용하곤 한다. 우리나라의 경우, 지난 1997년 4월에 증권거래법이 개정되면서 처음으로 도입됐고, 2000년부터는 주식매수선택권제도 확대로 상장·등록 법인, 벤처기업으로 제한됐던 스톡옵션제도가 모든 주식회사로 확대됨으로써 비상장·비등록 중소기업도 스톡옵션제도를 이용할 수 있게 됐다.

또한 과거에는 총 발행주식의 10% 안에서 주주총회 특별결의를 통해서만 스톡옵션을 부여받을 수 있었지만, 2001년부터는 총 발행주식의 1~3% 범위에서는 이사회 의결만으로도 부여받을 수 있게 했다. 자본금 1,000억 원 미만 기업은 총 발행주식의 3%, 1,000억~3,000억 원 미만은 3% 또는 60만 주 중 적은 수량, 3,000억 원 이상은 1%까지 이사회 결의만으로 스톡옵션을 줄 수 있다.

스톡옵션 부여 대상은 법인의 설립과 경영, 기술혁신에 기여하였거나 기여할 능력을 갖춘 해당 법인의 임직원이다. 그러나 제도 운영의 공정성을 확보하기 위해서 임직원 중 최대 주주와 주요 주주 및 이들의 특수 관계인은 부여 대상에서 제외했다.

스톡옵션은 어떻게 지급되는가?

지급 방식은 크게 3가지로 나뉜다. 신주발행교부와 자기주식교부, 주식평가차액교부 방식이다. 신주발행교부의 경우 임직원이 스톡옵션을 행사하면 스톡옵션의 행사 가격으로 새롭게 주식을 발행해 교부하는 방법이다. 자기주식교부는 회사가 자사주를 취득해 보유하고 있다가 임직원이 스톡옵션을 행사할 경우 보유주식을 양도하는 방식을 취한다. 주식평가차액교부는 스톡옵션을 행사할 경우 스톡옵션의 행사 가격과 행사 당시의 시가와의 차액을 현금이나 당해 회사가 발행하는 주식으로 지급하는 방법이다.

스톡옵션은 일반적으로 주주총회 특별 결의일로부터 2년이 경과해야 행사할 수 있다. 또한 스톡옵션은 타인에게 양도하거나 담보제공의 대상으로 이용할 수 없으며, 스톡옵션을 부여받은 자가 사망하면 그 상속인이 이를 부여받은 것으로 간주한다.

최근에는 스톡옵션 대신 스톡그랜트Stock Grant도 자주 활용된다. 국민은행도 2007년 고 김정태 전 행장 시절 도입했던 스톡옵션제도를 폐지하고 스톡그랜트제도를 도입했다. 스톡그랜트의 기본적인 속성은 스톡옵션과 마찬가지로 회사의 주식을 주고 유능한 인재를 영입하기 위한 인센티브제도다. 하지만 구체적으로 보면 차이점이 많다.

스톡옵션은 회사기 임직원에게 일정 기간 내에 회사의 주식을 미리 정한 행사 가격에 매입할 수 있는 권리를 부여한 뒤 일정 기간이 지나면 처분할 수 있게 제도화돼 있지만, 스톡그랜트는 회사가 실적이 우수한 임직원에게 직접 무상으로 주식을 교부하는 방식이다. 스톡옵션과는 달리 정관 변경과 같은 복잡한 절차를 거치지 않고도 활용할 수 있다.

또한 스톡그랜트는 현재 회사가 보유하고 있는 주식을 직접 받기 때문에 확실한 수익을 낼 수 있으며, 받는 즉시 이를 현금으로 교환할 수 있다는 장점이 있다. 반면 스톡옵션은 일정 기간이 지나야 주식으로 바꿀 수 있으므로 이를 현금화하기까지는 상당한 시간이 필요하고, 경영 악화 등의 문제로 회사의 주식 가치가 하락했을 경우 이익을 내지 못할 수 있다는 단점도 있다.

25

고액연봉을 받을 수 있는
가장 확실한 방법

　인기 연예인들은 도대체 얼마나 벌까? 확실히 공개되지 않아 제대로 산정하기 어렵지만 힌트는 있다. 벌써 12년 전이긴 하나, 2006년 재밌는 추정 결과가 나왔다. 당시 일본에서 선풍적인 인기를 끌던 한류스타 배우 B 씨가 2006년 한 해에만 100억 원대의 소득세를 냈다는 것. 로또에 당첨돼도 만지기 어려운 거액을 세금으로만 냈다는 이야기다. 이를 통해 추정한 B 씨의 2006년 한 해 소득은 329억 원에 달했다.

　최근 인기 있는 스타들의 수입도 만만찮을 것으로 보인다. 연예인 외에도 프로 운동선수나 변호사, 의사, 펀드매니저 등이 거액을 거머쥐는 직업으로 꼽힌다. 도대체 어떻게 이들은 천문학적인 금액의 수입을 거두는 걸까?

톱스타 몸값의 원천, 경제적 지대

만약 B 씨가 배우를 그만두고 다른 직업을 가져야 한다면 무슨 일을 할 수 있을까? 일자리를 잡는 일이 그리 어렵지는 않을 것이다. 하지만 연예인을 할 때만큼 거액을 벌기는 어려울 것이다. 오랜 기간 연예 활동을 하던 그가 다른 분야에서 직업적 역량을 발휘하기란 쉬운 일이 아니다. 따라서 어떤 직업을 갖든 연예인을 할 때와 비교해 소득이 떨어질 것은 분명하다. 이처럼 B 씨가 연예인으로서 벌어들이는 소득과 이를 제외한 다른 직업을 가질 때 벌 수 있는 소득의 차이를 '경제적 지대'라고 한다. 즉 누구나 할 수 있는 다른 직업을 갖지 않고 희소가치가 있는 특별한 일을 함으로써 추가적으로 벌어들이는 소득이 경제적 지대다. 예를 들어, 2006년 329억 원을 벌어들인 B 씨가 다른 일을 할 때 벌 수 있는 최대한의 수익이 연 5,000만 원이라면 329억 원과 5,000만 원의 차이인 328억 5,000만 원이 연예인 B 씨의 경제적 지대인 것이다.

경제적 지대는 공급이 제한적일 때 발생한다. 연예계에서 B 씨를 대체할 만한 톱스타 수는 제한돼 있다. 하지만 방송, 영화, CF 등 톱스타를 찾는 수요는 거의 무한하다. 이에 연예계에서는 소수의 톱스타를 모시기 위한 경쟁이 치열하다. 대중들은 언제나 톱스타를 보길 원하기 때문이다. 수요가 많으면 가격이 올라가는 것은 당연하다. 결국 톱스타들은 다른 직업을 얻었을 때와 비교해 훨씬 높은 소득을 얻게 된다. 경제적 지대가 매우 큰 것이다. 이처럼 경제적 지대가 큰 직업은 그 수가 제한돼 있다는 것이 공통점이다. 능력이 출중한 운동선수나 변호사, 의사 같은 자격증을 보유한 전문직이 대표적이다.

경제적 지대가 일부 직업에 국한된 이야기는 아니다. 세상의 모든 직업이 경제적 지대를 갖고 있다. 인력 채용이 소수인 대기업 직원만 해도 그렇다. 기업별로 정원이 다르고, 정원에 제한이 큰 만큼 경제적 지대가 생겨서 다른 직업에 비해 많은 임금이 책정된다. 물론 정원 제한이 있음에도 공무원이나 공기업 직원처럼 상대적으로 임금이 적은 경우가 있긴 하지만, 이들의 경우 직업 안정성, 연금 혜택, 사회적 지위 등 다른 경로로 지대를 보상받게 된다. 경제적 지대가 높은 직업엔 대체로 많은 사람들이 몰리며, 해당 일을 하게 되기까지 많은 노력이 요구된다. 반면 누구나 할 수 있는, 심지어 기계로 대체할 수 있는 고된 일은 경제적 지대가 거의 없으므로 그 일이 아무리 힘들다 해도 적은 임금을 받게 된다.

당신의 지대를 높여라

높은 경제적 지대를 갖는 사람들은 지대의 원천인 공급 제한을 유지하기 위해 엄청난 노력을 기울인다. 유명 연예인들이 따로 모여 그들만의 기획사를 만드는 것이 대표적이다. 이들은 별도로 스케줄을 관리하면서 출연 횟수를 스스로 제한한다. 너무 자주 등장하면 희소가치가 떨어지기 때문이다.

또 변호사나 의사들은 정부 로비를 통해 신규 인력 공급을 제한한다. 법조인들이 로스쿨 총 정원을 2,000명 선에서 막고 의사들이 의대 입학 정원을 조절하는 것도 이 때문이다. 이처럼 높은 경제적 지대를 가진 사람들이 공급을 제한하기 위해 진입장벽을 높게 쌓으려고 하는 것을 '지대추구 행위'라고 부른다. 공급 제한적인 상황을 유지함으로써 지대를 계속 즐기기 위함이다.

지대는 거래가 빈번해질수록 올라가는 경향이 있다. 대표적인 경우가 증권사 펀드매니저들이다. 펀드매니저들의 이직은 유난히 잦은 편이다. 각 증권사들이 취약한 부분을 보강하기 위해 스카우트 경쟁을 벌이기 때문이다. 이를테면, 통신 업종 전문가가 부족한 증권사가 경쟁 업체로부터 이 분야의 인재를 빼오는 식이다. 이 같은 이동은 연쇄 이동을 일으켜 거래를 활성화시키고, 이로 인해 펀드매니저들의 몸값이 올라간다. 경쟁 과정에서 영입을 위한 호가가 올라가기 때문에 펀드매니저의 몸값이 수억 원에 달하는 경우도 생긴다.

하지만 이때 사실은 능력이 별로 없는 펀드매니저가 지나치게 많은 몸값을 받는 경우도 발생한다. 펀드매니저도 변호사처럼 자격시험 제도를 도입해야 한다는 주장이 나오는 것도 이 때문. 그러나 그러한 제도가 오히려 펀드매니저들의 몸값을 더욱 올릴 위험이 있다. 시험을 통해 공급이 더욱 제한되면 경제적 지대가 더욱 커지기 때문이다.

지대추구 행위는 사회 전체적으로 볼 때 손해다. 변호사나 의사 들이 지대추구 행위를 하지 않는다면 보다 많은 변호사나 의사가 배출되어 이들의 경쟁이 심화되고 이에 따라 이들이 공급하는 서비스 비용이 낮아질 수 있다. 하지만 지대추구 행위가 기승을 부리면서 비용이 올라가는 것이다. 이를 잘 아는 정부는 지대추구 행위를 제한하기 위해 많은 노력을 기울이고 있지만 청탁과 로비 등이 난무하면서 이 같은 노력이 수포로 돌아갈 때가 많다.

정부 규제도 지대추구 행위 중 하나로 볼 수 있다. 규제의 장막을 강하게 쳐놓으면 관료 행정 업무에 공급 제한이 발생한다. 또 '레드 테이프^{red tape}'라고 불리는 형식주의를 도입해 민원 해결을 더디게 만들면, 민원인들은 문제를 신속하게 해결하기 위해 공무원들에게 개인적으로 부탁하게 된다. 이 과정에서 행정 업무의 지대가 상승할 수 있는 것이다.

그렇다면, 우리 같은 평범한 사람들은 어떨까? 애석하게도 일반인들은 경제적 지대를 거의 갖지 못한다. 이 직장에서나 저 직장에서나 별 차이가 없다. 따라서 이직을 해도 급여가 큰 폭으로 올라가기는 무척 어렵다. 운동선수를 예로 들어보자. 스타 반열에 들지 못한 다수의 일반 선수들은 희소가치가 없다. 수비 능력이 평범한 9번 타자가 부상을 당했다면, 다른 선수로 대체하면 그만이다. 이에 프로 야구단들은 톱스타가 아닌 일반 선수들에게는 낮은 수준의 연봉을 지급한다. 결국 상당수 선수들은 차라리 다른 직업을 갖는 편이 경제적으로 나은 상황이 된다. 일반 선수들은 톱스타에 비해 공급이 풍부해 경제적 지대를 거의 갖지 못하게 되고 이에 따라 이들의 임금 수준도 매우 낮을 수밖에 없다.

그렇다면, 당신의 경제적 지대가 거의 없다고 해서 좌절하고만 있을 것인가? 어느 정도의 경제적 지대는 노력을 통해 가질 수 있다. 같은 회사원이라고 해도, 당신에게 다른 사람으로 대체하기 어려운 특별한 능력이 있다면 당신은 동료들과는 차별화된 경제적 지대를 갖게 된다. 그러니 끊임없는 자기계발을 통해 지대추구 행위를 해야 한다. 이것이 바로 긍정적인 의미의 지대추구 행위다. 이를 통해 당신만의 능력을 하나씩 갖춰나가면 언젠가 당신의 차별성이 부각될 것이다. 이에 따라 점차 공급 제한적 위치로 올라 임원 반열에 오르게 된다면, 당신 역시 결국 큰 경제적 지대를 가지게 될 것이 분명하다.

26

톱스타를 이기는
B급 스타의 수입 투쟁

　2017년 1월 국세청에 따르면, 연예인 중 상위 1%는 전체 연예인 수입의 절반 가까이를 벌어들이는 반면, 10명 중 9명가량은 연간 수입이 1,000만 원도 안 되는 것으로 드러났다. 이를 월수입으로 계산해보면 85만 원이 채 안 되므로 기본적인 생계조차 보장받기 힘든 상황이다.

　이를 앞서 언급한 경제적 지대로 설명할 수 있다. 소수의 톱스타를 제외하면 일반적인 연예인의 공급은 사실상 무한하다. 너도 나도 스타를 꿈꾸며 연예계로 뛰어들고 있기 때문이다. 따라서 이들은 경제적 지대를 갖기 어렵고 결국 매우 적은 임금을 받을 가능성이 크다. 무명 운동선수들도 마찬가지다.

무명 연예인과 무명 운동선수의 적은 수입

연예인이나 운동선수들의 급여 산정은 독점과 관련 있다. 독점은 특정 시장을 소수의 기업이 장악하고 있는 상황을 뜻한다. 어떤 나라에서 자동차를 생산하는 기업이 소수에 불과해 매우 높은 값에 자동차가 팔리고 있다면 해당국은 독점적인 자동차 시장에 해당된다.

이 같은 독점이 공급에만 있는 건 아니다. 소비를 할 때도 가능하다. 이를 '수요 독점'이라고 부른다. 공급자는 엄청나게 많은데 제품을 소비하는 사람은 얼마 되지 않을 경우 발생한다. 수요 독점은 주로 인력 시장에서 나타난다. 예를 들어, 프로 야구선수는 야구단에서만 쓸모가 있다. 이에 야구단들은 프로 야구선수들을 독점 수요할 수 있다. 수요 독점자는 공급 독점자와 마찬가지로 별도 이익을 챙길 수 있다. 인력 시장이 경쟁적이라면 임금은 수요와 공급이 만나는 선에서 결정된다. 하지만 수요 독점자는 홀로 인력을 뽑는다는 점을 무기로 시장 수준보다 낮은 임금으로 사람을 채용할 수 있다.

프로 야구의 경우 심지어 임금을 거의 주지 않는 '연습생'이라는 제도가 있다. 노동력 공급자는 이 임금에 만족하지 못하면서도 다른 대안이 없으므로 이를 받아들이게 된다. 수요 독점자들이 시장 수준보다 낮은 임금을 지급함으로써 결과적으로 벌게 되는 추가 이익을 '수요 독점적 착취'라고 부른다. 프로 야구에서는 연봉 2,000만 원 내외 2군 선수들을 쉽게 볼 수 있다. 이들은 실력이 1군 선수와 비교할 때 크게 차이가 나지 않음에도 '2군'이란 신분 때문에 적은 연봉을 받는다. 야구단의 수요 독점적 착취가 없으면 불가능한 일이다.

야구단들은 독점적 착취를 위해 여러 제도를 만든다. 순번을 정해 신입 선수를 뽑아 특정 선수가 여러 구단과 동시에 협상을 벌이지 못하게 함으로써 몸값 상승을 막는 게 대표적이다. 또 기존 선수들은 특정 구단과 전속 계약을 맺게 해 다른 구단이 접촉할 수 있는 가능성을 원천적으로 차단한다. 만일 선수들이 특정 구단에 얽매이지 않고 수시로 다른 구단과 접촉할 수 있게 된다면 구단별로 선수 확보 경쟁이 벌어질 테고 이 과정에서 몸값이 올라갈 것이다.

연대로 맞서서 해결하라

그렇다고 선수들이 계속 당할 수만은 없다. 노동자들은 연대를 통해 이 틀을 깰 수 있다. 야구선수들이 하나로 뭉쳐 '선수협의회'를 구성한 뒤 구단과 협상을 벌이는 것이다. 이렇게 되면 야구단은 큰 어려움에 직면하게 된다. 선수들이 밉다고 다른 분야에서 다른 사람을 선발하는 것은 불가능하기 때문이다. 야구 경기에 축구나 농구선수를 기용할 수는 없는 노릇. 이렇게 되면 야구선수들도 공급자 입장에서 독점적 지위를 갖게 된다. 서로 힘을 모아 선수 공급을 조절하는 것이다. 이렇게 되면 공급과 수요 모두 독점이 될 수 있다. 이를 '쌍방 독점'이라고 한다. 쌍방 독점 체제 하에서는 서로의 협상력에 따라 노동자의 몸값이 결정된다.

연대 없이도 수요 독점을 깰 수 있다. 다른 수요자를 구하는 것이다. 이렇게 되면 수요 독점을 막을 수 있고 수요 경쟁 체제를 만드는 것이 가능하다. 대표적인 것이 수출이다. 야구선수의 경우 해외 진출이 대표적이다. 해외 진출이 활발해지면 국내 구단들은 해외 구단이라는 다른 수요 경쟁자들을 만나게 되고 이 과정에서 독점력이 깨져, 수요 독점적 착취가 줄어든다. 최근 국내 프로 야구선수들의 연봉이 크게 올라간 것도 선수들의 잇따른 해외 진출 영향이 크다. 다만 그 수혜가 2군 선수로까지 잘 파급되지 않는 것이 아쉽다.

연예인의 경우에는 종합편성 TV가 창구가 되고 있다. 케이블 방송이긴 하지만 일반 지상파 방송처럼 뉴스, 스포츠, 드라마, 예능 등 모든 프로그램을 방송할 수 있는 종합편성 TV가 새로 생기면서 B급 연예인에 대한 수요가 활발해진 것. 이를 통해 지상파 TV 중심의 수요 독점 체제가 완화되면서 B급 연예인에 대한 수요 독점적 착취도 많이 줄었다.

수요 독점적 착취는 직업별로 차이가 있지만 모든 직업에 분명 존재한다. 철강 분야에 쓸모 있는 특정 기술을 가진 사람은 다른 분야에서 활동하기 어렵다. 이에 철강 업체에만 취직해야 하고 이 과정에서 철강 업체들이 수요 독점을 행사할 수 있다.

인력 수요뿐 아니라 제품 공급에서도 독점력을 행사하는 기업일수록 수요 독점적 착취가 심해진다. 독점 기업들은 대체로 다른 기업에서는 쓸모없지만 해당 기업에만 필요한 기술을 가진 노동자들을 많이 고용하고 있다. 이들은 해당 기업을 제외하면 다른 곳에서 직업을 갖기 어렵다. 이에 기업의 목소리가 더욱 커지고 수요 독점적 착취 역시 심화되는 것.

이때는 노조 설립이 수요 독점적 착취를 줄이기 위한 방안이 될 수 있다. 노동자들이 하나로 뭉쳐 공급 제한적인 상황을 만드는 것이다. 기업 입장에서 1~2명이 문제를 일으키면 금방 다른 사람으로 대체할 수 있다. 즉 문제를 일으키는 사람의 수가 적을 때 일반 노동자들은 희소가치가 없다. 하지만 모든 직원이 한꺼번에 파업을 선언하면 문제는 달라진다. 일거에 이들을 대체할 인력을 뽑는 것이 불가능하기 때문이다. 이를 통해 노동자들은 공급 제한적 상황을 조성하면서 사실상 쌍방 독점 체제를 만들 수 있다. 이후에는 기업에 독점적 협상력을 이용해 나름의 요구를 하는 것도 가능하다. 요구가 받아들여져 임금이 올라가면 그만큼 수요 독점적 착취를 제거할 수 있다. 심지어 기업 이상으로 힘이 세지는 노조도 있다.

27

대통령, 장관, 국회의원, 시장의 월급은?

2018년 초, 청와대 청원 게시판에 '국회의원 급여를 최저시급으로 책정해달라'는 청원이 올라왔다. 이 청원은 국민들의 큰 호응을 불러일으키며, 단숨에 20만 명 이상의 동의까지 얻었다. 하지만 청와대는 삼권분립의 원칙에 따라 청와대가 국회의원의 월급을 결정할 수 없다는 답변을 내놨다.

수많은 국민들이 국회의원 연봉(세비)을 확 줄여야 한다고 나선 이유는 자명하다. 국회에 대한 불신 때문이다. 일하지 않는 국회의원은 월급도 받지 말라는 준엄한 경고다. 일반 국민들은 국회의원들이 국민을 위해 일하기보다 늘 정쟁에만 몰두하고 있다고 생각한다. 실제로 그런 국회의원도 적지 않을 것이다.

국회의원들의 연봉은 얼마나 될까? 그들이 얼마나 많은 연봉을 받길래 국민들이 나선 것일까? 2018년 기준 국회의원의 평균 연봉은 1억 4,000만 원이다. OECD 34개 회원국 중 일본과 이탈리아에 이어 3위 수준이다. 이들은 연봉 외에도 사무실 운영비, 차량 유지비, 유류비, 정책개발비 등 월평균 770만 원을 별도로 지급받는다. 이와 같은 국회의원의 연봉은 누가 결정하는 걸까? 바로 국회의원 스스로다. 그러니 고액연봉이 결정될 수밖에.

대통령과 국무총리, 장관의 연봉은?

대통령과 국무총리, 각부 장·차관도 월급쟁이다. 이들의 월급은 국민이 낸 세금에서 나간다. 따라서 대통령 이하 공무원들의 월급은 매년 물가 상승률 등을 감안해 법령(공무원보수규정)으로 정한다. 세금을 함부로 쓸 수 없기 때문이다.

2018년 문재인 대통령의 연봉은 2억 2,479만 8,000원으로 책정됐다. 이낙연 국무총리의 연봉은 1억 7,427만 4,000원. 부총리와 감사원장은 1억 3,184만 8,000원, 각부 장관은 1억 2,815만 4,000원, 인사혁신처장 등 차관급 기관장은 1억 2,630만 4,000원, 각부 차관은 1억 2,445만 9,000원이다.

군인의 연봉도 공무원보수규정에 따른다. 대장과 중장은 단일호봉제로 각각 9,547만 5,600원과 9,377만 2,800원이다. 다만, 수당 등을 더할 경우 실제 장성급의 연봉은 억대에 이른다. '2017 국방통계연보'를 보면, 2017년의 경우 대장의 총 연봉은 1억 4,118만 원, 중장

1억 3,427만 원, 소장 1억 1,771만 원, 준장 1억 890만 원이었다.

서울시장 연봉은 얼마?

서울시장은 전국 지방자치단체장 중에 가장 많은 1억 2,900만 8,000원의 연봉을 받는다. 서울시장을 제외한 부산, 대구, 인천 등 광역단체장과 전국 시도 교육감의 2018년 연봉은 1억 2,528만 9,000원이다. 광역시나 특별시가 아닌 자치단체의 시장, 군수와 자치구의 구청장 연봉은 9,369만 9,000~1억 958만 1,000원으로 책정됐다.

시·군·구의회 의원들의 연봉은 이보다 적은 편이다. 현재 지방의원 평균 의정비는 연 4,107만 원으로 광역의회는 5,672만 원, 기초의회는 3,767만 원이다. 경기도의회 의원들이 가장 많은 6,321만 원을 받는다. 서울 강남구 의원들은 4,950만 원을 받는 반면, 중랑구 의원은 3,948만 원을 받는 등 지역마다 연봉이 상이하다.

트럼프는 4억 원, 아베는 2억 5,000만 원

밖으로 시선을 돌려 해외 정부 지도자들의 연봉도 알아보자. 미국의 웹진 〈비즈니스 인사이더〉에 따르면, 2017년 기준으로 도널드 트럼프 미국 대통령의 연봉은 40만 달러로 세계 주요국가 지도자 중 가장 많았다. 26만 달러의 연봉으로 2위에 이름을 올린 건 캐나다의 저스틴 트뤼도Justin Trudeau 총리. 독일의 앙겔라 메르켈Angela Merkel 총리는 24만 2,000달러, 아베 신조 일본 총리의 연봉은 24만 1,250달러로 조사됐다. 에마뉘엘 마크롱Emmanuel Macron 프랑스 대통령 연봉은 19만

대통령	2억 2,479만 8,000원
국무총리	1억 7,427만 4,000원
부총리 및 감사원장	1억 3,184만 8,000원
장관 및 그에 준하는 공무원	1억 2,815만 4,000원
인사혁신처장·법제처장 ·국가보훈처장·식품의약품안전처장	1억 2,630만 4,000원
차관 및 그에 준하는 공무원	1억 2,445만 9,000원

자료원_인사혁신처(2018년 기준). 단, 수당은 별도

8,700달러, 테레사 메이Theresa May 영국 총리의 연봉은 18만 6,199달러 등이다. 시진핑 중국 국가주석의 연봉은 2만 6,000달러에 그쳤다.

미국의 정치 전문 일간지 〈폴리티코Politico〉는 트럼프 정부 백악관 참모진의 연봉 정보도 밝혔다. 2017년 7월 기준, 총 26명의 대통령 보좌진이 있고 이 중 20여 명은 약 18만 달러의 연봉을 받는 것으로 나타났다. 다만, 트럼프 대통령의 큰 딸인 이방카 트럼프Ivanka Trump와 남편 재러드 쿠슈너Jared Kushner의 연봉은 0원이었다. 이들은 백악관 업무에 대한 급여를 일체 받지 않겠다고 선언한 바 있다.

28

공무원 월급이
박봉이라고요?

많은 사람이 공무원 월급을 '박봉'이라고 표현한다. 정말 그럴까? 이는 절반은 맞고 절반은 틀린 이야기다. 지금부터 공무원 월급의 비밀을 파헤쳐보자.

기본급은 민간 기업 평균의 90% 수준

2018년 기준 공무원의 급여표를 보면, 가장 낮은 직위인 9급 공무원의 초임이 월 143만 2,091원이다. 행정고시에 붙으면 임용되는 5급 사무관의 초임은 월 240만 3,508원. 일반직 공무원 중 연봉이 가장 많은 사람은 1급 23호봉이다. 행정고시에 합격한 뒤 27년을 근무하면 이 호봉이 될 수 있다. 1급 23호봉의 월 기본급은 663만 9,451원으로 이런 저런 수당을 합하면 연봉이 1억 원을 훌쩍 넘어간다.

고위직 공무원의 연봉에는 성과급이 포함된다. 정부는 3급 이상의 공무원을 '고위 공무원단'이라는 이름으로 묶어 별도로 관리하는데, 이들의 연봉은 기본급과 성과급, 직무급으로 구성된다. 이 가운데 눈에 띄는 부분이 직무급인데 업무 난이도에 따라 가와 나로 나눠서 가 등급에 연 600만 원을 추가로 지급한다. 물론 이보다 더 많이 받는 사람도 있다. 1급에서 추가로 승진하면 차관이 되고 한 단계 더 높은 장관 자리도 있다. 다만 장·차관의 급여는 1급 공무원과 차이가 크게 벌어지지 않는다. 차관의 연봉은 1억 2,445만 원, 장관의 연봉은 1억 2,815만 원 선이다.

정부는 공무원 월급을 산정할 때 민간 기업의 월급을 고려사항 중 하나로 채택한다. 따라서 이들의 기본급은 비슷한 경력의 민간 기업 종사자의 평균 기본급의 90% 선에서 결정된다. 그러니 공무원의 월급은 민간 기업과 비교할 때 대체로 낮은 수준이다. 특히 요즘처럼 억대 연봉자가 부지기수로 양산되는 상황에서 장관의 연봉이 1억 원을 조금 넘는 것은 의외라는 생각이 들기도 한다.

연금까지 감안하면 달라진다

그런데도 공무원을 하겠다는 사람이 급증하고 있다. 2018년 3월, 4,983명을 뽑는 9급 공무원 공채에, 총 20만 2,978명이 지원해 41 대 1의 경쟁률을 기록했다. 공무원 지원에 연령 상한선이 없어지자 만 40세가 넘은 사람들도 공무원을 하고자 시험을 본 것이다.

박봉이라는 공무원 월급에도 지원자가 늘어나는 이유는 무엇일까? 2가지 이유 때문이다. 첫째는 권한이다. 사회 권력의 축이 민간으로 이양되고 있다지만, 아직까지 한국 사회에서는 관의 힘이 크다. 민간을 마음대로 조정할 수 있는 권한을 갖고 있는 것이다. 둘째는 아이러니하게도 급여다. 민간 기업보다 적어 보이는 공무원의 월급은 경제학의 '생애 소득'을 기준으로 하면 실질적으로 일반 직장인의 월급보다 많다. 정년을 채우는 것이 무척 어려워진 일반 직장인들에 비해, 공무원은 불법 행위를 저지르지 않는 한 정년이 보장된다. 생각해보라. 평균 연봉 5,000만 원을 20년 동안 받는 것과 평균 연봉 4,000만 원을 30년 동안 받는 것. 둘 중 당신은 어느 편을 택하겠는가?

여기에 일반 직장인은 상상할 수 없는 공무원연금제도라는 게 있다. 한국납세자연맹에 따르면, 2014년 기준 34만 6,781명의 공무원 연금 수급자 가운데 7만 8,779명의 한 달 수급액이 300만 원을 넘었다. 전체 23% 비중이다. 또 공무원연금 수급자의 62%가 한 달 200만 원 이상을 받는 것으로 나타났다. 이러한 연금 혜택을 감안하면 공무원의 급여 수준은 실질적으로 일반 직장인보다 훨씬 높은 수준이 된다. 심지어 공무원은 퇴직한 후 다른 일자리를 얻더라도 연금이 절반 정도 나온다. 고위 공무원으로 퇴직한 후 정부 산하 기업의 CEO로 재직하는 사람 중에는 억대 연봉을 받으면서도 200만 원에 가까운 연금을 받는 사람들도 많다.

공무원이 일반 직장인이 내는 국민연금 보험료 이상의 연금 보험료를 내긴 하지만, 그들의 연금 수급 구조는 일반인보다 훨씬 유리한 편이다. 이에 따라 공무원연금의 적자가 심각한 상황이다. 정부에 따르면, 2009년부터 2019년까지 공무원연금의 적자로 정부가 보전해야 할 금액이 43조 5,000억 원에 이른다. 국민의 세금으로 공무원의 노후를 보장해주고 있는 셈이다.

생애 소득 관점에서 프로 운동선수들의 억대 연봉은 '빛 좋은 개살구'가 될 수 있다. 프로 선수들은 대략 15년 정도를 현역에서 활동한다. 야구의 경우 선수들의 평균 몸값은 1억 원 전후. 평균 몸값을 15년 정도 받으면 생애 소득이 15억 원 전후인데, 프로 선수들은 각기 사업자 신분이므로 4대 보험 혜택을 누리지 못한다. 따라서 선수들은 연봉으로 생활하면서 이른 은퇴에 대비해야 하는데, 이를 감안하면 어린 나이에 억대 연봉을 받는 프로 선수들이 일반인보다 사정이 좋다고 말하기 어렵다. 물론 거액의 연봉을 꾸준히 받는 스타급 선수들도 있지만 이는 소수에 불과하며, 대부분의 선수들은 일반인보다 경제적으로 어렵게 생활한다. 이에 비해 공무원들은 늦은 나이까지 안정적인 소득을 받는다.

공무원들은 또 일반 기업 부럽지 않은 '업무 추진비'를 별도로 받고 있다. 국무총리실의 경우 장관급인 국무총리실장은 2010년 상반기 1억 1,603만 원, 차관급인 국무차장과 사무차장은 각각 4,110만 원과 3,228만 원의 업무 추진비를 사용했다. 또 금융위원회 고위 공무원들은 1인당 월평균 200여만 원의 업무 추진비를 사용했다. 필요에 의해 경조사비, 회식비 등으로 지출되는 돈이다.

결국 공무원의 급여는 단순 비교로는 일반 직장인보다 적지만, 생애 소득 관점에서 일반 직장인보다 훨씬 많다고 할 수 있다.

퇴직 후 재취업은 덤

공무원들은 연금 외에 퇴직 후 일자리를 통해 고액의 급여를 받는 것도 가능하다. 고위직은 물론 웬만한 직위를 거쳐 퇴직한 대부분의 공무원들은 정부 산하 기관이나 정부가 영향력을 행사할 수 있는 기업의 CEO, 감사, 임원 등의 자리를 보장받는다. 대형 로펌의 고문으로 가는 경우도 많다. 이들의 연봉은 적게는 1억 원대에서 많게는 10억 원을 훌쩍 넘기도 한다.

최근 정부가 도입한 민간근무휴직제도를 통해 공무원 재직 기간 중 고액연봉을 받는 사례들도 나오고 있다. 이는 공무원이 잠시 휴직하고 몇 년간 민간 기업에 나가서 일을 하고 다시 복귀하는 제도다. 이 기간 공무원들은 해당 기업에서 고액의 연봉을 받는다.

공정거래위원회의 경우, 2009년 19명이 민간근무를 위해 휴직했고, 10명이 대형 로펌에서 일했다. 이들의 평균 연봉은 기존 5,590만 원에서 휴직 기간 9,358만 원으로 크게 올랐고, 7명은 1억 원 이상을 받은 것으로 나타났다. 정부는 이 같은 현상에 대한 비판을 의식해 이른바 '낙하산' 방지를 위해 여러 제도를 도입해 운영 중이다. 퇴직 전 업무와 관련 있는 곳에 재취업하는 것을 막는 것이 대표적이다. 또 수시로 수당 체계를 조절하기도 한다.

29

우리나라
고액연봉자들의 민낯

세상에는 무수히 많은 직종과 직업이 있다. 흔히 제조업, 서비스업, IT(정보통신)업, 금융업 등으로 분류하고 있지만 보다 세부적으로 쪼개면 일일이 모두 열거하는 것 자체가 불가능하다.

그런데 취업이나 이직을 준비하고 있는 이들이 가장 궁금해하고 관심을 갖는 건 이러한 직종과 직업의 연봉 수준이 아닐까? 대세보다는 소신을 좇는 경우도 많고, 선배들 역시 소신을 좇으라고 충고하지만 막상 취업할 때는 그런 소신이 대세에 흔들리게 마련이다.

결국 대중이 원하는 기업의 조건은 많은 연봉과 충분한 복지 혜택이다. 전공과 적성을 고려하기보다 연봉이 많고 직원 복지가 좋은 직장을 선호하는 것이다. 한국고용정보원이 2017년 3월 조사한 자료에 따르면, 연봉이 비교적 많은 판사, 도선사導船士, 대학총장, 한의사, 교수 등의 직업 만족도가 다른 직업보다 높은 것으로 드러났다.

대한민국 평균 연봉 1위 직장인

2016년 한국고용정보원은 736개 직업 재직자 2만 4,288명을 조사해 '2015 한국의 직업정보'를 발표했다. 이에 따르면, 2015년 말 기준 직장인 평균 연봉은 3,932만 원. 상위 75%의 평균 소득은 4,800만 원, 하위 25%는 2,500만 원이었다.

가장 많은 연봉을 받는 이는 기업의 고위 임원으로 연봉이 1억 6,404만 원이었고, 2위는 도선사로 1억 3,310만 원이었다. 국회의원 1억 2,127만 원, 대학교 총장 1억 1,500만 원, 안과의사 1억 720만 원, 내과의사 1억 227만 원 등의 순으로 집계됐다. 항공기 조종사 연봉도 9,845만 원으로 꽤 많은 것으로 조사됐고, 판사는 7,333만 원, 변호사는 7,132만 원 등이었다.

그런데 여기서 눈에 띄는 직업이 있다. 바로 2위에 오른 도선사다. 이름도 생소한 도선사란 선박에 탑승해 안전한 수로로 안내하는 전문직이다. '바다 위의 파일럿'이라 불리는 도선사는 개인 사업자로 분류되며 500t 이상 외항선에는 반드시 탑승해야 한다. 2017년 6월에 20명을 새로 뽑았는데 154명이 지원해 평균 7.7 대 1의 경쟁률을 기록할 정도로 인기였다.

반면 연봉이 가장 적은 직업은 연극 뮤지컬 배우로 이들의 연봉은 960만 원에 불과했다. 수녀(1,260만 원), 가사도우미(1,404만 원), 청소

원(1,438만 원) 등도 연봉이 적은 직업에 속했다.

하지만 고용정보원의 조사를 그대로 믿는 사람들은 드물다. 앞에서 봤듯 일반적으로 변리사, 변호사, 의사, 회계사 등 전문직 자영업자의 연봉은 고용정보원의 조사보다 훨씬 많은 것으로 알려져 있기 때문이다.

대한민국 최고 연봉의 전문직

대한민국 전문직 종사자 중 가장 돈을 많이 버는 이는 누구일까? 각종 조사에서 1등으로 꼽힌 건, 흔히들 생각하는 변호사가 아니라 변리사다. 변리사는 특허권, 상표권, 디자인권 등을 포함하는 지적재산권의 획득을 대리하는 직업이다. 국세청이 2017년 10월 국회에 제출한 국감자료에 따르면, 전문직 중 변리사의 소득이 6억 원으로 가장 많았다. 이어 변호사가 4억 1,200만 원으로 2위, 회계사가 3억 2,500만 원으로 3위를 차지했다. 그 뒤를 이어 관세사 2억 8,600만 원, 세무사 2억 6,200만 원, 법무사 1억 6,900만 원, 건축사 1억 3,800만 원, 감정평가사가 6,500만 원 순이었다.

변리사가 의사나 변호사보다 더 많은 돈을 버는 이유는 무엇일까? 우선 통계의 왜곡이라는 것이 변리사 측의 주장이다. 변리사들의 평균 소득이 가장 높게 집계되는 건 특허법인 소득을 대표명의자 1명의 소득으로 간주하기 때문이라는 설명이다. 특허법인을 설립하려면 최소한 5명 이상의 변리사가 필요한데, 5명 이상의 변리사들의 소득 합계를 대표명의자 1명의 소득으로 표시한다는 것이다. 이에 따라 실제 변리사의 평균 소득은 발표된 자료의 5분의 1 이하 수준이라고. 변리사는 특허 관련 소송을 처리하지만 변호사는 특허 소송은 물론 모든 종류의 소송을 맡을 수 있다. 변리사들은 변호사에게 변리사의 업무를 할 수 있는 자격이 있음에도 이들이 변리사를 하지 않는 건 변리사의 임금이 변호사보다 높지 않기 때문이라고 주장한다.

또 다른 근거는 바로 세금이다. 변리사는 다른 전문 직종에 비해 세금을 비교적 착실하게 내기 때문에 소득이 가장 많은 직종으로 분류된다는 것이다. 변리사의 고객은 대부분 기업이므로 소득 구조가 투명하게 노출된다. 실제 국세청에 따르면, 변호사나 회계사 등의 전문직 종사자들이 소득을 제대로 신고하지 않는 경향이 있었다. 국세청이 2012년부터 2016년까지 5년간 고소득 전문직 4,116명이 소득을 분석한 결과, 이들은 6조 3,718억 원을 소득으로 신고했지만 실제 세무조사를 통해 추가로 적발된 소득이 4조 8,381억 원에 달했다. 정상적으로 신고했다면 총 소득이 11조 2,099억 원이 돼야 하는데, 그 중 43.2%의 소득을 숨겨 탈세한 것이다.

법무법인이 사건 수임료를 법인 계좌가 아닌 소속 변호사 개인 계좌로 관리해 수입 금액을 탈루하는 방식이 대표적인 탈세 수법이다. 변호사가 고액의 착수금이나 성공 보수금을 다른 사람 명의의 계좌로 입금받는 수법도 고전적인 방식 중 하나다. 법무사가 대단지 재건축 아파트 집단 등기 중에서 1~2개 단지를 통째로 신고 누락하는 방법으로 수입 금액을 탈루한 사례도 적발된 바 있다. 실제로 변호사 사무실을 방문하면, 신용카드 결제가 안 되는 곳이 상당수다. 현금으로 주고받는 수임료 등은 언제든지 탈세에 활용될 가능성이 있다.

전문직 종사자들의 탈세가 많다는 또 다른 증거는 변호사 등 전문직 7명 중 1명이 연 매출이 2,400만 원 이하라고 신고한다는 점이다. 연 매출이 2,400만 원 이하일 경우 사무실 임대료 등 각종 비용을 제외하면 실제 소득이 빈곤층 기준 소득인 월 146만 원에도 못 미친다. 숫자 그대로 믿기 힘든 소득이다.

그런데 전문직 소득 공개와 관련해 재미있는 사실 중 하나는, 전문직 소득에 대한 통계수치가 발표될 때마다 모든 전문직 종사자들이 자신의 소득이 너무 높게 조사됐다고 항변한다는 점이다. 변호사는 대한변호사협회, 세무사는 대한세무사회, 의사는 대한의사협회에서 소득이 부풀려졌다고 항의한다. 전문직 종사자 숫자가 늘어나면서 개업을 제대로 하지 못하는 사람들이 늘고 경쟁이 치열해져 수임료 수준도 줄고 있다는 것이 그들의 변이다. 이들은 왜 자신들이 많은 돈을 버는 것을 자랑스러워하지 않고 오히려 화를 내는 것일까? 세금 때문이다. 고소득 직종으로 낙인찍히면 국세청으로부터 매출액에 대한 세무조사를 받을 가능성이 커지는 것이다.

이 같은 이유로 국세청은 틈날 때마다 고소득 전문직의 탈세에 대해 강력한 조사를 펼치겠다고 강조한다. 전문직 종사자들의 투명한 세금납부 문화가 정착되어야 보다 건강한 자본주의 사회가 만들어질 수 있는 건 분명하다.

30

CEO들의
연봉이 궁금하다

CEO들의 연봉은 어느 정도일까? 솔직히 궁금하긴 하지만 관심을 가지는 것 자체가 불경스러운 일로 치부되기 일쑤다. 이들의 연봉을 묻는 부하 직원에게 부장급 이상의 관리자들은 늘 이렇게 말하곤 한다. "김 대리, 자네 아침에 시킨 보고서는 다 마무리했나? 시키는 일이나 똑바로 하지 그래?"

하지만 궁금한 건 좀처럼 참지 못하는 우리. 일단 찾아보기로 한다. 과거에는 회장이나 사장의 연봉이 궁금해도 알 수 있는 방법이 없었다. 하지만 2013년부터 상황이 바뀌었다. 5억 원 이상의 연봉을 받는 상장사 등기임원은 사업보고서에 연봉을 공개해야 한다는 규정이 생겼기 때문이다. 이로써 호기심은 쉽게 해결할 수 있게 되었지만, 상대적 발탈감은 더욱 커지고 말았다. 차라리 모르던 때가 나았을지도 모르겠다. 우리보다 수십 배 많은 연봉을 받는 회장과 사장을 보고 있자니 스스로가 초라해질 뿐. 하지만 긍정적인 측면에서 생각해볼 것도 있다. 공채로 입사해 전문 경영인의 자리까지 올라, 오너(총수)들과 비슷한 연봉을 받는 사장들 또한 적지 않기 때문이다. 이들을 보며 꿈을 키우는 것도 나쁘지 않다.

2016년 기준 회장과 사장 들 중 대한민국에서 가장 많은 연봉을 받은 이는 현대자동차그룹 정몽구 회장이다. 정몽구 회장은 2016년 한 해 98억 8,200만 원을 받아 오너, 전문 경영인 중 '연봉 킹' 자리에 올랐다. 삼성전자의 반도체 신화를 일군 권오현 전 삼성전자 부회장(현 삼성종합기술원 회장)은 샐러리맨 출신으로 가장 많은 66억 9,800만 원을 받았다.

CJ그룹 손경식 회장은 CJ제일제당 대표이사로 재직하며 2016년 한 해 82억 1,000만 원을 받아 총수 일가 중 2위에 이름을 올렸다. 롯데그룹 신동빈 회장은 등기이사로 등재된 계열사들로부터 총 77억 5,100만 원의 보수를 지급받아 3위를 기록했고, GS그룹 허창수 회장은 GS에서 50억 4,400만 원, GS건설에서 23억 9,200만 원을 받아 총 74억 3,600만 원을 수령해 다른 오너들을 압도했다. 한진그룹 조양호 회장도 66억 4,000만 원의 보수를 수령한 것으로 조사됐다.

전문 경영인 중에서는 삼성전자 윤부근 부회장과 삼성전자 신종균 부회장이 권오현 회장 뒤를 이어 고액연봉자 명단에 이름을 올렸다. 삼성이 국내 1위 기업이라는 점을 새삼 깨닫게 하는 지점이다. KT 황

창규 회장, LG화학 박진수 대표이사, 포스코 권오준 회장 등도 2016년 10억 원 이상의 고액연봉을 받은 것으로 조사됐다.

연봉 반납한 조선사 CEO & 연봉 1달러 클럽

반도체, 정유, 화학, 철강 등 호황 업종 오너와 CEO 들은 수십억 원의 연봉을 받은 반면, 최근 몇 년 불황으로 큰 어려움을 겪고 있는 조선사 CEO들은 연봉을 한 푼도 받지 않아 대조적이다. 대표적인 CEO가 현대중공업 권오갑 부회장이다. 권오갑 부회장은 2014년과 2015년 2년간 5조원 가까운 손실을 기록한 회사를 살리기 위해 2014년 9월 현대오일뱅크에서 현대중공업으로 자리를 옮긴 후 그 해 11월부터 급여를 한 푼도 받지 않았다. 2013년 오일뱅크 사장 시절 8억 6,000만 원의 연봉을 받았던 그가 회사에 반납한 연봉만 합쳐도 20억 원 이상일 것으로 추정된다. 대우조선해양 정성립 사장 역시 2017년 3월부터 생사의 갈림길에 선 회사를 살리기 위해 연봉 전액을 반납했다.

한국 조선사와 사례는 다르지만 페이스북의 창업자겸 CEO인 마크 저커버그^{Mark Elliot Zuckerberg}는 단돈 1달러의 연봉만 받고 있는 것으로 유명하다. 그는 2013년 미국 기업 임원진 중 연봉으로 1달러를 받는 사람들의 모임인, 이른바 '연봉 1달러 클럽^{The One-Dollar Club}'에 합류했다. 연봉 1달러 클럽은 지난 1978년 파산 직전의 크라이슬러 사에 구원 투수로 등판한 리 아이어코카^{Lee Iacocca}가 처음으로 연봉을 1달러만 받은 데서 유래했다. 애플의 창업자 스티브 잡스^{Steve Jobs}도 1997년 연봉 1달러 클럽에 가입해 2011년 사망할 때까지 15년 동안 1달러의 연봉만 받았다. 구글의 공동설립자 래리 페이지Larry Page와 에릭 슈미트Eric Emerson Schmidt, 테슬라의 엘론 머스크Elon Musk도 연봉 1달러 클럽 회원이다. 이들은 연봉은 없지만 배당 소득만으로도 상상을 초월하는 부를 축적하고 있다. 〈포브스Forbes〉에 따르면, 저커버그의 자산은 710억 달러로 전 세계 5위 수준이다. 스티브 잡스도 사망 직전까지 70억 달러의 자산을 축적한 것으로 드러났다.

억 소리 나는 공기업 CEO 연봉

국회예산정책처가 펴낸 자료를 보면, 정말 '억!' 소리 나는 공공기관이 부지기수다. 공기업 부채와 그에 따른 국민들의 세 부담 증가엔 아랑곳하지 않고 직원 만족에만 몰두하는 공기업들의 행태를 보면 가끔 화가 치밀기도 한다. 이 자료에 따르면, 2016년 기준 우리나라 공공기관 직원 1인당 평균 연봉은 6,600만 원이다. 평균 연봉이 가장 높은 기관은 1억 919만 원, 가장 낮은 기관은 3,261만 원이었다. 평균 연봉이 5,000만~6,000만 원인 기관이 25.7%로 가장 많았다.

공기업 연봉 1위는 한국예탁결제원으로 1억 919만 원, 2위는 한국투자공사로 1억 712만 원이었다. 2곳 모두 금융 공기업으로 분류되는 곳이다. 한국전자통신연구원, 광주과학기술원, 한국과학기술원, 한국전기연구원, 울산과학기술원 등이 10위 안에 포진했으며, 11위는 한국마사회, 12위부터 중소기업은행, 한국산업은행, 한국수출입은행 등의 금융 공기업이 이름을 올렸다. 금융 공기업은 상위 20위 안에 5곳이나 포함돼 대학생들과 취업준비생들에게 많은 인기를 얻고 있다.

공기업 직원들의 평균 연봉도 억 소리 나지만 공기업 CEO들의 연봉은 1억 원을 넘어 2~3억 원에 이른다. 이 때문에 행정고시를 통과해 기획재정부, 금융위원회, 산업통상자원부, 국토교통부 등 정부 부처 고위직을 거친 공직자들이 산하 공공기관 기관장으로 임명돼 고액 연봉을 받으며 마지막 공직생활을 마감하는 경우가 많다.

공공기관의 CEO 중 가장 많은 연봉을 받는 이는 한국과학기술원 기관장으로, 연봉이 4억 1,080만 원이다. CEO 연봉이 4억 원이 넘는 건 한국과학기술원이 유일하다. 한국투자공사의 CEO 연봉은 3억 9,592만 원으로 2위, 중소기업은행장의 연봉은 3억 8,638만 원으로 3위에 올랐다. 한국예탁결제원, 국립암센터, 기초과학연구원, 예금보험공사, 한국전력공사 등의 CEO 연봉 10위 안에 이름을 올렸다. 한국자산관리공사, 기술보증기금, 한국무역보험공사 등의 CEO도 2억 원 이상의 연봉을 받으며 상위 20위 안에 포함됐다.

직원들과 마찬가지로 금융 공기업의 수장들 역시 다른 공기업의 수장들에 비해 상대적으로 많은 연봉을 받고 있다는 것을 알 수 있다.

순위	기관명	기관장 연봉
1	한국과학기술원	401,080
2	한국투자공사	395,920
3	중소기업은행	386,385
4	한국예탁결제원	331,766
5	국립암센터	313,864
6	기초과학연구원	313,007
7	예금보험공사	287,197
8	한국전력공사	280,956
9	한국전력국제원자력대학원대학교	273,364
10	한국주택금융공사	266,703
11	한국자산관리공사	265,683
12	기술보증기금	265,184
13	중소기업진흥공단	265,122
14	한국무역보험공사	265,023
15	인천국제공항공사	253,288
16	한전KPS(주)	249,768
17	한국KDN	249,765
18	한국감정원	249,410
19	한전원자력연료주식회사	247,564
20	한국벤처투자	245,039

자료원 : 공공기관 경영정보 공개시스템

31

대한민국 기업
연봉 순위 전격 공개

　같은 시대, 같은 나라에 살면서 매일 비슷한 시각 출근하는 월급쟁이들. 그들의 연봉이 궁금하지 않을 리가. 특히 이직을 고려할 때 연봉은 직장 선택에 대단히 큰 영향을 미치는 요건임에 틀림없다. 취업 포털 잡코리아 설문조사에 따르면, 이직하려는 회사에 대해 가장 궁금한 사항을 묻는 질문에 응답자의 53.8%가 연봉을 꼽았다. 회사 분위기, 출퇴근 시간대, 업무 강도 등을 궁금해하는 사람은 소수에 그쳤다. 연봉이 구직자들의 최대 관심사인 것이다.

　그렇다면 대한민국 기업들의 연봉은 어느 정도 수준일까? 순위로 알아보자.

대기업 종사자들의 연봉은 얼마나 될까?

뭐니 뭐니 해도 취업준비생과 구직자 들이 가장 궁금해하는 건 대기업의 연봉일 것이다. 이와 관련해 재미있는 통계가 있다. 잡코리아가 최근 자사 연봉검색 서비스의 기업별 연봉 조회 건수 107만 9,735건을 분석한 결과, 삼성전자가 조회 수 1만 9,818건으로 전체 기업 중 1위에 올랐다. 다음으로 LG전자가 조회 건수 1만 4,495건으로 2위, 하이닉스반도체(1만 3,803건), 현대자동차(8,492건), 국민은행 (8,464건) 순이었다. 이 밖에 삼성SDS, LGCNS, 대교, 신세계 등이 순위에 들었다.

이러한 대기업들의 연봉은 얼마나 될까? 일단 국내 100대 기업의 1인당 평균 연봉은 2016년 기준 7,300만 원 정도로 추산된다. 이는 임원을 제외한 모든 직원들 연봉의 평균값이다. 여기에는 서무 여직원 등 비정규직 급여도 포함되므로 대졸 일반 직원의 평균 연봉은 훨씬 높을 것으로 추산된다. 연봉 순위 1위는 SK에너지로 1억 3,200만 원을 기록했다. 이어 2위 GS칼텍스 1억 1,300만 원, 3위 에쓰오일 1억 1,000만 원, 4위 삼성전자 1억 700만 원 등이다.

다만 이러한 연봉을 따져볼 때 주의할 것이 하나 있다. 평균 연봉을 해당 기업의 일반적인 연봉 수준으로 생각해선 안 된다는 것. 동일 직급 동일 연령을 기준으로 비교하면, 실제 연봉이 많지만 비정규직 비중이나 직원 연령 분포 등에 따라 평균 연봉이 적게 집계될 수 있기 때문이다. 예를 들어, 삼성전자는 평균 연봉으로는 4위에 올랐으나 이는 비정규직과 젊은 직원 비중이 상대적으로 높기 때문이며, 20년

차 부장급 연봉은 SK에너지 동일 연차, 동일 직급의 연봉보다 많을 수 있다.

또 하나, 평균 연봉을 볼 때는 그 회사만의 특성을 잘 감안해야 한다. 2015년의 경우 GS홀딩스가 직원 1인당 연봉 1위를 기록했고, 우리금융지주와 신한금융지주는 2위와 4위였다. 일반적으로 그룹 계열사를 관리하는 지주회사들은 계열사로부터 뽑힌 소수의 고참급 직원으로 구성된다. 또 변호사 공인회계사 등 외부 채용 전문직들이 다수 포함돼 있으므로 평균 연봉 수준이 높게 책정되는 것.

신입사원의 연봉은 금융, 건설, 중공업, 화학, IT 업종 등이 많은 편이며 유통, 일반제조, 외식·음료, 식품 등의 업종은 적은 편이다. 일반적으로 대기업 그룹 내에서 연봉은 금융 계열사가 가장 많고, 이어서 통신, 건설, 화학, 에너지 업종 계열사의 연봉이 많은 편이다. 따라서 같은 그룹 계열사라고 해도 연봉 격차가 크게 벌어질 수 있다. 이는 직원 연봉이 그룹 내부보다는 업종 상황에 연동되는 경향이 강하기 때문이다.

임원들의 연봉은?

임원 연봉에도 순위가 있다. 재계 관련 정보를 취합하는 재벌닷컴이 10대 그룹의 등기임원 연봉 현황을 조사한 바에 따르면, 2016년 기준 삼성그룹 상장사의 사내 등기임원 평균 연봉은 11억 9,735만 원에 달했다. 다음으로 GS그룹이 평균 10억 3,905만 원으로 2위를 기록했고, 3위는 10억 383만 원의 LG그룹이 차지했다. 꼴찌는 7,215만 원의 현대중공업그룹으로 1위인 삼성그룹과 비교하면 11억 원 이상의 차이가 벌어진다. 극심한 조선 경기침체가 원인이었다.

삼성그룹이 높은 보수를 기록한 것은 삼성전자의 위력 때문이다. 10대 그룹 소속 77개 상장사 가운데 임원이 20억 원 이상의 연봉을 받는 기업은 총 7개였고, 이 가운데 삼성전자 임원들의 연봉은 평균 48억 3,700만 원으로 가장 많았다. 다음으로 GS리테일이 30억 500만 원으로 2위를 차지했고, 이어 LG 27억 2,797만 원, LG유플러스 24억 6,000만 원, GS 23억 9,200만 원, 롯데쇼핑 23억 6,700만 원 등 순이었다. 특별히 경영 활동을 하지 않으면서 이사회 결정에 참여하는 사외이사들의 연봉도 삼성그룹이 가장 많았다. 삼성그룹 8,275만 원, 현대차그룹 6,950만 원, 롯데그룹 5,907만 원 순.

업종별로 나타나는 연봉 차이

성과급 비중이 높은 기업들은 해마다 연봉에 큰 변화가 생긴다. 2005년의 삼성전자가 대표적이다. 삼성전자는 2004년 평균 연봉이 7,130만 원이었으나, 2005년 일시적인 실적 부진에 시달리면서 성과급 규모가 대폭 줄어 평균 연봉이 5,070만 원으로 내려갔다. 이는 1년 전보다 28.9% 급감한 수준이다. 이에 따라 연봉 순위가 1위에서 80위까지 밀려나기도 했다. 삼성전자는 다른 기업에 비해 급여 가운데 성과급 비중이 높다. 많을 때는 기본 연봉의 50%를 성과급으로 받고, 적을 때는 한 푼도 못 받기도 한다. 상대적으로 기본 연봉이 적은 편이라 성과급이 덜 지급될 때는 순위가 크게 밀리는 경향이 있다.

업종 가운데 화학 업종 기업의 연봉이 많은 건 산업 특성과 관련이 있다. 대규모 장치 산업인 화학 업종은 노동자 1인당 투입되는 자본량과 장치가 많다. 이에 1인당 생산성이 다른 업종에 비해 매우 높게 나타나므로 이에 맞춰 연봉 수준도 높다.

금융권의 연봉 순위는 어떨까? 은행, 보험, 증권 등 주요 업종 중에는 증권 업종의 연봉 수준이 가장 높은 것으로 나타났다. 2017년 기준 각 업종의 주요 회사 평균 연봉을 조사한 결과에 따르면, 상위 5대 증권사 직원들의 평균 연봉이 1억 원을 훌쩍 넘었다. 증권 업종의 연봉이 많은 것은 성과에 따라 급여가 지급되는 성과급 체계 때문이다. 영업맨, 펀드매니저, 애널리스트들은 실적에 따라 거액의 연봉을 받는데, 증권사에는 이들의 비중이 높으므로 평균 연봉이 많을 수밖에. 반면 시황이 안 좋을 때는 순위가 곤두박질친다.

직업 안정성은 은행이 월등하다. 증권사 직원들의 평균 근속연수는 8년 정도에 불과하다. 스카우트 등 잦은 인력 이동의 영향이 크지만 그만큼 퇴직도 빠르다. 반면 은행 직원의 근속연수는 15년이 넘는다.

다른 기업 직원들의 연봉이 궁금하다면, 각 취업포털 사이트가 제공하는 연봉 검색 서비스를 이용해보라. 직급, 업종, 경력 등 여러 카테고리에 따라 연봉을 검색해볼 수 있다. 또 자신의 경력을 대입하면 비슷한 사람들 가운데 자신의 연봉이 어느 정도 위치에 있는지도 알 수 있다. 다만, 연봉을 비교할 때는 유명 대기업 직원들의 연봉을 지나치게 의식하기보다 동종 기업 직원들의 연봉과 비교해 자신의 가치를 가늠해보는 게 현명하다.

5장

인사 담당자만
알고 있는
월급 협상의 비밀

32

좋은 직장보다
좋은 경력이 중요한 이유

서점의 베스트셀러 코너에 좀처럼 빠지지 않는 책은, 직장인을 위한 각종 자기계발서다. 직장인들의 불안한 심리가 반영된 탓이다. 한국 외환위기와 글로벌 금융위기를 거치면서 안정된 '평생직장'이라는 개념이 사라졌다. 직장인들은 어느 날 갑자기 내가 구조조정의 대상자가 될지도 모른다는 불안감이 일상화된 사회를 살아가게 된 것이다.

이러한 이유로 직장에서 경력을 제대로 쌓아가는 일이 중요해지고 있다. 노골적으로 말하면, 직장인 스스로가 회사가 필요로 하는 인재가 되어야 하는 것이다.

기업들 역시 갈수록 핵심 인재에 대한 의존도를 높이고 있다. 삼성그룹 이건희 회장이 "1명의 천재가 10만 명을 먹여 살린다"라고 말한 것도 이런 맥락에서 비롯된 것이다. 지식사회의 도래로 1인당 생산성의 격차가 크게 벌어지고 있다. 핵심 인재와 평범한 직원의 생산성 비율이 수십 배 차이가 나는 현실에서, 핵심 인재 육성에 열을 올리는 기업에 발맞춰 직장인들도 스스로 핵심 인재가 되기 위해 불철주야 노력해야 하는 시대다.

핵심 인재가 되기 위해서는 철저한 경력 관리가 필수다. 자신의 역량을 십분 발휘할 수 있는 분야를 정해 능력을 배양해야 한다. 많은 전문가들은 경력 관리의 첫 번째 과제는, 뚜렷한 목표 의식을 가지는 것이라고 말한다. 목표가 있고 이 목표에 걸맞은 자질과 능력을 갖추면 갑자기 찾아오는 기회일지라도 잡을 수 있다. 신입사원 시절부터 자기가 역량을 발휘할 수 있는 분야를 명확히 정해야 한다. 자신이 잘 할 수 있는 일, 즐기면서 할 수 있는 일이 무엇인지 파악하고 그 분야에서 일관성을 유지하면서 자신의 전문성을 키워가는 것이다. 이러한 과정에서 회사 내 자신만의 브랜드를 만들 수 있다면 금상첨화다.

구직자들은 종종 직장을 선택할 때 그 기준을 연봉에 두어야 하는지, 경력 관리에 두어야 하는지를 고민한다. 결국 조금이라도 더 많은 돈을 벌 수 있는 직무를 택할 것이냐, 아니면 자신의 전문성을 개발할 수 있는 직무를 택할 것이냐를 두고 갈등하는 것이다. 보다 시선을 멀리 둔다면 당장 월급에서는 조금 손해를 보더라도 자신의 경력을 제대로 관리할 수 있는 편을 택하는 게 바람직하다.

무엇에 중점을 둘 것인가

자신의 경력을 확실히 관리하겠다는 의지가 있다면 대기업만 고집할 게 아니라, 중소기업의 문을 두드리는 것도 방법이다. 대기업의 경우 업무가 매우 세분화되어 있고 일반적으로 담당 업무가 한정되어 있지만, 중소기업은 한 직원이 처리하는 업무 범위가 보다 넓기 때문에 다양한 경험과 지식을 쌓을 수 있다. 중소기업에서는 대기업 직원 3~4명이 담당하는 분야를 혼자 담당하는 경우가 많다. 재무 분야를 예로 들자면, 대기업에서는 재무, 세무, 원가 관련 업무가 모두 나뉘어져 담당자가 따로 있지만, 대개 중소기업에서는 이 모든 업무를 한 사람이 담당한다. 체계적인 교육 시스템이 부족하다 보니 처음에는 다소 버겁게 느껴질 수 있지만, 단기간에 폭넓은 지식을 쌓고 경험해볼 기회를 잡을 수 있다는 것이 중소기업의 장점이다.

나중에 이직하는 경우가 생기더라도, 중소기업에서 다양한 지식과 경험을 쌓은 사람이라면 보다 유리한 고지를 점할 수 있다. 인사 담당자들은 경력직을 뽑을 때 그 사람이 어떤 회사에 다녔느냐보다 어떤 업무를 수행했는지를 더욱 중요하게 생각하기 때문이다.

33

게임 이론으로 배우는
연봉 협상 노하우

기업들 사이에 연봉제 도입이 확산되면서 연말마다 회사와 연봉 협상을 하는 직장인이 늘고 있다. 연봉 협상 시, 조금이라도 더 많이 받으려는 직원과 인상폭을 최소화하려는 기업 사이에는 치열한 힘겨루기가 펼쳐진다. 연봉 협상에서 누가 승자가 되느냐는 직원의 성과에 좌우된다. 그런데 성과에서 큰 차이가 없음에도 연봉에 격차가 벌어지는 경우가 있다. 왜 그럴까? 직원의 협상 기술 격차 때문이 아닐까? 경제학의 '게임 이론'에서 현명한 협상 비결을 찾아보자.

상대의 제안에 따라 전략을 달리하라
연봉 협상이 두려운가? 상대방이 어떤 안을 제시하든 자신의 의사를 관철할 수 있는 강력한 전략을 세울 필요가 있다. 다른 직원과 비교해 매우 뛰어난 성과를 거둠으로써 자신의 제안을 회사 측이 받아들일 수밖에 없는 상황을 만드는 것. 이를 두고 직원이 '우월 전략dominant strategy'을 갖고 있다고 말한다.

하지만 이러한 경우는 흔치 않다. 직원의 성과를 정확히 측정하기도 곤란할뿐더러, 아무리 뛰어난 실적을 거두었더라도 지나치게 의사를 관철하다 보면 자칫 회사와 관계가 껄끄러워질 수 있기 때문이다. 대개의 협상은 상대방이 어떤 전략을 내놓는지에 따라 최적 전략이 달라지는 형태로 이뤄진다. 적절한 타협안을 찾아가는 것이다. 한 상황을 가정해보자. 어떤 직원이 나름 좋은 성과를 거둬 충분한 연봉 인상을 예상하고 있다. 그런데 이 직원은 회사가 협상장에서 어떤 안을 제시할지 알 수 없다. 이때는 여러 상황을 예상한 뒤 그에 맞춰 다양한 전략을 준비해놓아야 한다.

우선 회사가 자신이 예상한 혹은 그 이상의 인상폭을 제시할 경우 그 자리에서 흔쾌히 받아들이는 것이 좋다. 이때는 회사가 나름의 성의를 보였을 가능성이 크다. 이에 회사는 즉각적인 수락을 기대할 것이다. 그럼에도 조금 더 받아내려고 욕심을 부리며 버틸 경우 오히려 역효과가 나올 수 있다. 다음으로 예상에 조금 못 미치는 인상폭을 제시받을 경우 자신의 기대치를 설명하면서 적절한 타협안을 찾아가는 전략이 필요하다. 마지막으로 예상치에 훨씬 못 미치는 소폭 인상 혹은 심지어 삭감안을 제시받을 경우 '벼랑 끝 전술'이 필요하다. 이직 등 여러 극단적인 상황을 예정하고 있다는 뉘앙스를 풍기는 것이다.

이와 같은 여러 상황을 예비해둔 뒤 회사 측이 제시하는 안에 따라 자신의 최적 전략을 선택하는 상황을 '내시균형Nash equilibrium 전략'이라고 부른다. 상대방의 ㅅ제안을 예측해 그에 맞는 전략을 구사하는 것이다. 이렇게 하면 회사와 직원은 적당한 타협점을 찾아낼 수 있다. 갈등을 최소화하면서 상황에 따라 서로 얻을 수 있는 최선의 이익을 취하는 방법이다. 회사 역시 직원이 어떤 반응을 보이느냐에 따라 자신들이 준비한 여러 전략 중 하나를 타협안으로 제시하면서 균형점을 찾으려고 할 것이다.

본심을 드러내지 말라

게임 이론에서는 협상 초반에 자신의 성향이 어떤지 노출하지 않는 것이 가장 중요하다고 설명한다. 직원 입장에서 회사 측이 높은 인상폭을 제시할지 낮은 인상폭을 제시할지 알 수 없는 상황인데, 먼저 자신이 어느 정도를 받았으면 좋겠다는 의사를 표시할 필요가 없는 것이다. 섣불리 말했다가 회사의 예상치에 훨씬 밑도는 낮은 인상폭을 제시하면 손해를 보게 되고, 반대로 예상치를 훨씬 웃도는 인상폭을 제시하면 회사에 밉보이게 될 가능성이 크기 때문이다. 회사 역시 얼마를 제시할지 먼저 구체적인 액수를 내놓을 필요가 없다. 전략이 노출되는 순간 직원이 주도권을 쥐면서 최적 전략을 구사할 수 있기 때문이다. 따라서 협상 초반에는 상대방이 자신의 입장을 알 수 없도록 모호한 입장을 유지해야 한다.

또 직원은 평소에 자신의 성향을 너무 드러내지 않는 것이 중요하다. 만약 한 직원이 평소 자신은 돈에 큰 관심이 없다는 식의 말이나 표현을 해 특정 이미지를 갖게 될 경우, 회사 역시 이러한 성향에 맞춰 낮은 인상폭을 제시할 가능성이 크다. 이를 예방하기 위해서는 세부 사안에 따라 불규칙적인 모습을 보여주는 것이 좋다. 어떤 부분에서는 회사의 제시안을 흔쾌히 받아들이다가도 또 다른 부분에서는 고민하는 모습을 보여주는 것이다. 그렇게 하면 회사가 직원의 성향을 파악하기 어려워 먼저 그들의 전략을 노출할 가능성이 크다. 그러면 직원은 협상의 가장 중요한 부분인 연봉 책정에서 주도권을 쥘 수 있다. 이처럼 상대방이 자신의 성향을 알 수 없도록 여러 모습을 무작위적으로 보여주는 전략을 '혼합 전략mixed strategy'이라고 한다.

이러한 혼합 전략은 직원이 회사로부터 실망스러운 협상안을 제시받아 벼랑 끝 전술을 구사해야 할 때 유용하게 활용할 수 있다. 일방적인 벼랑 끝 전술은 회사와의 관계를 틀어지게 할 수 있지만, 직원이 자신의 성향을 상대방이 알 수 없게 만든 뒤 무작위로 여러 모습을 보여주면 틈을 발견할 수 있다. 극단적인 선택을 할 수 있다는 점을 암시하면서도 제안을 수긍할 수도 있다는 분위기를 풍기는 것이다. 이 같은 전략으로 먼저 회사의 반응을 관찰한 뒤 가장 유리한 전략을 취하면 최선의 결과를 도출할 수 있다.

극단적으로 벼랑 끝 전술을 펼칠 때는 충분히 실행할 수 있다는 것을 보여줘야 한다. 단순히 말로만 '회사를 나갈 수 있다'고 하는 것은 의미가 없다. 회사 측에서 '설마 어디 가겠어?' 하며 믿지 않을 수 있기 때문이다. 이때는 구체적으로 다른 직장을 알아보고 있음을 회사 측에 보여주는 것이 좋다. 면접을 보기 위해 연·월차를 신청하는 것이 대표적인 방법이다. 게임 이론에서는 이 같은 행위를 '공약'이라고 부른다.

처참한 성과를 냈을 때

연봉 협상 시 최악의 상황도 있다. 처참한 성과를 낸 후 협상장에 들어서야 할 때다. 이때는 연봉 삭감을 최소화하는, 즉 피해를 최소화하는 전략을 구사해야 한다. 회사가 어떤 안을 내놓든 무조건 받아들이는 전략도 있겠지만, 이때는 먼저 삭감안을 제시하는 것도 방법이다. 회사가 어떤 안을 내놓을지 알 수 없는 상황이므로 스스로 불확실성에 노출되기보다 그나마 피해를 가장 최소화할 수 있는 전략을 냄으로써 선수 치는 것이다. 연봉 백지위임白紙委任도 괜찮은 방법이다. 회사에 모든 것을 맡기고 일에 매진하겠다는 의사 표시로 읽힐 수 있기 때문이다. 이렇게 하면 회사의 선처를 기대할 수 있고 그나마 피해를 줄일 수도 있다. 이처럼 피해를 최소화는 전략을 '최소극대화 전략'이라고 한다.

뭐니 뭐니 해도 연봉을 협상할 때 가장 중요한 것은 자신감이다. 회사로부터 불이익을 당하게 될까 봐 전전긍긍하며 고민부터 하지 말고, 일단 자신감을 가지고 협상에 임하길 추천한다.

34

연봉 협상의
16가지 비밀 병기

직장인 대부분은 연봉 인상을 위해 나름대로 갖은 노력을 기울인다. 다른 회사로부터 스카우트 제의받은 사실을 슬쩍 흘리거나 어려운 가정 형편을 토로하는 이도 있다. 앞에서 말한 것처럼 '퇴직 불사' 같은 벼랑 끝 전술을 시도해본 사람도 있을 것이다.

하지만 각종 노력에도 불구하고 연봉 협상에서 만족스러운 결과를 얻는 경우는 드물다. 한 설문조사에 따르면, 응답자의 6%만 연봉 협상 결과에 만족한다고 답했다. 많은 직장인들이 회사가 일방적으로 정한 연봉을 통보받고, 모호한 평가 기준에 의해 동결된 연봉, 심지어 삭감된 연봉으로 상처를 받기도 하는 것이다. 회사의 권위적인 태도에 위축되거나 '요즘 회사 사정이 어려우니 함께 희생하자'와 같은 말에 어물쩍 만족스럽지 않은 연봉 협상 결과를 받아들이게 되는 경우도 많다. 통계에 따르면, 남성보다 여성의 연봉에 대한 불만이 더 높다고 한다. 권위적인 분위기에 보다 쉽게 제압당하기 때문이다. 협상에서 이기려면 주도권을 쥐어야 한다. 지금부터 연봉 협상의 실무적인 기술 16가지를 소개한다.

하나, 자신감을 가져라

자신감이야말로 가장 중요한 요소다. 돈 문제로 시시콜콜 이야기하면 속물처럼 비치거나 회사로부터 찍힐까 우려될 수 있지만, 이 같은 벽을 반드시 넘어야 한다. 일단 자신감을 가지면 단순한 숫자 나열이 아닌, 설득력 있는 입장을 전달할 수 있다. 이를 위해서는 자신에 대한 객관적인 판단이 우선돼야 한다. 스스로 자신이 어느 정도의 가치를 가지고 있는지 평가해보라. 자신감은 여기에서 나온다. 단, 근거 없이 과도한 자신감을 드러내는 것은 금물이다. 이와 함께 연봉 협상 기간에라도 업무에 더욱 열심을 내는 모습을 보이는 것이 좋다. 올해 성과가 부진하더라도, 다음 해에 무조건 성과를 내겠다는 의지 표현으로 비칠 수 있기 때문이다.

둘, 평소에 적극적으로 자신을 광고하라

많은 이들이 일단 일만 열심히 하면 사람들이 잘 알아줄 것이라 생각한다. 하지만 세상은 냉정하다. 상사는 개개인이 얼마나 고생을 하는지엔 별로 관심이 없다. 전체적인 성과물만 볼 뿐이다. 그러니 평소에 당신이 어떤 노력을 어떻게 해서 일이 성사되었는지 등을 광고할 필요가 있다. 다만 너무 노골적이어서는 안 된다. 지나가는 말로 넌지시 얘기하고, 일과 관련해 상사와 자주 상의함으로써 간접적으로 내비쳐야 한다. 또 평소 동료들에게 해당 분야에서는 자신이 가장 전문가라는 인식을 심어두는 것이 좋다. 그 분야에서는 항상 적극적으로 나서 먼저 해결하는 모습을 보여야 한다. 그래야 회사가 당신의 가치를 알아볼 수 있다.

셋, 시나리오를 짜라

회사가 얼마를 연봉으로 제시할지 대충이라도 알고 협상에 임하면 좋겠지만, 그러기란 쉽지 않다. 회사가 어떤 안을 제시할지 미리 구상해본 후 그에 맞는 자신의 전략을 여러 방향으로 짜보라. 실제 협상장에서 회사가 제안한 금액에 맞춰 자신의 전략을 당당히 펼쳐야 한다. 회사 입장을 예측한 뒤 최대한의 이익을 추구하는 것이다. 그렇지 않고 무작정 협상에 임했다가 한마디 말실수로 대사를 그르칠 수 있다. 여러 전략을 마련해 놓으면 스스로 생각한 최선안이 무산됐을 경우 순서대로 차선책을 구사할 여력이 생긴다. 단, 차선책을 구사할 때는 타이밍이 중요하다. 서둘러 차선책을 제시하면 회사가 연봉을 더 떨어뜨릴 수 있는 여지가 있는 것으로 해석할 수 있다. 그러니 단번에 물러서지 말고 어느 정도 버텨라. 그래야 차선책을 제시할 때 상대방이 받아들일 가능성이 커진다.

이를 위해 협상장에서 제시할 희망 연봉의 범위를 합리적으로 정해두는 것이 좋다. 최소와 최대 범위를 정해둔 뒤 먼저 제시해야 할 상황이 오면 먼저 최대 범위를 제시하라. 너무 위축돼서 최소 범위를 제시했는데 회사 측이 이를 단번에 받아들이면 협상에서 실패한 것이다. 자신이 먼저 연봉을 제시하는 상황을 피하고 싶다면, '단지 돈 문제가 아니라 회사가 원하는 것이 무엇인지, 회사가 나에게 기대하는 것이 무엇인지 먼저 듣고 싶다. 그래야 적절한 합의점을 찾을 수 있을 것 같다'는 식으로 돌려서 이야기하는 것도 방법이다. 이에 대해 회사가 구체적인 응답을 내면, 자신의 전략을 노출시키지 않은 채 자연스럽게 회사의 기대치가 무엇인지 알 수 있기 때문이다. 회사가 먼저 연봉을 제시하는 경우라면 최소와 최대 범위 중 어디쯤에 위치해 있는지 따져서 수정안을 제시하면 된다. 이때는 수백만 원대 끝자리 같은 금액에 집착하기보다 유연한 태도를 갖고 협상에 임해야 한다.

넷, 먼저 가상의 협상을 해보라

아무리 사전에 준비를 많이 했다고 해도 정작 실전에서 이를 써먹지 못하는 경우가 생긴다. 책으로 익힌 운전법을 실전에서 활용하지 못하는 것과 마찬가지다. 이를 방지하고 싶다면, 친한 친구와 가상 협상을 해보는 것이 좋다. 실전과 비슷한 분위기를 만들어, 친구에게 회사 측 역할을 부여하는 것이다. 이때, 친구가 정해진 시나리오가 아닌 불규칙적으로 질문하고 반응하게 만들 필요가 있다. 그래야 실제 협상에 도움이 된다. 상사의 평소 성향을 잘 고려해 어떤 대화법이 가장 적절할지도 사전에 준비하라.

다섯, 연봉을 자신의 가치와 연결시켜라

연봉에는 복합적인 의미가 들어 있다. 그중 하나가 직장인의 가치다. 연봉 협상 시에는 자신이 돈 자체에 집착하고 있다는 인상을 주지 않도록 주의하고, 이로써 자신의 가치를 인정받고 싶으며, 자긍심을 가지고 일하고 싶다는 마음을 전달하는 것이 좋다. 그렇게 하면 회사 역시 직원의 사기를 생각해, 보다 긍정적인 방향을 생각할 것이다.

제안이 마음에 들더라도 단번에 수락해서는 안 된다. 약간의 고민하는 모습을 보일 필요가 있다. 제안을 즉각 받아들이면 회사로부터 자신의 가치가 평가 절하될 수 있는 반면, 다소 고민하는 태도를 보이면 오히려 회사가 먼저 염두에 둔 더 좋은 안을 제시할 가능성도 있기 때문이다. 다만 너무 시간을 끌어서는 안 된다. 회사가 제시할 수 있는 상한선을 제시했는데도 지나치게 망설인다면 회사 측의 반감을 살 수 있기 때문.

여섯, 구체적인 수치를 제시하라

연봉 협상 시에는 자신이 실제 어떤 성과를 올렸는지 구체적인 수치를 들어 이야기하는 것이 좋다. 매출이나 이익 증대에 자신이 어느 정도의 기여를 했는지 계량적인 결과를 제시하는 것이다. 얼마나 비용을 절감했는지 보여주는 것도 방법이다.

동료와 비교하는 방법도 효과적인데, 자칫 역효과를 낼 수 있으니 주의가 필요하다. 또한 그러한 성과가 오로지 혼자의 힘으로 한 것이라는 식의 과장도 역효과를 유발할 수 있다.

일곱, 동종 업계의 연봉을 파악해두라

동종 업계 혹은 비슷한 직군의 연봉을 사전에 파악해두는 것이 좋다. 협상을 할 때 이를 구체적으로 제시하면 비교 대상이 있으므로 비교적 수월하게 협상을 진행할 수 있다. 다만 다른 회사 월급에 대한 근거 없는 뜬소문을 얘기하거나 과장해서는 안 된다. 회사 측도 이에 대해 충분히 인지하고 있을 가능성이 크기 때문이다.

여덟, 과거보다 미래를 이야기하라

내년에 어떻게 하겠다는 계획을 구체적으로 이야기하는 것도 좋다. 이때는 회사의 단기, 중기, 장기 비전에 맞춰 자신이 어떤 준비를 하고 있는지 구체적으로 브리핑하면 도움이 된다. 단기적으로는 회사의 경영 목표가 성장, 매출, 이미지 제고 가운데 어디에 초점을 두고 있는지 분석한 뒤 그에 맞는 실행 전략을 제시하는 것이다.

그렇지 않고 지난 성과에만 초점을 맞출 경우 대화 과정에서 오히려 치부를 드러낼 수 있다. 협상 과정에서 부족한 부분이 나타나 오히려 감점 요인이 되는 것이다. 특히 성과 측정이 쉽지 않거나 부진한 경우 미래지향적인 태도로 협상에 임하는 것이 좋다.

아홉, 회사가 얻을 수 있는 이익을 제시하라

연봉 협상은 제로섬 게임의 일종이다. 내가 많이 받으면 회사의 지출이 커진다. 이에 회사는 가급적 직원의 연봉을 깎으려 하는 것이다. 그러니 내가 연봉을 더 받게 되는 것이 회사 입장에서 손실이 아니라 이득이 될 수 있다는 메시지를 전할 필요가 있다. 스스로 경영자 입장에서 상대방이 어떤 태도를 보이면 내가 이익을 얻는 것이라 여겨질지 생각해보자. 임금을 올려주면 추가로 어떤 일을 추진해보겠다거나 현재 하는 일의 완성 시점을 어느 정도 앞당기겠다거나 하는 식으로 구체적인 계획을 밝히는 것도 좋은 방법이다. 회사가 협상에서 진정 원하는 것은 직원의 연봉을 몇 푼 깎는 것이 아니라, 직원이 더욱 열심히 일할 수 있게 동기를 부여하는 것이다. 그러니 회사 측의 제안은 받아들일 수 없다고 단정하기보다 '나의 제안을 받아들이면 더 많은 성과로 보답하겠다'고 이야기하는 것이 훨씬 효과적이다. 연봉 협상은 각자 원하는 숫자를 부르고 적당한 선에서 합의하는 흥정이 아니다. 당사자 모두가 이익을 얻는 협상이 되어야 한다.

열, 안 된다는 말부터 버려라

협상할 때 가장 중요한 건 말투다. 대개 2가지로 분류된다. 우선 부정적인 어투로 일관하는 사람이 있다. 회사가 마음에 들지 않는 안을 제시할 때마다 '이래서 안 되고 저래서 안 된다'는 식으로 말하는 경우다. 이는 협상을 지리멸렬하게 만들고 상대방에게 부정적인 인식을 갖게 만든다. 이보다는 '좋습니다. 그런데 이런 대안은 어떨까요?' 같은 방식으로 접근해보라. 대화 전체를 긍정적인 화법으로 구성하는 것이다. 혹은 이유를 설명해달라는 식으로 접근하는 것도 좋다. 이렇게 하면 상대방의 마음을 열 수 있다.

만약 협상이 교착 상태에 빠질 경우, 일방적으로 자기 의견을 제시한 뒤 '받아들이든지 말든지' 같은 식으로 말해선 안 된다. 이런 말투는 상대방에게 심한 불쾌감을 불러일으킬 수 있기 때문이다. 협상은 합의점을 찾아가는 과정이지 자신의 생각을 일방적으로 강요하는 것이 아니다. 벼랑 끝 전술은 가끔 필요하지만, 정도껏 해야 한다. 거짓으로 스카우트 제의를 받았다고 하거나, 무작정 회사를 그만두겠다며 엄포를 놓으면 오히려 부작용을 유발할 수 있다.

열하나, 관계를 두려워 마라

연봉 협상을 할 때 가장 우려되는 것 중 하나는, 협상 난관으로 그간 쌓아온 상사와의 관계에 손상이 가는 것이다. 이러한 이유로 소극적으로 임하기 쉽다. 반대로 관계만 믿고 너무 기대하는 경우도 있다. 평소 관계가 좋았으니 이 정도는 받아줄 것이라고 지레짐작하는 것이다. 둘 다 관계에 지나치게 의존하는 유형이다. 이렇게 되면 협상이 불리해질 수밖에 없다. 상사가 역으로 이를 활용해, 즉 관계를 이용해 반대로 자신의 생각을 관철하려들 수 있기 때문이다. 이에 관계에 너무 신경 쓰지 말자. 자신감을 가지고 정확한 근거를 바탕으로 합리적인 수준에서 정당하게 요구하면 관계에는 아무런 해를 끼치지 않는다. 물론 이후 관계를 위해서, 협상 도중 간헐적으로 긴밀한 유대관계를 드러내는 표현을 적절히 활용하면 도움이 된다.

열둘, 부대조건을 무시하지 마라

연봉 협상 시엔 연봉 외에 근무 조건 같은 부대조건에 대해서도 합의해야 한다. 이때부터 협상을 주도해야 한다. 크게 중요한 건 아니라고 무조건 회사 의견을 수용하면 회사 측은 해당 직원을 협상 상대로서 평가 절하하게 된다. 단, 부대조건에서부터 유리한 조건을 주장하면서 힘겨루기를 하면 협상이 늘어지면서 분위기도 경직될 수 있다. 이에 적절한 절충이 필요하다. 어떤 조건은 흔쾌히 받아주고 어떤 조건에선 자신의 주장을 관철하라. 그러면 회사 측이 당신의 성향을 제대로 판별하기 어려워 본 게임에서 당신이 협상의 주도권을 쥐기 쉬워진다. 만약 연봉 협상이 지나치게 교착 상태에 빠진다면, 일단 양보한 뒤 부대조건에서라도 최대한 얻어내는 전략을 취해보라. 단 협상 초부터 부대조건에 지나치게 집착하면 협상 전체 초점을 흐려 정작 중요한 연봉 협상에 실패할 수 있으니 주의해야 한다.

열셋, 연봉 산정 근거를 쪼개서 납득시켜라

희망하는 연봉 금액을 단순히 총액으로 제안하면 상대방이 그 산정 근거를 알기 어렵다. 이때는 왜 이 연봉 금액을 제시하는지 구체적으로 쪼개서 납득시키는 것이 좋다. 총액의 50%는 생계를 위한 것, 30%는 성과 보상을 위한 것이라는 식으로 본인이 제시한 연봉의 산정 기준을 구체적으로 보여줘야 한다. 그러면 상대방 역시 직원의 제안을 합리적으로 따져볼 수 있어 좋다. 무조건 높여 부르는 게 좋을 거란 생각에 극단적인 숫자를 내놓으면 상대방에게 반감만 얻게 될 가능성이 크다.

열넷, 적다면 인센티브, 혹은 내후년을 노려라

연봉 협상에서는 크게 3가지 사안을 논의한다. 내년 성과와 상관없이 받는 기본 연봉, 특정 목표를 달성하면 지급하는 인센티브, 전체 성과를 종합 평가해 지급하는 특별 성과급이 그것이다. 이때 회사가 기본 연봉을 양보하지 않는다면 인센티브나 특별 성과급에 초점을 맞추는 것이 좋다. 계속 평행선을 달리는 것보다 성과에 따라 추가적으로 지급해달라고 합리적으로 요구하는 것이다.

구분되지 않은 총액을 협상하는 경우라면, 스스로 인센티브를 제시하는 것도 방법이다. 무조건 내년 연봉을 올려달라고 하기보다 내년에 어떤 성과를 올릴 경우 내후년에 연봉을 어느 수준으로 보장해 줄 것을 제안하는 것이다. 이는 돈에 집착하는 것이 아니라, 일에 욕심을 가지고 있으며, 일을 잘해낼 자신감이 있다는 이미지로 비칠 수 있다. 회사의 마음을 얻는다면 내년 연봉에서도 유리한 결과를 이끌어낼 수 있다.

열다섯, 중간 검토 단계를 거쳐라

협상을 하다 보면 협상 내용에 대해 서로 잘못 이해하는 경우도 생긴다. 이를 무심코 넘어가면 나중에 큰 오해를 불러일으킬 수 있다. 이에 협상이 어느 정도 진행되면 중간에 앞서 합의한 내용을 되짚어 볼 필요가 있다. 그래야 전체적인 이해도가 올라가 불필요한 오해를 막을 수 있다. 협상을 완료한 후에도 계약서 조항을 꼼꼼히 점검해 서로 오해가 없었는지 다시 살펴야 한다. 대표적인 것이 퇴직금이다. 연봉제에선 일반적으로 매년 법에서 정한 퇴직금을 지급하는데 금액과 지급시기 등에서 서로의 생각이 다를 수 있기 때문이다.

열여섯, 최종 타결 후 조금은 양보하라

어렵게 협상이 타결됐다고 해도 서로 불필요한 앙금이 남을 수 있다. 이를 해소하기 위해선 타결 즉시 조금은 희생하는 전략을 택하는 것이 현명하다. 이미 합의한 연차 보상비를 일부 깎는 행위가 대표적이다. 이렇게 하면 상대방은 당신이 자신을 배려했다는 생각을 하게 되므로 협상 후 좋은 관계를 지속하는 데 도움이 될 것이다. 다만 절대 적정선을 넘어서는 안 된다. 상대방이 그들에게 유리한 새로운 제의를 해오거나, 다음 협상 때 같은 기대를 하게 만들 수도 있기 때문이다. 반드시 약간의 성의를 보이는 데 그쳐야 한다. 그리고 협상이 끝났다면 절대 미련을 두지 마라. 회사와 관계만 껄끄러워질 뿐이다. 그럴 시간에 더욱 일에 매진하는 것이 다음 해에 연봉을 보다 많이 올릴 가능성을 키우는 길이다.

35

몸값을 2배로 올리는
이직의 기술

직장에 다니고 있으면서도 또 다른 직장을 찾아 헤매는 '이직 유목민 job nomard'이 늘고 있다. 그럼에도 자신이 진정 원하는 곳으로, 원하는 연봉을 받으며 이직에 성공하는 이들은 많지 않다. 왜 그럴까? 전략이 부족하기 때문이다. '평생직장'이라는 개념이 사라진 이 시대, 이제 이직의 기술은 직장인이 가져야 할 필수 덕목이 되어가고 있다. 씁쓸하긴 해도 엄연한 현실이다.

그렇다면 직장인들은 평생 얼마나 여러 번 이직을 할까? 잡코리아의 2017년 조사에 따르면, 30~40대 직장인들의 평균 이직 횟수는 3회다. 같은 기관이 2015년 직장인을 대상으로 이상적으로 생각하는 이직 횟수에 대해 조사한 결과에서도 직장인들은 평균 3회 정도의 이직을 적정하다고 생각한 것으로 드러났다.

사람들이 이직을 결심하는 이유는 무엇일까? 2017년 잡코리아 설문 결과, 1위는 '급여가 제대로 나오지 않아서(47.1%)'였다. 직원들의 급여가 나오지 않을 만큼 회사의 경영 상태가 악화되어갈 때 이직으로 돌파구를 마련하는 것은 어쩌면 당연한 일이다. '일에 대한 의욕이 떨어지고 일하는 재미가 없어서(27.9%)', '회사에서 받는 스트레스가 지나치게 많아서(26.3%)', '회사는 큰 성과를 내는데 직원들이 받는 보상은 적어서(25.6%)', '성과가 몇 년째 평균 이하이며 연봉도 제자리여서(25.3%)', '일을 하면서 더 이상 배울 것이 없다고 느껴서(20.6%)' 등이 이직의 중요한 이유로 꼽혔다.

이직의 궁극적 목표, 몸값 올리기

일에 대한 만족도와 비전도 중요하지만, 이직의 또 다른 이유는 현 직장에서보다 개선된 대우, 즉 연봉 인상일 것이다. 특히 어느 정도 관련 분야에서의 전문성을 인정받은 시점에서의 이직이라면 연봉 인상이 이직의 결정적인 요인이 된다. 비전만 보고 연봉 감소를 무릅쓰는 것은 매우 이상주의적인 이직관이라고 할 수 있다.

한 기관이 작성한 통계 자료에 따르면, 이직한 직장인들 중 40%는 이직 전보다 연봉이 높아졌다. 연봉 인상 수준은 약 70만 원 선. 생각보다 많은 금액이 아니다. 더욱이 30%가량은 연봉이 오히려 내려간 경우에 해당했고, 나머지는 연봉 차가 거의 없었다. 연봉이 오히려 적어졌거나 비슷한데도 감행한 경우라면, 매우 수동적이거나 소극적인 이유가 이직의 원인일 가능성이 크다. 회사의 경영 악화나 개인적인 사유로 어쩔 수 없이 회사를 그만둬야 하는 경우, 연봉이 문제가 아닌 것이다. 반면, 적극적인 유형의 이직도 있다. 여기서 관건은 몸값 올리기. 내 실력을 인정해주고 높게 평가하면서 그에 합당한 연봉을 제시하는 곳으로 이직하는 것이 가장 좋을 것이다. 다만 구체적인 제안이 없는 상태에서 희망 연봉을 이야기해야 할 경우, 업계에 따라 다르긴 해도 현 직장에서 받는 연봉에서 20~30%를 더한 금액을 제시하는 것이 적절하다고 전문가들은 제안한다.

몸값을 끌어올리고 싶다면?

하지만 이 정도의 수준으로 몸값을 올리는 데 만족할 수 없다면, 어떻게 해야 할까? 당신이 옮기려는 회사가 다른 경쟁 업체의 임금을 능가하는 수준을 감수하고라도 당신을 뽑고 싶어 하게 만들면 된다. 그렇다면 경력자를 채용하려는 회사들이 가장 중시하는 인재의 조건을 알아볼 필요가 있다. 그들은 무엇을 가장 중시할까?

첫째, 경력 채용의 세계에서 중요한 건 스펙보다 실력이다. 많은 사람들이 생각하는 것처럼 '뛰어난 스펙'이 아니라는 것이다. '공부 머리'와 '일 머리'는 다르다는 말이 있을 정도로, 명문 대학 졸업장이나 손에 꼽을 수도 없을 만큼 많은 자격증이 그의 업무 실력까지 보장해주는 건 아니다. 불특정 다수를 상대로 하는 신입 채용과 달리 경력 채용은 현업 부서에서 직무 적합성이 높은 인재를 채용한다. 이제 막 일을 시작한 신입에 비해, 경력자는 그간 쌓은 경험을 살려 즉각적으로 업무에 투입돼 성과를 낼 수 있기 때문이다. 따라서 당신이 몸값을 올리고 싶다면, 당신이 가진 전문적인 업무 경력 및 실적 사항으로 승부를 내야 한다. 자신이 그동안 어떤 실적을 냈는지와 이를 바탕으로 앞으로 어떤 일을 해낼 수 있는지를 강조해 어필할 필요가 있다. 특히 어떤 분야에서 전문성을 쌓을 것인지 분야를 명확히 해두는 것이 좋다. 가령 B 기업에서 마케팅 분야 과장급 인재를 채용하려는데, 2명의 후보가 있다고 하자. 첫 번째는 소위 SKY 대학을 나와 대기업에서 인사 업무 9년 마케팅 업무 1년을 했다. 두 번째는 지방대를 졸업하고 유망 중소기업에서 마케팅 업무를 10년 동안 했다. 결과가 어떨까? 헤드헌터가 추천하는 인재는 후자다.

둘째, 스펙 관리도 필수다. 실제 일을 같이 해보지 않은 이상, 학력과 어학 실력, 자격증 등이 인재를 평가할 수 있는 가장 기본적이고 객관적인 지표가 되기 때문이다. 다만 이직이 뜻대로 되지 않을 때 많은 직장인들이 MBA를 대안으로 생각하는 현실에서, 전문성이 없는 학위만으로는 원하는 만큼의 결과를 얻을 수 없다. 자칫 경력 공백이 생겼을 때 '점프'가 아닌 '경력 단절'로 여겨질 수 있기 때문이다. 그러니 지금까지 경력을 쌓은 업무에서 벗어나지 않은 선에서, 전문성을 한층 업그레이드시킬 수 있는 자격증이나 어학 실력 등을 갖춘다면 보다 도움이 될 것이다.

이 밖에도, 리더십과 보유 인맥도 굉장히 중요한 요소다. 신입사원이든 경력사원이든 기업은 리더십을 가지고 일을 주도적으로 해나가는 사람을 선호한다. 하지만 경력자의 경우 직급이 올라갈수록 팀원을 이끌거나 프로젝트를 주도적으로 꾸려나갈 기회가 많아지는 게 사실이다. 이때 탁월한 리더십과 커뮤니케이션 능력이 요구된다. 특히 네트워크가 중요해진 시대에 경력직 채용을 요구하는 기업들은, 경력자가 보유하고 있는 인맥을 중요하게 생각한다는 점도 기억하자. 이직하려는 회사의 업무와 관련성 있는 인맥을 갖고 있다면 적극적으로 어필할 필요가 있다.

| 경력자 채용 시 인사 담당자가 중시하는 조건

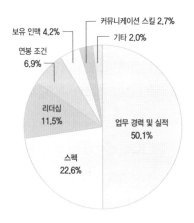

커뮤니케이션 스킬 2.7%
기타 2.0%
보유 인맥 4.2%
연봉 조건 6.9%
리더십 11.5%
업무 경력 및 실적 50.1%
스펙 22.6%

자료원_잡코리아 설문조사

실제로 원하는 회사로, 원하는 만큼 몸값을 올려 이직한 사람들은 자신의 성공 요인을 무엇이라고 보았을까? 제일 많은 답변은 역시 업무 실적(47.2%)이었다. 단, 26.3%로 꽤 높은 비중을 차지한 것이 인맥이었다는 점을 간과해선 안 된다. A 기업이 어떤 자리에 어떤 사람을 구하고 있다는 상세하고 정확한 정보를 지인으로부터 얻은 사람은 그렇지 못한 사람보다 합격(이직)할 확률이 높을 수밖에 없다. 따라서 평소 다양한 분야에 인맥을 구축해놓으면 이직 시 큰 도움이 될 것이다. 이 밖에도 자격증(8.6%), 전문가(헤드헌터)의 도움(7.9%)도 성공 요인으로 꼽았다.

이직 시 고려해야 할 것들

이직 시 대부분의 경력자는 이전 직장에서 받던 연봉에서 얼마 정도 상승한 금액을 요구한다. 이때 놓치기 쉬운 게 바로, 기본급을 제외한 보너스, 야근수당, 연차수당, 의료비, 자기계발지원금, 경조사비 등 여러 가지 혜택이다. 기존 회사와 새로운 회사의 보상 체계가 어떻게 다른지 알아보지 않고 기본급만 비교하게 되면, 오히려 손해를 볼 수 있다. 보통의 경우, 보너스와 인센티브, 퇴직금은 '기본급의 몇 %' 같은 식으로 지급된다. 따라서 기왕이면 같은 연봉이라도 기본급을 많이 받는 쪽으로 계약하는 게 유리하다.

이직 전 반드시 해봐야 할 것이 있다. 옮기려는 회사의 평판을 조회하는 것이다. 무작정 그 회사가 당신이 원하는 만큼 높은 수준의 연봉을 제시했다고 이직을 결심해서는 안 된다. 그들이 당신의 능력과 경험을 높이 사서 연봉을 제시한 게 아니라, 그 정도의 연봉을 지급하지 않고서는 도저히 인재를 모집할 수 없는 회사일 가능성도 있기 때문이다. 그러니 주변인을 통해서 해당 회사의 여건과 기업 문화 등을 먼저 파악해보자.

직무 발전성과 연관성도 반드시 고려해야 한다. 일반적으로는 연봉이나 직급이 올라가거나 좀 더 규모가 큰 조직으로 이직하는 것이 성공적으로 보일 수 있다. 하지만 막상 회사를 옮겼는데 자신이 생각했던 업무를 할 수 없게 된다면 어떻겠는가? 대외 활동을 통해 일을 다양하게 확장시켜나가길 바랐는데, 주로 회사 내부에서 문서 작업을 해야 하는 업무가 많다면 만족할 수 없을 터. 이직하기 전 이직을 통해 얻을 것과 잃을 것을 목록화해보라. 리스크를 최소화하는 방법이다. 경력 개발 없이 왔다 갔다 하는 지그재그식 경력은 자신의 커리어에 오히려 마이너스다. 돈보다 이직할 회사의 성장 가능성을 봐야 이직 실패율을 줄일 수 있다.

마지막으로, 이직은 신중해야 한다. 이직이 잦으면 조직 적응도나 충성도가 없는 사람으로 비칠 수 있다. 조직 적응력이 떨어지고 업무 능력까지 의심되는 사람을 채용하려는 회사가 있겠는가? 특이 이직 전 회사에서 오점을 남기지 않도록 주의하자. 평판 조회 시 평생을 따라붙을 '주홍글씨'가 될 수 있기 때문이다. 퇴직 전 인수인계를 확실히 하고, 이직이 결정된 회사의 이름은 밝히지 않는 게 좋다.

6장

월급쟁이가
반드시 알아야 할
재테크의 비밀

36

급여통장,
아무 데서나 만들면 안 된다

　미국의 금리 인상으로 사상 초유의 저금리 시대가 막을 내리고 있다. 그러나 미국의 기준금리가 올라도 과거와 같은 고금리 시대가 당장 코앞에 닥칠 분위기는 아니다. 상당 기간 저금리 상태가 유지될 거라는 전망이 우세한 상황에서, 이자 소득으로 생활하는 이들의 주름은 깊어만 간다. 소액이지만 여윳돈을 굴리고 싶은 직장인들도 고민되기는 마찬가지.

　과거 한때, 급여통장은 은행의 대표적인 저금리 상품이었다. 저금리라기보다 '제로금리' 상품이라는 표현이 맞겠다. 은행들은 급여통장의 잔고에 대해 겨우 0.1~0.2% 수준의 금리만 제공했다. 일반적인 자유입출금통장과 다를 바 없었다. 급여통장을 개설하고 매달 급여를 이체한다고 해서 수수료를 면제해주거나 예금·대출금리를 우대해주는 경우도 드물었다. 급여통장은 누구나 필수적으로 개설해야 하는 것이기에 굳이 마케팅을 할 필요가 없었던 것이다.

하지만 최근 은행의 급여통장은 진화에 진화를 거듭하고 있다. 약간의 이자를 더 주거나 수수료 면제, 금리 우대 등 다양한 혜택까지 덤으로 안긴다. 이유가 무엇일까? 급여통장이 해당 은행의 평생고객을 유치하는 밑거름이 되기 때문이다. 대다수의 직장인들이 급여통장을 만든 은행을 주거래 은행으로 삼고 각종 금융상품에 가입하고 대출도 받는 것이다.

급여통장과 CMA

처음 직장에 들어가면, 총무과나 인사과에서 급여이체 계좌를 알려달라고 한다. 가까운 은행 지점의 직원이 회사에 방문해 급여통장을 만들고 인터넷뱅킹과 모바일뱅킹까지 가입하게끔 안내하는 경우도 많다. 회사의 주거래 은행이 나의 주거래 은행이 되는 순간이다. 이렇게 한 번 주거래 은행이 되면 사실 평생 유지되는 경우가 많다.

은행에 급여통장을 만들었다고 해서 엄청난 혜택이 주어지는 건 아니다. 가장 큰 혜택이라면 인터넷뱅킹이나 모바일뱅킹 수수료 면제 정도다. 영업 외 시간에 ATM기 이용 시 수수료를 면제해주는 곳도 있지만 전부 그런 것은 아니다. 금리 혜택도 거의 없다. 그래서 '호갱(호구 고객이라는 은어)'이 된다는 말도 나오는 것이다.

이러한 이유로 수년 전부터 금리를 비롯한 각종 혜택을 제공하는 증권사 CMA(종합자산관리계좌)를 급여통장으로 개설하는 직장인들이 늘었다. CMA는 크게 종금형과 RP형, MMF형 등으로 구분되는데, 종금형은 5,000만 원까지 원리금 보호를 받지만 나머지 유형은 원리금을 보장받지 못한다는 단점이 있다. 단, RP와 MMF 역시 매우 안정적인 상품이기 때문에 혹시나 원리금을 보장받지 못할까 봐 크게 걱정할 필요는 없다.

청약종합저축 가입부터 시작하자

은행이나 증권사에서 급여통장을 만들었다면, 그다음으로 해야 할 것이 있다. 주택 청약종합저축에 가입하는 것이다. 청약종합저축이 있어야 나중에 분양 아파트에 청약해 당첨될 수 있는 기회를 가질 수 있기 때문이다. 어느 정도 직장생활을 하다가 결혼을 하게 될 경우, 부딪히게 될 가장 큰 난관이 바로, 주거 문제다. 이때 청약통장이 있느냐 없느냐에 따라 희비가 엇갈린다. 물론 청약 당첨 여부는 별개의 사안이지만.

과거에는 청약저축, 청약예금, 청약부금 등 청약통장의 종류가 다양하고 가입 조건도 상이했지만, 2015년 9월부터 '청약종합저축'으로 일원화됐다. 청약종합저축은 대한민국 국민이라면 누구나 전 금융권에서 1개의 계좌를 만들 수 있다. 과거 청약저축 가입 자격을 '무주택, 세대주'로 국한했던 것과는 차이가 있다.

급여통장을 만든 뒤 은행 창구를 찾아 청약종합저축에 가입하고 싶다고 하면, 직원이 매월 얼마씩 불입하고 싶은지 물을 것이다. 규정상 2만~50만 원까지 납부할 수 있는데, 보통 10만 원 정도를 급여일 이후에 자동이체하는 게 좋다. 매달 10만 원씩 납부하면 1년이면 120만 원이 쌓이는데, 만약 무주택자이자 세대주라면 120만 원의 40%에 대해 연말 소득공제를 받을 수 있다. 청약종합저축은 첫째, 내 집 마련의 기회를 제공하고 둘째, 소득공제 혜택을 제공하며 셋째, 적금처럼 이자도 붙는 '1석3조'의 효과가 있다. 그러니 사회 초년생이라면 반드시 가입하기를 권한다.

37

월급으로 목돈을 만드는
가장 빠른 길

'티끌 모아 티끌'이라는 자조적인 목소리가 새어나오고 있지만, 월급쟁이 재테크의 기본이 월급 모으기라는 건 부인할 수 없다. 월급의 일부를 차곡차곡 모아 목돈을 만드는 과정을 생략하고 '비트코인' 같은 대박을 꿈꾼다면 이번 꼭지는 그냥 넘어가도 좋다.

20대 사회 초년생이라면, 실제 돈을 불리는 재테크를 위해서라도 종잣돈을 마련해야 한다. 착실하고 성실하게 월급을 목돈으로 만들 수 있는 가장 대표적인 방법이 적금과 적립식 펀드다.

적금은 매달 은행에 일정액을 불입하는 것으로 안정성이 보다 중시되는 상품이다. 반면 적립식 펀드는 상대적으로 위험성이 크지만 수익성을 중시하는 상품이라고 볼 수 있다. 좀 더 자세히 살펴보자.

먼저 적금은 정해진 기간 동안 반강제적으로 매달 일정액을 불입해야 한다. 원금 5,000만 원까지는 보장이 되므로 원금 손실 가능성이 있는 적립식 펀드와 비교할 때 안정성이 크다. 다만 만기가 되기 전에 돈을 찾을 경우, 기존에 제시한 이자율을 적용받지 못할 수 있고, 수익률이 낮은 편이다. 적립식 펀드에 비해 환금성도 떨어진다. 전문가들은 결혼자금처럼 원금을 절대 잃지 않는 조건으로 돈을 모으려는 경우엔, 적립식 펀드보다 적금을 권한다. 수익성보다 안정성이 우선이기 때문.

다만 요즘 같은 저금리 시대에서는 과거 같은 수준의 금리를 기대하기 힘들다. 그나마 미국발 금리 인상이 시작되면서 국내 금융상품의 금리도 조금씩 오르는 추세에 있다는 게 희소식이다. 실제 2017년 금리가 2% 초반대였던 적금(3년 만기 기준) 금리가 2018년에는 3%대로 올라서는 추세다. 2018년 3월 말 현재, 경남은행의 '건강한둘레길적금'은 건강 프로젝트에 동참할 경우 금리를 최고 3.8%까지 적용해준다. 경남은행 앱에서 둘레길 탐방에 참여하면 0.3%포인트, 금연에 성공하면 0.5%포인트, 마라톤대회 등에 참가하면 0.1~0.2%포인트 등이 더해지는 것. 이 밖에도 KEB하나은행의 '두리하나적금'은 최고 3%, KB국민은행의 '1코노미스마트적금'은 최고 2.8%의 금리를 제공한다. NH농협은행 계좌를 통해 급여이체를 받는 직장인이라면, 최고 2.93%의 'NH직장인월복리적금'의 우대 조건을 살펴볼 만하다. 기본 이율은 2.13%이지만 조건 만족 여부에 따라 최대 0.8%포인트가 더해질 수 있다. 좀 더 높은 금리를 원한다면 저축은행에 눈길을 줄 필요가 있다. 지점이 많지 않아 접근성이 떨어지고 은행에 비해 안정성은 부족하지만, 저축은행의 적금상품의 경우 시중은행의 상품보다 0.5%포인트 이상 높은 금리 혜택을 받을 수 있다.

적금상품에 가입할 때는 만기를 한 번 더 고려해야 한다. 2018년 들어 미국이 본격적인 금리 인상에 나서고 있는 상황에서 국내 금리도 이에 동조하는 움직임을 보일 거라 가정하면 만기가 짧은 상품에 가입해 관망하다가 금리가 올라가면 금리가 높은 상품으로 갈아타는 것이 유리할 것이다.

보다 공격적인 투자자라면 적립식 펀드를 목돈 만들기의 수단으로 활용할 수 있다. 장기로 투자할 경우 수익성 면에서는 적금보다 훨씬 유리하다. 정기적금은 이자 소득세 15.4%를 내야 하지만 적립식 펀드는 투자 차익에 대해서는 비과세가 적용된다. 무엇보다 적립식 펀드의 최대 장점은 평균 매입단가 하락 효과다. 주가가 높을 때는 적은 수량의 주식을, 주가가 낮을 때는 많은 수량의 주식을 매수함으로써 평균 매수단가가 하향 평준화되는 효과를 기대할 수 있다. 거치식 펀드와 달리, 주식 시장의 급등락이 심해도 꾸준히 투자할 경우 수익을 낼 수 있는 것이다. 또한 적금과 달리, 정해진 기간 중에 자금이 부족할 경우에는 잠시 불입을 중단해도 불이익이 없다.

다만, 원금 손실의 우려가 있다는 점은 반드시 유의해야 한다. 특히 적립식 펀드는 환매 시점이 중요하다. 주가가 크게 떨어지는 시점에 환매를 하면 손실 위험이 더 커지기 때문이다. 위기가 오더라도 꾸준히 불입한 후 향후 주가가 크게 상승했을 때 환매하는 것이 유리하다.

월급쟁이 대부분이 월급을 받으면 자동이체를 통해 적립식 펀드에 투자한다. 하지만 조금 더 부지런하게 움직일 필요가 있다. 매달 같은 날 자금을 불입하기보다 이왕이면 지수가 하락했을 때 불입하는 것이 향후 수익률을 높이는 방법이기 때문이다.

물론 월급쟁이가 무조건 적금과 적립식 펀드 중 하나만 선택해야 하는 것은 아니다. 2가지 상품에 자산을 적절히 배분해 투자하는 것도 가능하다. 안정성을 중시하는 편이라면 적금 비중을 높이고 수익성에 방점을 두고 있다면 적립식 펀드 비중을 늘리는 식으로 말이다.

일부 금융사들은 이 2가지 투자상품을 놓고 고민하는 고객들을 위해 혼합 상품도 선보이고 있다. 적금과 주식형 펀드에 각각 가입하고 코스피 기준지수 구간을 정하면 주가 움직임에 따라 적금과 펀드 이체비율이 자동으로 조절되면서 고객에게 유리한 투자 형태를 찾아가는 것이다. 예를 들어, 자동이체 전 날의 코스피가 선택한 기준지수보다 낮으면 펀드 적립비율이 올라가고, 높으면 적금으로의 이체비율이 커진다. 시장 상황에 보다 유리하게 대처할 수 있다는 점이 가장 큰 장점이다.

38

30년 월급쟁이도
모르는 월급테크

　기업은 이윤을 추구하고 가계는 행복한 삶을 추구한다. 기업은 재화와 용역을 생산하고 가계 구성원을 채용한다. 가계는 기업에 노동력을 제공한 대가로 기업이 제공하는 재화와 용역을 사용하며 남은 돈은 저축한다. 경제학 교과서에 나오는 가계와 기업에 대한 설명이다.

　가계와 기업은 다른 듯 비슷하다. 특히 수입과 지출을 관리하는 측면은 매우 유사하다. 기업은 기업 재무제표, 가계는 가계 재무제표를 작성해 수입과 지출 그리고 돈의 흐름을 파악할 수 있다. 가계든 기업이든 심각한 재정위기에 봉착하지 않으려면 재무건전성을 확보해야 한다. 재무 관리만 제대로 해도 가계경제의 파산이나 기업의 도산을 예방할 수 있다.

가계 재무제표를 만들어라

기업 재무제표는 기업의 재무 상태를 구성하는 자산, 부채, 자본에 대한 정보를 제공하는 일련의 회계보고서다. 우리나라의 경우 기업 회계원칙에 따라 손익계산서(P/L), 재무상태변동표(대차대조표, B/S), 이익잉여금처분계산서 등이 재무제표에 포함된다. 기업은 재무제표를 통해 스스로의 재무 상태를 진단하고, 투자자들은 재무제표를 투자를 위한 기초자료로 활용한다. 금융기관도 이 재무제표를 신용평가 기준으로 삼아 기업의 등급을 측정하고 대출 가능 여부와 대출금리, 대출 한도 등을 결정한다.

가계 재무제표는 가계의 현재 재정 상태와 자산배분 현황 그리고 미래의 현금흐름을 예측할 수 있는 회계장부라고 보면 된다. 흔히 사용하는 가계부보다 좀 더 확장된 개념으로, 가계의 수입과 지출, 자산 상태를 일목요연하게 파악할 수 있는 자료다.

가계 재무제표에는 기본적으로 가계의 자산과 부채를 기록한다. 가계의 자산에는 부동산 자산과 현금 자산, 노후(투자) 자산 등이 포함되며, 부채에는 금융권 대출, 신용카드 대금, 임대 보증금 등이 포함된다. 자동차나 귀금속은 자산에 해당하고, 세금과 학자금 등은 부채 항목에 기입하면 된다.

가계 손익계산서에는 기본적으로 수입과 지출이 정리되므로 전체적으로 가계 살림이 흑자인지 적자인지를 한눈에 볼 수 있다. 이를 통해 가계 지출이 계획된 곳에 잘 이뤄지고 있는지 지출 항목별로 꼼꼼히 따져볼 수 있고, 돈이 어디서 줄줄 새고 있는지도 파악할 수 있다.

자산			부채		
현금성 자산	현금		단기 부채	신용카드	
	보통/저축 예금			외상 및 할부	
	기타 자산			사금융	
부동산 자산	주택			기타	
	토지		중장기 부채	주택 자금	
	기타 부동산			전세/임차 보증금	
투자 자산 (현재)	주식/채권/펀드			자동차 할부	
	적금			학자금	
	정기예금			기타	
	신탁/보험		기타 부채	세금 미지급금	
	연금			기타	
	기타 투자				
소유물 현시가	자동차				
	가구/생활집기				
	골동품/귀금속				
	기타 소장품				
기타 자산	빌려준 돈				
	회원권				
	기타				
총자산			총부채		
순자산					

가계의 자산과 부채

한국은행이 2017년 말 발간한 〈가계금융 복지조사 결과〉 보고서에 따르면, 우리나라 가구의 평균 자산은 3억 8,164만 원, 부채는 7,022만 원으로, 순자산이 3억 1,142만 원이다. 2016년 기준으로 가구당 평균 소득은 5,010만 원, 가처분 소득은 4,118만 원으로 조사됐다. 순자산 보유액이 1억 원 미만인 가구는 34.1%, 1억~2억 원인 가구는 18.5%로 나타났고, 10억 원 이상인 가구도 5.1%였다.

평균 3억 8,164만 원의 자산 중 저축액과 전·월세 보증금을 포함한 금융 자산 비중은 25.6%로, 9,784만 원이었다. 실물 자산 비중은 74.4%(2억 6,635만 원)로 금융 자산보다 3배 가까이 높았다. 실물 자산의 대부분은 부동산으로, 전체 자산에서 부동산이 차지하는 비중은 69.8%에 이를 정도로 높았다.

가구당 평균 부채 7,022만 원은 담보대출, 신용대출, 신용카드 관련 대출 등 금융부채(71.2%)와 임대보증금(28.8%)으로 구성됐다. 부채보유액 구간별로는 1,000만~3,000만 원 미만이 18.4%로 가장 많았다. 부채보유액이 3억 원 이상인 가구도 8.3%나 되는 것으로 조사됐다.

가계부채 문제는 한국은행의 다른 통계를 통해서 조금 더 깊게 알아볼 필요가 있다. 가계부채는 한국은행의 가계신용 동향 조사에서 확인할 수 있는데, 2017년 말 기준으로 1,450조 9,000억 원으로 집계됐다. 2016년 말 조사된 가계부채가 1,342조 5,000억 원이라는 걸 감안하면 1년 사이 108조 4,000억 원이나 증가한 셈이다. 증가율이

8.1%에 이른다. 참고로 가계부채는 금융권 가계대출과 신용카드 등으로 물건을 구매한 후 아직 결제되지 않은 금액(판매신용)의 합이다. 가계대출 잔액 1,370조 1,000억 원 중 가장 큰 비중을 차지하는 것은 주택담보대출로 464조 2,000억 원에 이르렀다. 문재인 정부가 부동산 규제를 강화하고 있는 것도 집값을 잡겠다는 목적 외에, 가계부채의 증가 속도를 늦추기 위한 것으로 해석할 수 있다.

가계부채를 줄이려는 시도들

정부는 부동산 담보대출을 억제해 가계부채 문제를 해결하겠다고 밝혔다. 2018년 1월 시행에 들어간 신新 DTI(총부채상환비율)가 대표적이다. 은행들도 2018년 3월 26일부터 담보대출 시 DSR(총부채원리금상환비율)과 RTI(임대업이자상환비율)를 적용하기 시작했다.

신 DTI는 기존 DTI를 보완한 대출 규제다. 기존 DTI는 신규 주택담보대출의 원리금과 기타 대출의 이자상환액이 연 소득에서 차지하는 비율로 계산했다. 하지만 신 DTI는 신규 및 기존 모든 주택담보대출의 원리금 상환액과 기타 대출의 이자상환액을 연 소득으로 나눈 값이다. 결국 이미 주택담보대출이 1건 이상 있는 경우 대출 한도가 대폭 줄어들 수밖에 없다.

DSR은 개인이 1년 동안 갚아야 하는 모든 종류의 대출 원리금을 연 소득으로 나눈 값이다. 주택담보대출은 물론 전세자금대출, 마이너스통장, 학자금대출, 할부금 등 모든 종류의 부채를 반영한다는 것이 특징이다. 은행들은 DSR 한도 기준을 100%로 잡을 계획이다.

DSR 한도가 100%라는 것은, 연봉 4,000만 원인 사람은 연간 원리금 상환액이 4,000만 원일 경우 추가 대출을 받지 못한다는 뜻이다.

　RTI는 연간 부동산 임대소득을 연간 이자비용으로 나눈 값이다. 이는 부동산 임대업자의 부채를 관리하기 위한 것으로 최근 부동산 임대업자의 부채 증가 속도가 가파르다는 점에 주목해 도입했다.

| DTI, 신 DTI, DSR 비교

	DTI	신 DTI	DSR
명칭 (영문)	총부채상환비율	신 총부채상환비율	총부채원리금상환비율
	Debt to Income ratio		Debt Service Ratio
산출 방식	신규 주택담보대출 원리금 상환액+기타 대출 이자상환액 / 연 소득	모든 주택담보대출 원리금 상환액+기타 대출 이자상환액 / 연 소득	모든 대출 원리금 상환액 / 연 소득
활용 방식	대출 심사 시 규제 비율로 활용		금융회사 여신 관리 과정에서 다양한 활용 방안 마련 예정

39

갑자기 들어온 보너스 굴리는 법

매월 급여일만 손꼽아 기다리는 월급쟁이를 가장 기쁘게 만드는 건 무엇일까? 바로 보너스가 아닐까? 좋은 성과를 거둔 기업들은 주로 연말이나 연초, 혹은 연중 특별 보너스 형태로 임직원들에게 성과급을 지급한다. 이렇게 계획에 없던 목돈이 갑자기 들어오면 직장인들은 고민에 빠진다. 들뜬 마음에 평소 눈독 들였던 자동차나 가전제품을 구매하거나 연말 분위기에 휩쓸려 흥청망청 유흥비로 이를 소비하는 직장인이 있는가 하면, 이를 종잣돈 삼아 재테크를 하는 직장인도 있다. 나중에 웃는 자는 바로 후자다.

갑자기 생긴 목돈이라고 쉽게 써버리면 남는 건 후회뿐. 받은 보너스로 재테크를 하려면 치밀한 준비와 남다른 각오가 필요하다. 보너스로 생긴 목돈은 어떻게 굴리면 좋을까?

가장 먼저 생각해야 할 것은, 대출금리다. 금리 인상기에는 대출금리가 높아져 채무자에게 크게 부담이 될 수 있는 만큼 일단 대출금을 상환하는 것이 불확실한 수익률을 노리는 것보다 우선되어야 한다. 대출의 종류도 다양한데 상환 순서를 정하는 것이 현명하다. 과연 어떤 빚부터 정리해야 할까? 전문가들은 다음 몇 가지 기준을 가지라고 조언한다.

첫 번째 기준은, 역시 대출금리다. 대부업체의 대출이나 신용카드 현금서비스처럼 금리가 높은 빚부터 갚아야 한다. 높은 금리의 대출 상품은 시간이 지날수록 갚아야 할 총부채가 눈덩이처럼 빠르게 커지기 때문이다. 이런 측면에서 정책모기지처럼 상대적으로 금리가 낮은 대출로 갈아타는 것도 적극적으로 고려해볼 필요가 있다.

두 번째, 자신의 신용에 더 큰 영향을 미치는 빚부터 갚는 것이 현명하다. 보통 대출 규모가 큰 빚부터 갚으라고 하는데, 사실상 연체가 오래된 대출을 먼저 상환하는 게 개인 신용등급에는 더 긍정적인 영향을 미친다. 대부업체나 카드 서비스 등에서 연체가 발생하면 신용점수 하락의 직접적인 요인이 되기 때문이다.

다행히 대출금이 없다면, 인센티브 금액 전부를 재테크 종잣돈으로 활용할 수 있는 기회를 가질 수 있다. 물론 최근의 재테크 여건이 그리 녹록지는 않다. 은행금리가 낮은 탓에 실질적인 마이너스 금리 시대가 열렸고 글로벌 금융위기 여파가 거의 사라져 주식 시장도 이미 크게 오른 상태다. 마땅한 투자처를 찾기 힘든 이유다.

일단 안정 지향적인 투자자라면 예금을 위해 은행 문을 두드릴 가능성이 큰데, 이때는 조금 더 발품을 팔 필요가 있다. 저금리 시대인 만큼 이자를 조금이라도 더 많이 주는 상품을 찾아야 하기 때문이다. 주거래 은행이거나 특정 조건을 충족할 경우 더 높은 금리를 제공하는 상품이 있으니 찾아보라. 스마트폰 가입이나 기부를 하는 고객에게 상대적으로 높은 금리를 주기도 한다. 예금자보호 한도인 5,000만 원 이내에서라면 시중은행보다 조금 금리가 높은 저축은행을 노크해보라. 2018년 3월 현재 2% 후반대의 금리를 제공한다.

주가지수연계예금ELD도 시중은행 정기예금 금리보다 추가적인 수익을 기대할 수 있어 주목받고 있다. ELD는 은행 예금상품으로 주가지수를 기초자산으로 활용한다. 원금이 보장된다는 것이 가장 큰 특징. 고객 가입금액의 일부는 정기예금 등 안전 자산으로 운용하고, 나머지는 주가지수 움직임에 연동된 파생상품에 투자해 추가 수익을 노린다. 안정성과 수익성을 동시에 추구하는 고객에게 적합하다.

조금 더 적극적인 투자자라면 주가지수연계증권ELS에 관심을 가져볼 만하다. ELS는 ELD와 달리 상품에 따라 원금손실 위험이 있지만, 글로벌 금융위기 이후 기존 ELS와 달리 원금손실 가능성은 크게 줄이고 이익실현 기회를 늘린 상품을 많이 출시하고 있다. ELS는 2년 또는 3년 만기로 4개월 또는 6개월마다 조건을 충족하면 조기 상환되는 구조로 설계됐다. 주가가 지지부진한 국면에서 예금이나 ELD보다 훨씬 높은 수익을 기대할 수 있고, 펀드보다는 상대적으로 안정적인 투자상품을 원하는 이에게 적합하다. 단, 조기 상환이 이뤄지지 않고 만기 시 기초자산 주가(지수)가 기준가 대비 45% 이상 하락하게 될 경우 큰 손실을 입을 수 있다는 점은 염두에 둬야 한다. 증권사에서 가입할 수 있으며 은행에서도 주가지수연계펀드^{ELF} 형태로 ELS와 유사한 상품을 판매하고 있으니 참고하자.

물론 공격적인 투자자라면 주식형 펀드도 투자 대상이 될 수 있다. 다만, 보너스 역시 하늘에서 그냥 떨어진 돈이 아니라 당신의 노동에 대한 대가임을 명심하라. 공짜로 생긴 돈인 것처럼 도박하듯 투자할 것이 아니라 PB와 상담을 통해 보다 신중하게 실제로 수익을 얻을 가능성이 큰 펀드를 골라야 한다.

보너스를 노후자금 용도로 사용하길 권하는 전문가들도 많다. 대부분의 직장인들이 평소 급여를 생활비와 자녀교육비로 쓰느라 노후를 준비하기 힘든 것이 사실이다. 인간의 수명은 길어지는 반면, 근로자의 은퇴 시기는 점점 빨라지는 현실에서, 보너스야말로 직장인이 노후를 준비할 수 있는 좋은 수단인 셈이다. 노후자금 마련을 위한 대표적 수단은 연금보험. 이미 가입 중인 연금보험이 있다면 추가 납입을 고려하자. 보험은 추가 납입 시 사업비가 덜 차감되기 때문이다.

40

연봉 상승보다 효과적인
소비 습관 만들기

급여가 통장에 들어오는가 싶더니, 어느새 신용카드 대금, 각종 공과금, 보험료 등으로 쏙쏙 빠져 나간다. 그러고 나서도 잔액이 충분하다면 다행이지만, 오늘날 많은 직장인들의 주머니 사정은 여의치 않다. 급여통장이 아닌 마이너스통장의 금액만 계속 쌓여가는 잔혹한 현실 속에서, 급여통장에 마이너스 대출 한도를 설정해두는 직장인들도 점차 늘고 있다.

물론 절약이나 저축이 능사는 아니다. 절약이 개인의 가계경제에는 도움이 될 수 있지만, 사회 전체적으로 보면 반드시 긍정적인 결과를 가져오는 것만은 아니라는 말이다. 경기침체기에는 사람들의 절약이 오히려 경기회복에 걸림돌이 되는 '절약의 역설paradox of thrift'이 발생한다. 소비가 살아나지 않기 때문에 생산이 줄고 실업이 늘게 되는 것이다. 따라서 많은 학자들은 절약의 미덕과 소비의 미덕의 조화로운 공존이 경기침체 극복과 건전한 경제 발전에 기여할 수 있다고 말한다.

합리적인 소비

소비란 재화나 용역에 대해 대가를 지급하는 경제 활동이다. 자본주의 경제는 소비를 통해 작동한다 해도 과언이 아니다. 공짜 경제가 활발하다거나 국가가 획일적으로 재화와 용역을 분배한다면 소비가 자리할 곳이 없다. 소비는 생산을 촉진하고, 일자리 창출에 기여하며, 경제 규모를 키우는 데 중추적인 역할을 담당하기 때문이다. 소비가 늘지 않으면 기업이 생산을 늘리지 않을 테니 일자리도 늘지 않는 게 당연하다. 이처럼 적정한 소비는 분명히 미덕이다.

하지만 사치와 과소비는 경제에 부담을 가중시킨다. 이른바 거품 bubble을 조장하기 때문이다. 거품은 경제의 기초체력 fundamental을 약화시키고 거품이 붕괴되는 순간 심각한 경제위기를 촉발한다. 미국발 금융위기도, 일본의 잃어버린 10년도 모두 거품 붕괴에 따른 결과라는 건 누구나 아는 사실이다.

당연한 이야기처럼 들리겠지만, 건전하고 지속 가능한 경제 발전을 위해서는 '합리적인 소비'가 필요하다. 소득 수준과 경제 규모에 걸맞은 소비야말로 합리적 소비라고 할 수 있다. 개인과 가계 차원에서 보자면 소득 수준을 고려한 계획적인 소비여야 한다는 것이다.

저축이 아닌, 소비를 고정하라

결국 거품 없는 건강한 국가 경제를 위해서도 합리적 소비가 필수다. 하지만 정해진 소득 수준에서 합리적으로 소비한다는 것이 말처럼 쉬운 일은 아니다. 직장인의 월급은 매달 들쭉날쭉한 경우가 많다. 성과에 따라서 보너스가 있거나 없는 달이 있기 때문이다. 이처럼 소득의 변동성이 커지면 소비의 변동성도 덩달아 커지게 마련이다. 합리적인 소비를 어렵게 만드는 요인이다.

이처럼 소득의 변동성이 큰 경우라면, 저축을 고정할 것이 아니라 소비를 고정하는 전략을 써야 한다. 지출 규모가 고정된 상태에서 월급이 들쭉날쭉하다면 저축액에만 변화가 생긴다. 다행히 저축액의 변화는 소비의 변화가 개인과 경제 전반에 미치는 영향보다 제한적이다. 저축액을 고정하면 남은 월급만으로 소비를 감당하기 어려울 때 어쩔 수 없이 대출을 활용하게 되는데, 이렇게 되면 불필요한 이자 부담이 생긴다. 굳이 모아둔 돈이 있는데 은행에 이자를 낼 필요가 있을까?

소비를 고정한다고 해도 부득이 지출이 늘어날 수밖에 없는 일이 발생할 수 있다. 갑자기 건강에 이상이 생겨 병원에서 치료를 받아야 하거나 출·퇴근길 접촉 사고 같은 일이 생길 때다. 이러한 경우에도 저축액이 제로가 되기 전까지는 월급으로 충당할 수 있다.

카드 사용에 주의하라

현금은 실제 눈에 보이는 재화이므로 어느 정도 계획된 소비를 가능하게 하고, 소비를 고정하는 데 용이한 측면이 있다. 하지만 신용카드는 다르다. 카드는 합리적 소비를 가로막는 가장 큰 적이라고 할 수 있다. 주변에서 카드값 때문에 고민하고 힘들어하는 선·후배와 동료들을 쉽게 볼 수 있지 않은가.

따라서 카드를 합리적으로 사용하는 기술이 필요하다. 우선 신용카드의 경우 카드 한도를 최대한으로 설정할 게 아니라 자신의 소득 수준과 소비 규모를 고려해 적절하게 낮출 필요가 있다. 물론 최대한도로 설정해놓을 경우 갑자기 급하게 큰돈이 필요할 때는 유용할 것이다. 다만 얻는 것보다는 잃을 게 많다. 합리적 소비를 위해서는 체크카드 사용을 권한다. 통장의 잔액만큼만 결제할 수 있는 체크카드는 과소비와 충동구매를 막는 데 효과적이다. 소비를 고정하는 데 매우 고마운 도구인 셈.

신용카드를 1~2개 이상 소지하지 않는 것도 중요하다. 카드야말로 많이 있으면 있는 대로, 많이 가지고 다니면 다닐수록 더 많이 쓰게 되는 마법을 부린다. 이 같은 마법이야말로 합리적 소비의 적이다. 마지막으로, 카드가 제공하는 각종 혜택에 집착하지 마라. 이 할인 혜택이야말로 합리적인 소비를 방해하고 불필요한 소비를 조장하는 주범이기 때문이다.

41

월급쟁이를 위한
똘똘한 카드 사용법

모바일 결제가 확산되고 있긴 하지만, 여전히 대세는 신용카드 결제다. 현금 결제는 거의 자취를 감춘 반면, 대중교통 이용부터 각종 공과금 납부나 공문서 발급에 이르기까지 카드 결제가 되지 않는 곳을 찾기 어려운 상황이다. 카드로 결제하면 1분도 채 안 돼 휴대전화 문자메시지로 결제 금액과 포인트 적립액이 발송된다. 이렇게 쌓인 포인트는 항공마일리지로 전환할 수도 있고 연회비와 카드 대금 납부, 사은품 신청, 기부 등 다양하게 사용할 수 있다.

대다수 월급쟁이들을 고민하게 만드는 건 선택과 집중의 문제다. 즉 어떤 카드사(또는 은행)에서 발급하는, 어떤 카드를 사용할 것인가? 그리고 몇 개의 카드를 사용할 것인가, 어디서 어떤 카드를 사용할 것인가 등의 문제말이다. 카드를 잘만 써도 적잖은 생활비를 아낄 수 있기 때문이다.

월급쟁이의 카드 선택

일단 선택의 관문부터 넘어야 한다. 현재 신한, 삼성, 현대, 롯데 등의 카드사와 은행에서 발급 중인 카드는 수천 가지에 이른다. 그중 자신의 라이프스타일에 맞는 카드를 선택하는 일은 여간 힘든 게 아니다. 따라서 선택에도 노하우가 필요하다.

우선 월급쟁이들은 카드 선택 시 급여통장과의 연계성을 고려해야 한다. 급여통장을 개설한 은행이 주거래 은행이라면 그 은행에서 발급하는 카드상품 중 하나를 선택하라. 주거래 은행의 거래실적이 향후 예금 및 대출금리에 영향을 미치기 때문이다. 해당 은행에 급여를 이체하고 그 은행이 발급한 카드를 사용하면 예금상품 가입 시 금리를 더 얹어주거나 대출을 받을 때 금리를 더 깎아주는 식이다.

각종 할인 및 포인트 적립 혜택을 비교할 때도 주의해야 할 것이 있다. 우선 카드마다 적게는 3~4가지, 많게는 수십 가지 혜택을 제공하지만 그 혜택을 모두 누리겠다는 생각은 버려야 한다. 그 많은 혜택을 모두 누리기 위해서는 치러야 할 대가(비용)가 엄청나다. 또 그 혜택을 모두 누리며 소비하는 건 현실적으로 불가능하다. 따라서 카드를 선택할 때는 자신에게 꼭 필요한 1~2가지 서비스에 집중하자. 예를 들어, 주유비 할인이 최대의 관심사라면 다른 혜택보다 먼저 주유 할인 혜택이 가장 풍부한 카드를 선택하라. 모든 주유소에서 리터당

할인 혜택을 제공하는 것쯤은 검색을 통해 미리 알아둘 필요가 있다.

결제일은 급여일과 다르게

어렵게 1~2가지 카드를 선택했다면, 메인 카드와 서브 카드로 구분해야 한다. 가장 적절한 조합은 평소에 주로 사용할 메인 카드로 주거래 은행 신용카드, 비상 시 사용할 서브 카드로 전업계 카드 혹은 주거래 은행 체크카드를 선택하는 것.

메인 카드를 분실했을 경우 재발급까지 다소 시간이 걸리기 때문에, 임시로 서브 카드를 사용할 수 있다. 특별히 소액을 결제하거나 체크카드에만 해당하는 서비스나 혜택이 있을 때를 대비해 체크카드 1장 정도는 준비해둘 필요가 있다. 체크카드의 경우 신용카드보다 소득공제 혜택이 더 크므로, 최근에는 체크카드를 메인으로 사용하는 이들이 늘고 있는 추세다.

사회 초년생들이 가장 흔하게 저지르는 실수가 있다. 바로 급여일과 카드 결제일을 똑같이 지정하는 것이다. 통장잔고에 여유가 있고 같은 날 따로 나갈 돈이 없다면 문제가 없지만, 정신없이 살다가 자칫 잔고가 없어 연체가 발생하는 등의 문제가 생길 수 있다. 따라서 카드 결제일과 급여일은 가능하면 며칠 간격을 두는 게 바람직하다.

카드를 쓰다 보면 시시때때로 현금서비스와 카드론의 유혹이 엄습한다. 당장 현금이 필요한 경우 아주 간단히 현금을 융통할 수 있는 수단이기 때문이다. 하지만 정말 부득이한 경우가 아니라면 현금서비스와 카드론 사용은 자제해야 한다. 20~30%의 금리가 부담스러운 것은 물론 신용등급에도 나쁜 영향을 미치기 때문이다. 무엇보다 무서운 건, 습관이다. 현금 조달이 쉽다 보니 습관적으로 사용하게 되는 것이다. 2003년 카드대란 발발의 원인이 바로 여기에 있었다는 걸 반드시 기억하자.

무이자 할부는 포인트 적립이 안 된다

신용카드를 무심코 사용하다가 가끔 헷갈리는 경우가 있다. 우선 많은 할인 혜택에 '전월 사용실적'이나 '3개월 사용실적' 등의 조건이 붙는다는 점이다. 사용실적에 포함되는 항목이 있는가 하면 포함되지 않는 항목도 있으니 잘 살펴봐야 한다. 예를 들어, 해외 이용금액이나 각종 공과금 납부액 등은 전월 사용실적에서 빠지는 경우가 많다.

무이자 할부로 상품을 구매할 때도 포인트나 마일리지를 적립해주지 않는 경우도 많다. 무이자 할부 자체가 이미 큰 혜택인데, 포인트와 마일리지까지 추가로 제공하면 카드사 입장에서 손해일 수 있기 때문이다.

똑똑한 월급쟁이
재테크법 따라 하기

재테크는 모방으로 시작하라. 똑똑한 재테크 고수들을 잘만 따르면 적어도 엉뚱한 데 투자해서 큰 손해를 입는 불상사만큼은 막을 수 있다. 어떤 전문 가는 재테크의 기본은 '남들이 하는 만큼 하는 것'이라고도 했다.

그렇다고 따져보지도 않고 무턱대고 따라 하라는 건 아니다. 한 달에 100 만 원을 버는 20대가 한 달에 500만 원을 버는 40대의 재테크법을 모방해 서는 곤란하다. 연령과 연봉 등 조건에 따라 재테크 원칙과 기법이 다르기 때문이다. 월급의 20%를 보험에 넣는 40대의 방식을 20대가 따르는 건 어 리석은 일이다.

자산배분 전략은 연령에 따라 다르다

연봉은 대체로 연령에 비례한다. 어린 나이에 고액연봉을 받는 직업을 가질 수도 있지만 같은 직장, 비슷한 업종인 경우 대개는 나이가 많을수록 많은 연봉을 받는다. 따라서 재테크 전문가들은 연령대별 자산배분 전략이 달라 야 한다고 충고한다. 연봉이 다르면 자산배분 전략도 달라야 한다는 뜻이다. 또 연령대별로 감수할 수 있는 투자 리스크도 다르다. 바로 여기서 '생애주 기별 재무 포트폴리오'라는 것이 나온다.

보통 연령대별 자산배분 전략을 짤 때는 안전 자산과 투자 자산 배분 비율 을 핵심으로 삼는다. 그리고 각 연령대별 발생할 수 있는 재무적 이벤트에 대비할 필요가 있다. 재무적 이벤트란 쉽게 말해서 목돈이 들어가는 일을 말한다. 30대라면 결혼, 40대는 자녀교육과 주택 구입, 50~60대는 자녀의 결혼과 은퇴가 가장 주요한 재무적 이벤트라고 할 수 있다.

일반적으로 여성의 경우 20대 중반에, 남성의 경우 20대 후반에 취업을 하고 처음 월급이라는 걸 받게 된다. 부모가 주는 용돈에 의지하다가 스스로 돈을 벌게 되면 그 뿌듯함이 이루 말로 할 수 없을 정도다. 문제는 새내기 직장인들의 재테크 관심도와 실력이 낙제 수준이라는 것. 이때 남들보다 일찍 재테크에 관심을 가진다면 대단히 앞서갈 수 있을 것이다.

그렇다면, 무엇부터 시작해야 좋을까? 일단 급여계좌가 있는 은행에서 예·적금 혹은 펀드상품에 가입할 수 있다. 이때 충분히 공부하지 않은 상태에서 섣불리 리스크가 큰 투자에 나서지 않도록 주의하라.

30대의 경우 초반에는 결혼을 대비한 자산배분 전략이 중요하다. 그리고 후반에는 출산과 자녀교육, 내 집 마련을 위해 자산을 배분해야 한다. 각종 위험을 대비한 보험에도 관심을 가질 필요가 있다. 이 시기에 보험에 가입하면 보험료가 저렴하다는 것이 장점이다. 특히 보장성 보험의 경우 질병이 있으면 가입을 거절당할 수 있으므로 건강할 때 미리 가입하는 게 좋겠다. 내 집 마련을 위해서 30대 초반부터 청약상품에 가입해 꾸준히 불입하는 것도 중요하다.

50대는 자녀의 결혼을 위한 자금과 노후자금을 준비해야 한다. 따라서 30~40대와는 달리 비교적 안전 자산 투자 비중을 높여나가야 한다. 일반적인 경우 은퇴 시점이 55세라는 걸 감안한다면, 무리하게 수익형 상품에 투자해 원금까지 잃을 가능성을 키우지 말고, 보다 안정적인 확정금리상품에 투자하는 비중을 점차 확대하는 게 좋겠다. 그렇다고 투자상품은 쳐다보지도 말라는 뜻이 아니다. 적립식 펀드의 경우 연령에 관계없이 꾸준히 장기적으로 투자하는 것은 나쁘지 않다. 다만, 그 비중을 높게 유지하는 것은 추천하지 않는다.

60대 이후에는 현금 유입은 거의 없고 지출만 커질 가능성이 크다. 여윳돈이 부족해 저축이나 투자를 할 엄두도 내지 못한다. 결국 평생 모아둔 자금을 쓰면서 살아야 하므로 이때는 효과적이고 효율적인 소비가 중요하다. 64세(2019년부터는 65세) 이상인 경우 비과세 예·적금에 가입할 수 있다는 것을 미리 알아둘 필요가 있겠다. 64세 이상이거나 장애인, 독립유공자, 기초생활수급자라면 전 금융권에서 5,000만 원 한도로 100% 비과세가 적용되는 예·적금, 수시입출금 상품에 가입할 수 있다.

| 생애주기별 재무 포트폴리오

10대	· 저축, 소비생활(습관) 관리	· 수증受贈 자금 관리
20대	· 체계적, 장기적 재무설계 구축 · 결혼자금 마련	· 자기계발 자금 관리
30대	· 결혼자금 관리 · 자녀육아 비용 마련 · 자동차 구입 등의 자금 마련	· 위험 관리 전략(보험) · 주택 구입(전세) 자금 마련
40대	· 자녀교육비 마련 · 은퇴자금 준비 · 수입 확대 전략(창업 플랜, 조기퇴직 관리, 업종 전환 등)	· 주택 자산 확대 · 부채 관리
50대	· 은퇴자금 마련 · 상속·증여 플랜	· 자녀 결혼자금 마련
60대	· 은퇴 후 재무 독립 플랜 · 노후 생활 플랜(여가, 취미 등)	· 상속 플랜
70대	· 의료비(요양비) 확보 · 상속 플랜	· 건강 관리
80대	· 의료비(요양비) 관리	· 상속을 위한 구체적 준비

42

배우자도 모르는
직장인의 보안계좌

직장인들이 돈에 관해 이야기할 때 항상 빠지지 않는 화제 중 하나가 비상금이다. 월급의 역사만큼 비상금의 역사도 길지 않을까. 가족 몰래 깜짝 여행을 준비하는 직장인이든, 부족한 술값을 마련하려는 직장인이든, 직장인이라면 한 번쯤 어떻게 비상금을 마련해야 할지 고민해본 적이 있을 것이다.

실제 한 취업포털이 기혼 직장인 875명을 대상으로 설문조사한 바에 따르면, 응답자의 94.4%가 '비상금이 필요하다'고 응답했으며, 76.0%는 '배우자가 모르는 비상금을 갖고 있다'고 답했다.

비상금의 규모는 50만 원 미만의 소액이 29.5%로 가장 많았다. 50만~100만 원이 23.2%, 500만 원 이상이 21.0%, 100만~200만 원이 10.5%, 200만~300만 원이 8.4%로 뒤를 이었다.

비상금은 주로 어디에 사용할까

조사 결과에 따르면, 30.5%가 부모님 용돈이나 경조사비로 사용한다고 답했다. 24.2%는 술값 등 유흥이나 여가를 즐기기 위해서였고, 이 밖에 재테크, 자기계발, 골프나 낚시 등의 취미생활에 사용한다는 답변이 뒤를 이었다.

비상금을 숨기는 안전한 장소를 묻는 질문에는 '통장'이 73.7%로 압도적이었다. 영화나 드라마에서 자주 등장하는 두꺼운 책 사이나 장롱 이불 속이 아닌 통장을 훨씬 선호하는 것이다.

하지만 인터넷뱅킹이나 모바일뱅킹이 발전하면서 배우자가 통장의 존재를 눈치 챌 가능성이 커졌다. 인터넷이나 휴대전화에 아이디와 비밀번호만 입력하면 보유하고 있는 계좌 목록이 모두 나오기 때문이다. 비상금의 은신처로 통장을 이용할 때 어떻게 하면 철벽 보안이 가능할까? 비상금 통장을 가족 몰래 관리하고 싶다면, 은행에서 제공하는 보안계좌 서비스나 숨김계좌 서비스에 관심을 가져보자. 남몰래 비상금을 은행에 예치할 수 있어 '시크릿 통장' 또는 '스텔스 통장'이라고도 불린다.

보안계좌란 은행에는 계좌가 있지만 인터넷뱅킹이나 모바일뱅킹 등 전자금융상에는 드러나지 않는 계좌다. 오로지 은행 영업점 창구나 ATM기를 통해서만 입출금과 조회가 가능하다. 다소 번거롭긴 하지만 비밀을 유지하는 대가라고 할 수 있겠다.

숨김계좌 서비스는 보안계좌보다는 보안 수준이 낮은 편인데, 해당 계좌를 인터넷뱅킹 시 등록해두면, 인터넷뱅킹 화면에 드러나지 않아 조회나 거래가 안 되게 하는 서비스다. 은행들은 숨김계좌 서비스를 인터넷뱅킹에서만 신청 및 해지할 수 있게 운영하고 있다. 따라서 인터넷뱅킹 비밀번호 등을 공유하는 사람이 있다면 보안 유지가 어려울 수 있다는 점을 유의하라.

가장 비밀스러운 통장이라는 뜻에서 이름 붙인, 우리은행의 '시크리트 뱅킹Secret Banking'은 본인이 직접 해당 계좌를 만든 영업점 창구를 찾아가야만 조회나 거래가 가능하다. 해당 영업점 직원조차 시크리트 뱅킹 계좌를 조회하거나 확인할 수 없다. 우리은행뿐 아니라 대다수 은행들이 별도의 수수료 없이 고객이 신청할 경우 유사한 서비스를 제공하고 있으니 어렵게 마련한 비상금의 은신처를 들킬까 봐 고민하는 직장인이라면 관심을 가져보자.

그런데 이 서비스를 신청한 사람이 혹시 사망하면 어떻게 되는 걸까? 돈이 허공으로 사라지는 건 아닐까? 그런 걱정이라면 하지 않아도 된다. 사망자의 예금 및 보험 등은 은행연합회를 통해 확인하고 찾을 수 있다. 보안이나 숨김 서비스가 돼 있는 통장도 이때는 공개된다. 상속자가 해당인의 사망 증명서와 가족관계 증명서를 가지고 해당 은행을 방문하면 찾을 수 있다.

비상금 관리 Tip

비상금을 관리하고 있는 직장인이라면, 반드시 알아야 할 것이 있다. 비상금도 돈이다. 즉 아무도 모르게 하겠다는 의지로 장롱 속이나 두꺼운 책 사이에 숨길 것이 아니라, 금융기관에 맡겨라. 그렇게 하면 이자 수익이라도 얻을 수 있다. 이때 비상금 성격의 통장이라면 수시 입출금 통장을 활용하라. 그래야 급하게 필요할 때 언제든 쉽게 꺼내 쓸 수 있다.

한 가지 더 주의해야 할 것은 비상금과 생활비는 따로 관리하라는 것이다. 비상금과 생활비를 같은 계좌에서 넣고 관리하다가는 나도 모르는 사이 비상금을 생활비로 사용하게 된다. 생활비가 조금 모자라다고 해서 비상금을 조금씩 쓰다 보면, 결국 얼마 가지 않아 비상금 통장도 바닥을 드러내게 될 것이다.

비상금은 어느 정도 모아두는 것이 좋을까? 적정 규모는 각자 처한 상황에 따라 다르겠지만, 전문가들은 만약의 사태에 대비한다는 비상금의 용도를 고려할 때 매월 필요한 생활비의 3~6개월분을 준비하라고 조언한다. 만약 매달 필요한 생활비가 200만 원이라면 1,000만 원 내외의 비상금을 준비하라는 것. 그래야 비상 시 다른 대안을 찾을 때까지 금전적인 어려움을 겪지 않을 수 있다. 아무리 생활이 빠듯하더라도 최소한 1개월분의 생활비 정도는 모아두자.

43

월급이 부족할 때 써먹는
대출 활용법

직장생활을 하다 보면 예상치 못한 급전이 필요한 상황이 생길 수 있다. 평소 월급을 생활비로 써버려 모아둔 여유자금이 없다면, 결국 대출을 받는 방법밖에 없다. 대출의 종류는 다양하지만 그중에서도 금리가 가장 저렴한 것은 뭐니 뭐니 해도 '담보대출'이다. 담보대출은 돈을 빌리는 사람이 혹시 돈을 갚지 못할 때를 대비하여 돈을 빌려주는 쪽이 빌리는 사람의 부동산이나 경제적 가치가 있는 자산을 담보로 잡고 돈을 빌려주는 것을 말한다.

하지만 이미 받을 수 있는 담보대출의 한도를 채웠거나 다른 담보가 없다면 결국 '신용대출'로 눈을 돌려야 한다. 이는 금융회사가 고객의 신용도, 이를테면 고객의 경제적 처지와 직업, 거래사항, 가족사항 등을 판단하여 돈을 빌려주는 방식이다. 사실 직장인들 대부분이 신용대출 시장을 노크하고 있다.

사용이 편리한 신용대출

직장인이 은행권에서 담보 없이 대출을 받을 수 있는 가장 대표적인 방식은 '신용대출'과 '마이너스통장'이다. 그중에서 마이너스통장은 직장인들에게 가장 친숙한 대출 방식. 이는 매달 들어오는 급여를 담보로 하여 은행이 제공하는 대출이라고 보면 된다. 따라서 대부분의 은행이 급여통장만 마이너스통장으로 활용할 수 있다는 조건을 붙이고 있다. 한도는 개인의 신용등급에 따라 결정된다.

마이너스통장의 가장 큰 장점은 편리성이다. 사전에 은행이 부여한 한도까지는 통장의 돈을 자기 돈처럼 편리하게 사용할 수 있다. 마이너스통장을 만든다고 해서 무조건 대출이자를 내야 하는 것도 아니다. 일부 직장인들은 일단 마이너스통장을 만들면 바로 이자를 내야 하는 것으로 알고 있는데, 계좌 잔액이 마이너스가 아니라면 이자를 전혀 낼 필요가 없다. 잔액이 마이너스로 돌아서면, 일정일에 원금과 이자가 통장에서 빠져나가는 식이다. 일부 은행들은 마이너스통장을 인터넷뱅킹으로 개설할 경우, 대출 시 우대 금리를 제공하기도 한다.

하지만 명심해야 할 것이 있다. 마이너스통장 역시 빚이라는 사실이다. 재테크 전문가들은 되도록이면 마이너스통장의 유혹에 빠지지 않도록 경계하라고 조언한다. 또한 마이너스통장의 한도만큼 이미 대출액이 있는 것으로 간주된다는 점도 기억하자. 나중에 주택담보대출을 받아야 할 때 마이너스통장의 한도만큼 이미 대출을 받은 것으로 판단해 대출 가능 금액이 줄어들 수 있기 때문이다. 한 가지 더, 사전에 제시한 한도를 초과했을 경우에는 연체 이자도 물어야 한다.

정기적인 수입이 있는 직장인이라면 마이너스통장보다는 절차가 복잡하지만 은행에서 신용대출을 받는 것도 방법이다. 신용대출의 경우 대출금리가 마이너스통장의 금리보다 더욱 저렴하다는 것이 가장 큰 장점이다. 2018년 2월 말 기준, 국민, 신한, 우리, 하나은행 등 4개 시중은행의 마이너스통장 평균금리(1~2등급)는 3.92%로 신용대출(3.47%)보다 0.45%포인트가량 높았다.

마이너스통장의 금리가 더 높은 것은 한도만큼 은행이 자금 사용에 제약을 받기 때문이다. 예를 들어, 한도 1,000만 원짜리 마이너스통장을 개설한 고객이 당장은 100만 원만 빌리더라도 은행은 나머지 900만 원도 언제든지 대출이 가능하게 해야 한다. 따라서 나머지 금액을 다른 용도로 운용할 수 없는 것이다. 또 국제결제은행BIS 자기자본비율 산정 시에도 미사용 한도에 대해 충당금을 설정해야 하므로 이런 비용이 금리에 반영된다. 신용대출의 금리는 주로 고객의 신용등급에 따라 결정되며, 해당 은행과의 거래실적 등에 따라 우대 금리를 제공받을 수도 있다.

은행권의 신용대출이 어렵다면 대안으로 '카드론'이나 '현금서비스'를 고려할 수 있다. 물론 대출금리가 은행권 신용대출의 2배 내외 수준이라는 것을 명심해야 한다. 일단 쓰기 시작하면 쉽게 끊지 못하는 만큼 애초에 사용을 하지 않는 것이 가장 좋다. 그럼에도 부득이 사용해야 할 경우, 사전에 현명하게 계획을 세워 대출받길 바란다. 카드론이나 현금서비스 모두 신용카드사로부터 개인 신용을 바탕으로 돈을 빌린다는 점에서 같지만, 사용자에 따라 조금씩 차이가 있는 만큼 자신에게 어떤 서비스가 더 유리한지 점검해볼 필요가 있다.

먼저 금리부터 비교해보면, 일반적으로 카드론이 현금서비스보다 금리가 조금 낮은 편이다. 1~3%포인트 정도라 크지는 않지만 카드론 금리가 낮다. 두 상품의 가장 큰 차이는 대출금의 상환 방식이다. 현금서비스의 경우 돌아오는 결제일에 전액을 상환해야 하고, 카드론의 경우 수개월에서 수십 개월까지 나눠서 상환할 수 있다. 과거에는 두 상품의 이용 방법에서도 차이가 컸다. 현금서비스는 ATM기에서 바로 돈을 찾아 쓸 수 있는 반면, 카드론은 대부분 지점에 방문하거나 ARS 등의 절차를 거쳐야만 사용이 가능했던 것. 하지만 최근에는 카드론도 ATM기에서 바로 돈을 찾을 수 있게 개선되고 있는 상황이라 두 상품의 편리성에는 큰 차이가 없어졌다.

전문가들은 소액을 짧은 기간 동안 사용할 때는 현금서비스가 유리하다고 평가한다. 상환 기간을 길게 잡아 이자를 계속 부담할 필요가 없기 때문이다. 단, 목돈을 오랜 기간 사용해야 할 때는 카드론이 더 유리하다고 할 수 있다.

어찌 됐든, 카드론이든 현금서비스이든 이를 자주 사용하게 되면 개인 신용등급에 악영향이 미친다는 사실만은 명심하자. 카드론과 현금서비스 등 카드사 현금대출을 자주 사용하면 정작 은행에서 돈을 빌려야 할 때 대출받기가 힘들어질 수 있다.

금리가 저렴한 담보대출

집을 새로 장만하거나 무언가 새로운 일을 시작하는 데 목돈이 필요하면, 사람들은 대개 주택담보대출을 활용한다. 신용대출에 비해 금리가 저렴하기 때문이다. 그런데 주택담보대출을 받기 위해 은행을 찾아가서는, 그저 창구직원이 권하는 대로 따르는 일이 다반사다. 담보대출을 받을 때도 전략이 필요하다. 알아두면 유용한 담보대출의 세계에 대해 알아보자.

주택담보대출의 경우, 우선 정부가 규제하는 한도가 있다. 지나치게 많은 대출을 받아 집을 사는 일을 막기 위해서다. 규제 방식은 크게 2가지. 우선 DTI 규제는 연 소득에서 연간 부채 원리금 상환액이 일정 비율을 넘지 못하게 하는 것이다. 예를 들어, DTI 비율이 40%라면 연 소득이 1억 원일 경우 연간 담보대출 원리금 상환액이 4,000만 원을 넘는 수준으로는 대출받을 수 없다. 지역에 따라 차이가 있지만 30~60%를 적용한다. 고가 주택이 많은 지역일수록 비율이 낮아 대출 가능 금액이 상대적으로 적어진다.

LTV(주택담보대출비율) 규제는 대출금액이 집값의 일정 비율을 넘을 수 없게 하는 것이다. 예를 들어, LTV 비율이 40%라면 집값이 10억 원일 때 4억 원 이상을 대출받을 수 없다. 이때 집값은 거래 가격을 기준으로 한다. LTV는 지역에 따라 30~70% 비율을 적용한다.

이러한 한도를 넘어 대출을 받으려면, 신용대출 등의 다른 대출 방식을 알아봐야 한다. 다만 담보대출보다 금리가 매우 높은 편이라는 것은 알아두자.

대출을 받을 때는 먼저 지역에 따라 자신이 어느 정도의 대출을 받을 수 있는지부터 확인하자. 또 은행 대출이 무조건 금리가 낮을 것 같지만 경우에 따라 보험사에서 대출받는 것이 금리 측면에서 유리할 수 있으니 보험사에도 문의를 해 비교해보자. 저축은행과 캐피털 업체들은 상대적으로 금리가 높은 편이다. 또 은행도 금리가 일괄 동일한 것이 아니라, 은행과 거래 경력 등에 따라 차이가 있으니 가급적 여러 은행에서 상담을 받아보는 것이 좋다.

금융사의 대출 가능 금액을 따져보았다면, 이젠 상환 기간(만기)과 금리 조건을 비교해봐야 한다. 우선, 상환 기간은 대출을 받으면서 자유롭게 결정할 수 있다. 당장 대출 원금을 갚기 어렵다면 만기를 길게 설정하는 것이 좋고, 여유가 있어서 상대적으로 빨리 갚을 수 있다면 만기를 짧게 설정하자. 대출 만기가 도래했을 때 원금을 한꺼번에 갚을지, 상환 기간 동안 원금과 이자를 나눠 갚을지도 선택할 수 있다. 이 역시 경제 상황에 따라 선택하면 된다. 이자 부담이 줄어드는 건, 상환 기간이 짧고 원리금을 분할 상환하는 경우다. 원금을 갚는 속도가 빠르니 당연하다. 반면 만기를 길게 설정하면 그만큼 오랫동안 빌리는 것이라 이자 부담이 크다. 물론 오랜 기간에 걸쳐 나눠 갚으면 되므로 매달 돌아오는 원금 상환 부담은 상대적으로 적은 편. 일시 상환 대출은 만기 도래 시 돈을 한꺼번에 갚아야 하므로, 원금 상환 부담이 매우 크다. 따라서 집을 구입한 후 몇 년 내 팔 계획이 있는 사람만 시도하는 것이 좋다.

담보대출의 금리는 크게 고정금리와 변동금리로 나눌 수 있다. 고정금리는 말 그대로 이자율이 고정되어 있어, 만기 내내 금리가 변하지 않는다. 반면, 변동금리는 대출 기간 수시로 이자율이 바뀐다. 시장 전체적으로 금리가 오르면 대출금리도 이에 맞춰 오르고, 전체적으로 금리가 내려가면 대출금리도 맞춰서 떨어진다.

단, 대출을 받는 동일 시점에서는 고정금리 대출의 금리가 변동금리 대출의 금리보다 높다. 시장금리가 높아져도 금리가 고정되는 안정성에 대한 대가다. 하지만 대출을 받은 후 시장금리가 계속 떨어진다면 변동금리 대출금리가 이에 맞춰 내려가게 되니, 결국 변동금리 대출을 받는 것이 더 유리해질 수도 있다.

그렇다면, 이러한 의문을 가질 수 있다. 고정금리 대출을 받고 나서 갚아나가는 동안 시장금리가 오르면 대출을 그대로 유지하고, 시장금리가 내려가면 내려간 수준에 맞춰 새 고정금리 대출을 받아서 이를 통해 기존 대출을 상환하는 게 낫지 않겠느냐고. 그렇게 하면 이자 부담을 줄일 수 있지 않을까? 문제는, 금융사들이 중도상환 수수료 같은 제도를 통해 고객의 대출 갈아타기를 제한하고 있다는 것이다. 따라서 대출을 받는 시점에서 신중히 결정해야 한다. 대출을 받고 나서 오랜 시간이 지나면 중도상환 수수료가 부과되지 않을 수 있지만, 새로 대출을 받을 때 들어가는 설정비 등이 여전히 존재하므로 갈아탈 때는 신중할 것.

당연히 앞으로 금리가 떨어질 것으로 예상되면 변동금리 대출이, 금리가 오를 것으로 예상되면 고정금리 대출이 유리하다. 큰 변화 없이 금리가 현 수준을 계속 유지하거나 올라도 소폭으로 오를 것 같으면 상대적으로 금리가 낮은 변동금리 대출이 유리하다. 변동금리 대출금리가 대출 시점의 고정금리 대출금리보다 높아지려면 꽤 큰 폭으로 올라야 하기 때문이다.

대출 상환 시기가 3~5년 이하 단기라면 변동금리 대출이 낮고, 3~5년 이상의 장기라면 고정형 대출이 유리하다는 것이 전문가들의 견해다. 기간이 길수록 불확실성이 커지니 고정으로 붙들어두는 게 낫다는 것이다. 또 대출 시점에서 변동금리 대출금리가 고정금리 대출금리보다 1~2%포인트 이상 낮지 않다면 고정금리 대출이 낫다는 의견도 있다.

변동금리 대출을 받을 때도 전략이 필요하다. 변동금리 대출엔 크게 2가지 유형이 있다. CD(양도성예금증서) 연동대출과 코픽스COFIX(자금조달비용지수) 연동대출이 그것이다. 우선 CD 연동대출은 CD금리에 대출금리가 연동돼 움직이는 방식이다. 금융 시장에서는 매일 CD금리가 결정되는데 이는 한국은행이 결정하는 기준금리 움직임을 거의 그대로 따른다. 이에 한국은행이 금리를 올리면 이에 맞춰 금리가 올라가고, 금리를 내리면 이에 맞춰 내려간다. 코픽스 연동대출은 은행이 대출을 해주기 위해 자금을 조달할 때 든 비용을 감안해 만든 금리다. 은행은 이 금리에 일정 가산금리를 덧붙여 최종적으로 대출금리를 결정한다.

코픽스 연동대출은 운영 방식에 따라 '신규 취급액 기준 상품'과 '잔액 기준 상품' 2가지로 나뉜다. 신규 취급액 기준 대출금리는 은행이 새로 자금을 조달하는 비용만 감안해 결정되고, 잔액 기준 대출금리는 은행이 조달해놓은 모든 자금의 비용을 누적한 후 평균해 결정된다. 나에게 적용되는 금리 조정 주기는 3~12개월 사이다. 즉 3~12개월마다 시장 상황에 따라 금리가 바뀐다. 대출을 받으려면 신규 취급액 기준으로 할지 잔액 기준으로 할지를 선택하고, 3~12개월 가운데 조정 주기를 선택하면 된다.

CD 연동대출을 받을지, 코픽스 연동대출을 받을지, 코픽스 연동대출을 받는다면 신규 취급액 기준으로 할지 잔액 기준으로 할지 선택의 기로에 있다면, 앞으로 금리 움직임을 충분히 예측해봐야 한다. 앞으로 금리가 오를 것 같으면 CD 연동대출보다는 코픽스 연동대출이 좋다. 한국은행이 기준금리를 올리면 이에 맞춰 CD금리가 즉각 오르고 연동대출금리도 바로 오른다. 반면 코픽스 연동대출금리는 기준금리 인상이 자금조달 비용에 반영된 후에야 오른다. 이에 기준금리가 올라도 상당 기간 상대적으로 낮은 금리를 유지할 수 있다. 변동성이 CD 연동대출보다 작은 것이다. 코픽스 연동대출은 신규 취급액 기준보다 잔액 기준이 유리하다. 기준금리 인상은 은행들이 새로 조달하는 비용에는 바로 영향을 미치지만, 이 영향이 전체 자금조달 비용으로 파급되기까지 다소 시간이 걸린다. 이에 기준금리가 오를 때 잔액 기준 연동대출금리는 신규 취급액 기준 연동대출금리보다 늦게 오른다.

반면 금리가 내려갈 것 같으면 이 상황이 가장 빨리 반영되는 CD 연동대출, 코픽스 신규 취급액 기준, 코픽스 잔액 기준 순으로 유리해진다. 금리를 볼 때는 구간에 주의해야 한다. 일반적으로 금융사들은 '연 4~6%'처럼 대출금리를 최저와 최고 구간으로 표시하는데, 신용도에 따라 부여되는 금리가 다르다. 이에 최저 금리를 적용받을 것으로 기대하고 금융사를 찾았다가 허탈한 상황이 발생할 수 있으니 잘 문의해야 한다.

고정금리 대출에 특히 관심이 많은 사람이라면, 공기업인 주택금융공사가 출시한 'U-보금자리론' 같은 정책 대출에 관심을 가지면 좋다. 이 대출금리는 일반 은행의 고정금리 대출보다 상대적으로 금리가 낮기 때문이다. 금리가 대략 1%포인트 정도 낮은 수준에서 형성되며, 만기도 10년, 15년, 20년, 25년, 30년 등 5가지나 있어서 장기로 대출을 받으려는 이들에게 좋다. 다만 소득 등 대출 자격에 제한이 있으니 자신에게 해당하는지 사전에 확인한 후 대출을 받자.

44

은행에서 대우받는
신용 관리법

현대사회는 '신용사회'다. 신용이 전부는 아니지만 그만큼 중요한 것이 현실이다. 그럼에도 바쁜 일상에 치여 생활하다 보면 자기 신용을 제대로 관리할 겨를이 없다. 절대적으로 시간이 부족해서일 것이다. 그렇게 어영부영하다가 '신용불량', '지급불능' 상태에 빠지는 사람들도 많다. 신용이 건강만큼이나 관리가 필요한 것이었다는 사실을 실감하게 될 때는 이미 늦은 것.

신용을 한마디로 정의하자면, 돈을 빌릴 수 있는 능력 혹은 척도다. 돈을 빌리는 주체는 신용을 보유한 개인 혹은 기업이 될 수 있다. 개인이든 기업이든 결국 신용평가회사가 매긴 신용등급에 따라 금융기관에서 대출 가능 여부와 금액, 금리 등이 결정된다.

금융기관 입장에서 차주借主의 신용이란 '돈을 갚을 수 있는 능력'을 의미한다. 금융기관이 개인 신용을 모두 10개의 등급으로 나누고 관리하는 까닭은 돈을 빌려줬을 때 떼이지 않기 위해서다. 바꿔 말하자면 금융기관은 개인 신용등급을 10개 구간으로 나누고 어느 구간 이상을 벗어나면 더 이상 신용공여를 하지 않는다. 차주에게 돈을 갚을 능력이 없다고 보기 때문이다.

당신의 신용등급은 몇 등급?

개인 신용등급은 평가회사CB, credit bureau와 금융기관이 각각 산출한다. 국내에서 CB등급을 산출하는 회사는 NICE(나이스평가정보)와 KCB(코리아크레딧뷰로) 등이다. 금융기관은 자체 수집정보와 CB정보를 활용해 CSS credit scoring system 등급을 산출한다. 그리고 CB등급과 CSS등급을 다시 조합해 최종적인 대출금리와 한도 등을 결정한다.

평가회사에서는 대출 건수 및 금액, 연체 금액, 연체 기간, 제2금융권 대출실적, 신용카드 사용실적 등을 통계적으로 분석하고 평가해 개인별 신용평점을 산출한다. 개인 신용평점은 1~1,000점으로 산출되며 이 평점을 10개 집단으로 구분해 개인신용등급(1~10등급)을 부여하고 있다. 신용평점 산출 시 직접 반영되지 않는 정보 중 개인의 신용과 밀접한 관련이 있는 통신요금 납부실적, 학자금대출 상환실적 등에 대해서는 별도의 가점을 부여한다.

만약 나의 신용등급을 알고 싶다면 어떻게 해야 할까? 신용등급이 궁금한 사람은 누구든지 NICE나 KCB에서 운영하는 사이트에 접속해 4개월에 1번씩, 1년에 총 3회까지 무료로 신용등급을 확인할 수 있다. 등급을 조회하더라고 개인 신용등급에는 영향을 미치지 않는다. 과거에는 신용 조회 사실이 신용등급에 영향을 미쳤지만, 2011년 10월 이후부터는 제도를 개선하여 신용등급 조회 사실이 신용평가에 반영되지 않게 했다. 또한 자신의 신용등급에 불만이나 의문이 있는 경우 각 평가회사에 문의하거나 금융감독원에 이의를 제기하는 것도 가능해졌다.

등급 관리에 필요한 노하우

개인 신용등급도 관리에 따라 결과가 달라질 수 있다는 걸 아는가? 무관심하게 방치하면 나도 모르는 사이 등급이 내려갈 수 있지만, 꾸준히 잘만 관리하면 항상 높은 등급을 유지할 수 있다. 관건은 적극적인 관심이다. 평소 신용 관리의 중요성을 인식하고 자기 신용 상태를 주기적으로 점검하는 등 적극적인 자세를 가지자.

신용등급 급락의 가장 큰 요인이 되는 것은 연체다. 대출 원리금, 신용카드 대금 등 금융기관 연체는 물론이요, 통신요금, 공과금 등을 연체할 경우 신용등급이 한순간에 나락으로 떨어진다. 물론 소액, 단기 연체라면 크게 문제가 되지 않지만, 금액이 크고 기간이 길어지면 어느 순간 금융채무 불이행자(신용불량자)가 돼 제도권 금융기관 거래가 사실상 불가능해진다. 따라서 어떤 경우에라도 연체를 하지 않도록 각별히 신경 써야 한다. 직장인의 경우 카드 대금 연체가 가장 흔한데, 급여일과 카드 대금 결제일만 잘 조정해도 이를 막을 수 있다.

대부업체와 현금서비스 이용도 신용등급에 악영향을 미친다. 대부업체 대출 심사과정에서 이루어지는 대출실행 조회가 제도권 금융기관의 거래를 막는 주된 요인이며, 잦은 현금서비스 사용도 마찬가지다. 편리하다고 해서 무심코 사용하다가는 감당하기 어려워 곤란한 처지에 빠질 수 있다는 걸 명심해야 한다.

휴대전화 요금만 잘 내도 신용등급이 올라간다

신용등급을 올리는 방법도 있다. 휴대전화 요금이나 국민연금, 건강보험료, 각종 공과금 등을 6개월 이상 납부한 실적을 평가회사에 제출하면 5~17점의 가점을 받을 수 있다. 성실납부 기간(6~24개월)이 길수록 가점 폭이 커지거나 가점을 받는 기간이 늘어난다.

미소금융, 햇살론, 새희망홀씨, 바꿔드림론 등 서민금융 프로그램을 통해 대출받은 후 1년 이상 성실히 상환하거나 대출원금의 50% 이상을 상환한 경우에도 5~13점의 가점을 받을 수 있다. 한국장학재단으로부터 받은 학자금대출을 연체 없이 1년 이상 성실하게 상환하는 경우에도 5~45점의 가점을 받는 게 가능하다. 또 체크카드를 연체 없이 월 30만 원 이상 6개월 동안 사용하거나, 6~12개월 동안 지속적으로 사용할 경우에도 4~40점의 가점을 받을 수 있다. NICE의 경우 체크카드를 월 30만 원 이상 6개월 동안 사용할 경우 최대 40점의 가점을 부여한다. 체크카드 가점은 평가회사가 카드사로부터 제출받기 때문에 개인이 따로 자료를 제출할 필요가 없다.

45

보험 가입,
전략과 기술이 필요하다

급여의 지출 항목을 관리할 때, 고민하게 만드는 것 중 하나가 보험료가 아닐까 싶다. 언제 위험이 닥칠지 몰라 가입하긴 했는데, 매월 고정적으로 나가는 보험료가 부담스럽기 때문. 애물단지처럼 여겨질 때도 많지만 급작스럽게 거액이 소요될 상황에 대비한다는 측면에서 무조건 없애기도 불안하다. 현명한 보험 가입법에 대해 알아보자.

보험 가입에도 순서가 있다

보험에 가입할 때도 순서를 따질 필요가 있다. 어렵지 않다. 가장 치명적인 위험부터 대비하면 된다. 살면서 누구나 겪을 수 있는 가장 큰 위험은 질병과 사고다. 이를 당하면 거액의 치료비가 소요되는 것은 물론 심할 경우 경제 활동이 중단되어 이중고를 겪을 수 있기 때문이다.

그중에서도 치료비에 먼저 대비해야 한다. 적어도 입원 수술비를 구하지 못해 치료를 받지 못하게 되는 상황만큼은 피해야 하기 때문이다. 이에 대비하는 보험이 '실손의료보험'이다. 실손의료보험은 치료 후 내야 하는 1만~2만 원 이상의 병원비 가운데 80~90%를 보장해주는 보험이다. 수술 입원 등 일반 치료비뿐 아니라 치과, 한방 치료비도 보장받을 수 있다. 다만 치과와 한방은 건강보험이 커버하는 치료 항목에 한해서만 보장이 된다. 또 실손의료보험에는 보장 한도가 있다. 지급하는 금액에 있어 하루, 연간 등 기간별 한도가 있고 치료 횟수 한도도 정해져 있다. 따라서 거액의 치료비가 소요되는 질병에 걸리면 보장이 충분하지 않을 수 있다.

이에 대비하는 상품이 '치명적질병[이]보험'이다. 이 상품은 암이나 뇌졸중 등 사람에게 치명적 손실을 입힐 수 있는 중병에 걸렸을 때 정한 금액을 지급하는 보험이다. 위암에 걸리면 5,000만 원을 지급하는 식이다. 또 특약 가입에 따라 수술비나 입원비 등을 지급하기도 한다. 이 보험에 가입하면 실손의료보험으로 커버하지 못하는 치료비를 보장받을 수 있고 경제 활동 중단에 따른 생활고를 해결하는 데도 도움을 받을 수 있다.

이 밖에도 질병이 아닌 사고를 당했을 때 치료비 보상에 초점을 맞춘 '상해보험'은 실손의료보험의 보장 한도를 넘는 대형사고를 당했을 때 보장받을 수 있다. 화재나 도난 등 집에 문제가 생겼을 때 피해를 보상하는 '가정종합보험'과 '화재보험'이 있다. 이들 보험은 여유가 있을 때 보완적으로 가입하면 된다.

자녀를 위해서는 '어린이보험'에 가입할 필요가 있다. 성인이 가입하는 실손의료보험과 CI보험이 결합된 형태라고 보면 된다. 자녀가 어릴 때는 여러 형태로 병원 신세를 질 일이 많으므로 가입해두면 큰 도움이 된다. 어린이보험은 통상 모든 질병, 재해 수술비, 입원비를 보장한다. 또 교통사고, 재해골절, 유괴, 납치, 폭력사고 등이 발생할 경우 위로금도 지급된다.

진료비 보장 방법은 크게 2가지다. 치료 실비를 보장하는 형태와 특정 질병에 대해 정한 금액을 일시금으로 지급하는 형태다. 2가지 방식을 혼용해 평소에 치료 실비를 보장하다가 암 같은 치명적 질병에 걸렸을 때 치료 실비를 보장하면서 진단금을 추가로 지급하는 방식도 있다. 이 가운데 치료실비 보장에 중점을 맞추되 진단금도 일부 지급하는 보험을 선택하길 추천한다.

최근 보험사들은 실손의료보험, CI보험, 어린이보험, 상해보험 등 의료비 지급에 초점을 맞춘 보험을 하나로 묶은 뒤 온 가족이 한꺼번에 가입할 수 있는 '통합보험'이란 상품을 줄줄이 출시하고 있다. 가족 구성원 각각이 보험에 가입한 뒤 개별적으로 보험료를 내는 것보다 다소 저렴한 편이다. 이에 하나의 계약으로 전체 식구가 보장받고 싶다면 통합보험 가입을 고려해보자.

이러한 보험들을 통해 혹시 모를 질병과 사고에 대비했다면, 다음으로 고려해볼 것이 연금보험이다. 이에 대해서는 앞에서 충분히 설명했으니, 추가로 '변액연금보험'에 대해서만 알아보자. 변액연금보험은 말 그대로 시장 상황에 따라 수익률이 변동되는 보험이다. 보험사가 받은 보험료를 주식이나 채권에 투자해 이익이 나면, 그 성과만큼 수익을 돌려준다. 단, 투자 과정에서 손실이 발생하면 그 손실을 투자자가 떠안아야 하므로 위험성이 큰 편이다. 전문 용어로, '실적배당형 상품'이라고 한다. 다른 연금보험들은 정해진 이율에 따라 확정 수익을 보장하지만, 변액연금보험은 시장 상황에 따라 손익이 크게 달라질 수 있으니 충분히 상담받은 후 가입 여부를 결정하자.

마지막으로 가입을 고려해야 할 것이 사망에 대비하는 보험이다. 가입자가 사망할 시 가족들에게 보험금이 지급된다. 가족의 생계를 책임지는 가장이라면 고려해보자. 사망 대비 보험은 크게 종신보험과 정기보험으로 나뉜다. 종신보험은 가입자의 일생을 보장하는 보험으로서, 가입자가 사망하면 무조건 보험금이 지급된다, 정기보험은 보장 기간이 정해져 있다는 점에서 다른데, 가입자가 보장 기간 내에 사망할 경우에만 보험금이 지급된다. 예를 들어, 보장 기간을 60세로 지정해 놓았다면 60세 이전에 사망해야 보험금이 지급되는 것이다. 가입자의 생애 전체를 보장해준다는 점에서 종신보험이 정기보험보다 보험료가 비싸다. 경제 활동 기간 내 사망에 대비하고 싶다면 정기보험에 가입하면 된다.

통상적으로 보험사들이 가장 강조하면서 강하게 권유하는 것은 종신보험 가입이다. 가정의 경제를 책임지고 있는 가장이 사망할 경우 남겨진 가족이 경제적 위험에 빠질 수 있으니 당위성은 충분하다. 하지만 잘 생각해보면 가입자가 사망했을 때보다 생존해 있을 때 당할 수 있는 여러 위험에 대비하는 것이 더욱 중요하다는 것을 알 수 있다. 따라서 우선적으로 치료비 보장보험 등에 가입한 뒤 마지막으로 종신보험 가입을 고려하는 것이 현명하다. 특히 시중에 나와 있는 모든 보험에는 필수적으로 사망에 대한 보장이 들어 있다는 것도 기억하자. 실손의료, 상해, 연금 등 어떤 보험에 가입하든 사망 시 가족에게 보험금이 지급된다. 보험상품을 만들기 위해서는 법적으로 반드시 들어가야 할 요건이기 때문이다. 다만 일반 보험은 사망 보험금이 적고 종신보험은 사망 보험금이 많다는 차이가 존재한다. 보험사들이 종신보험 가입을 강조하는 것도 종신보험 판매가 보험사 수익을 늘리는 데 가장 유리하기 때문이다. 그러니 보험에 가입할 때는 보험설계사의 설명만 듣지 말고, 자신에게 가장 필요한 보험이 무엇인지 신중하게 따져본 뒤 가입하자.

이 밖에 보험 중에는 위험 대비보다 자산 증식이 목적인 상품도 있다. 대표적인 것이 '저축보험'이다. 상품 조건에 따라 은행 예금보다 이율이 높아 유리할 수 있다. 다만 10년 이상 장기적으로 납입할 때만 유리하며 중간에 문제가 생겨 해약해야 할 경우 원금을 손해볼 수 있다는 점을 명심하자. 자녀의 대학 학자금 마련 등 먼 미래 일을 위해 안정적으로 돈을 납입할 자신이 있는 사람만 가입하는 것이 좋다.

변액연금보험을 재테크 상품으로 활용하는 것도 가능하다. 다만 만들어진 목적이 노후연금 수령에 있으니 중간에 목돈이 필요할 경우 해약해야 한다. 이 역시 펀드 등 다른 상품과 비교할 때 유리하려면

10년 이상 보험료를 납입한 후 해약해야 한다는 점을 기억하라.

전문가들은 월급 가운데 보험료 지출 비중이 10%를 넘지 않는 게 좋다고 조언한다. 종신, 상해, CI 등 위험에 대비하는 보험료 지출이 월급의 10%를 넘으면 큰 부담이 된다. 무작정 보험에 가입하기 전에 신중히 따져보길 바란다. 이 외에 연금이나 저축보험은 필요에 따라 많이 가입해도 무방하지만, 중간에 문제가 생겨 납입을 중단하거나 해약해야 할 때는 손해를 감수해야 하므로 장기적으로 납입할 자신이 있는 수준까지만 가입하자.

또 종신보험을 제외한 일반 보험에 가입할 때는 사망 보험금 지급 수준을 최소화하는 게 좋다. 그래야 보험료 부담을 줄일 수 있기 때문. 보험은 만기가 되면 낸 보험료 가운데 일부를 돌려주는 환급형과 돌려주지 않고 계약이 사라지는 소멸형으로 나뉘는데, 환급형은 보험료 부담이 크면서도 재테크 효과는 미미한 경우가 많으므로, 웬만하면 소멸형에 가입하는 것이 좋겠다. 상품 특성상 소멸형이 없다면 보험료 환급을 최소화해달라고 요구해야 한다. 그래야 보험료 부담을 한 푼이라도 줄일 수 있다.

46

노후 걱정 없는
월급쟁이의 퇴직 준비

　매월 받는 급여를 생활비로 충당하는 직장인들에게 있어 가장 취약한 부분은 노후 대비다. 젊을 때는 그저 먼 미래의 일이라 치부하다가 소홀해지기 쉽고, 나이가 들어서는 예상치 못한 이른 퇴직 등으로 시기를 놓치는 경우가 많다. 이처럼 조기 은퇴가 종용되는 현실에서 오래 살 위험에 대비하려면 노후 준비에 대한 인식부터 바꿔야 한다.

　먼저 노후 준비를 위한 자가진단 검사를 통해, 자신의 노후 준비 상태가 어느 정도인지 파악해보자. 검사표는 총 15개 문항으로 구성돼 있다. 자가진단 결과 30점 미만이 나오면 당장 시작하지 않으면 위험한 수준이며, 30점이 넘더라도 46점이 안 되면 노후 준비가 다소 미흡한 상황이니 보완이 필요하다.

노후 준비 자가진단 검사

----

1. 은퇴 이후 노후를 위한 투자는 언제부터 시작해야 한다고 생각합니까?

① 60대부터 ················ 0점   ② 50대부터 ················ 1점

③ 40대부터 ················ 2점   ④ 30대부터 ················ 3점

⑤ 20대부터 ················ 4점

2. 현재의 자녀교육이 노후 준비보다 더 중요하다고 생각합니까?

① 매우 중요하다고 생각하며, 빚을 내어 자녀를 교육하고 있다. ······· 0점

② 중요하다고 생각하며, 내 수입의 대부분을 차지한다. ············· 1점

③ 자녀교육은 남들이 하는 만큼만 하고 있다. ····················· 2점

④ 남들보다 조금 부족하게 교육하는 편이다. ····················· 3점

⑤ 더 중요하다고 생각하지 않는다. ······························ 4점

3. 현재 정기적(통상 1년)으로 은퇴 설계에 대해 상의하고, 그에 대해 적극적으로
도움을 주는 재무설계 전문가가 있습니까?

① 상의할 의사가 전혀 없다. ···································· 0점

② 상의할 사람은 있지만 꺼려진다. ······························ 1점

③ 금융상품 가입 시 1번 해봤다. ································· 2점

④ 필요할 때 가끔 물어본다. ···································· 3점

⑤ 1년에 1번 정기적으로 금융 환경을 고려해 점검 수정한다. ········· 4점

4. 국민연금 같은 공적연금 외에 노후를 위해 어느 정도 저축이나 투자를 하고 있습니까?

① 0~4% ·················· **0점**　　② 5~9% ·················· **1점**

③ 10~14% ··············· **2점**　　④ 15~19% ··············· **3점**

⑤ 20% 이상 ··············· **4점**

5. 현재 미래의 인플레이션 위험에 대비해 노후를 준비하고 있습니까?

① 노후 준비를 위한 투자가 없다. ······························· **0점**

② 안정성을 최우선으로 시중은행 정기적금으로 준비한다. ········· **1점**

③ 시중은행을 주로 이용하되 저축은행 등 제2금융권을 이용한다. ···· **2점**

④ 금융권의 연금저축 또는 연금보험에 가입했다. ················ **3점**

⑤ 펀드 및 변액유니버셜 등 일부 위험이 있는 금융상품에 가입했다. ·· **4점**

6. 현재의 노후 준비는 본인 사망 이후 배우자의 생존 기간을 고려한 준비입니까?

① 노후 준비를 위한 투자가 없다. ······························· **0점**

② 정기적금 등 저축은 하고 있지만 고려해본 적 없다. ············ **1점**

③ 연금상품에 투자하고 있고 10년 혹은 20년간 확정적으로 연금이 지급된다. ·· **2점**

④ 연금상품에 투자하고 있고 내가 살아 있는 한 연금이 지급된다. ···· **3점**

⑤ 배우자 사망 시까지 연금이 지급되는 금융상품에 가입했다. ······· **4점**

7. 거주주택 외의 부동산을 보유하고 있습니까?

① 전혀 없다. ·· **0점**

② 가격 5,000만 원 미만의 부동산이 있다. ······················ **1점**

③ 가격 5,000만~1억 원의 부동산이 있다. ······························ 2점

④ 가격 1억~3억 원의 부동산이 있다. ······························ 3점

⑤ 가격 3억 원 이상의 부동산이 있다. ······························ 4점

8. 당장 현금화 가능한 금융 자산을 얼마나 보유하고 있습니까?

① 전혀 없다. ····················· 0점　　② 2,000만 원 미만········· 1점

③ 2,000만~5,000만 원 미만···· 2점　　④ 5,000만~1억 원 미만···· 3점

⑤ 1억 원 이상··················· 4점

9. 은퇴 후 예상 월 소득은 얼마입니까?(연금포함 현재 물가 기준)

① 전혀 없다. ····················· 0점　　② 100만 원 미만··········· 1점

③ 100만~200만 원 미만········ 2점　　④ 200만~300만 원 미만··· 3점

⑤ 300만 원 이상················· 4점

10. 퇴직금은 어느 정도를 예상합니까?

① 전혀 없다. ····················· 0점　　② 3,000만 원 미만········· 1점

③ 3,000만~5,000만 원 미만···· 2점　　④ 5,000만~1억 원 미만···· 3점

⑤ 1억 원 이상··················· 4점

11. 60세 이후 현재의 일자리 유지 또는 비즈니스를 유지할 가능성이 있습니까?

① 불가능하다. ··· 0점

② 60세까지는 가능할 것 같다. ··· 1점

③ 65세까지는 가능할 것 같다. ··· 2점

④ 70세까지는 가능할 것 같다. ··· 3점

⑤ 평생 동안 유지 운영되는 임대부동산 등의 사업운영 시스템을 갖추고
있다. ··· 4점

12. 배우자를 포함하여 노후까지 보장되는 의료비 관련 보장성 보험이 있습니까?

① 전혀 없다. ·· 0점

② 나 또는 배우자만 가입되어 있다. ························· 1점

③ 나와 배우자 모두 가입되어 있지만 보장 내용은 모른다. ·········· 2점

④ 나와 배우자 모두 가입되어 있고 평균수명까지는 보장된다. ········ 3점

⑤ 나와 배우자 모두 가입되어 있고 사망 시까지 충분히 보장된다. ···· 4점

13. 노후를 위한 비과세 혹은 저율과세 금융상품의 종류와 내용을 알고 있습니까?

① 전혀 모른다. ·· 0점

② 안전성을 최우선으로 모두 시중은행 정기적금에 가입했다. ········· 1점

③ 세금 우대 저축상품에 가입했다. ··························· 2점

④ 소득공제가 되는 연금상품에 가입했다. ··················· 3점

⑤ 소득공제 연금상품 및 비과세 연금보험 또는 저축보험에 가입했다. 4점

14. 국민연금 등의 공적연금과 세제적격 연금저축의 연금 및 퇴직연금 수령 시 세
금 부과 체계에 대해 알고 있습니까?

① 전혀 모른다. ·· 0점

② 국민연금에만 가입되어 있고 세금 체계는 모른다. ················· 1점

③ 세제적격 연금저축에 가입되어 있지만 세금 체계는 모른다. ········ 2점

④ 연금상품에 가입하였고 수령 시 저율의 세금이 부과됨을 알고 있다.
··· 3점

⑤ 국민연금 및 연금상품에도 연금 수령 시 세금이 부과되는 것을 알고 있고, 더 나아가 다른 소득이 있을 경우 이와 합산하여 소득세가 부과됨을 알고 있다. ··· 4점

15. 상속과 증여에 대한 절세 방안을 준비하고 있습니까?

① 현재 나의 노후 준비가 부족해 이것만으로도 힘겹다. ··············· 0점

② 나의 노후 생활 때문에 남겨줄 상속 재산이 전혀 없을 것이다. ······ 1점

③ 일부 상속 재산이 있겠지만 자녀들에게 도움이 되지는 않을 것이다.
··· 2점

④ 상속과 증여에 대한 세금이 있다는 것은 알고 있지만 현재 준비한 건 없다. ··· 3점

⑤ 상속세 절세를 위해 사전 증여 및 종신보험 가입 등 상속세 납세 재원을 확보하고 있다. ··· 4점

점수(각 표기한 문항의 합)	평가
30점 미만	당장 시작하지 않으면 위험합니다.
31~35점	크게 부족합니다.
36~40점	안심하긴 이릅니다.
41~45점	부족한 부분만 보완하면 됩니다.
46점 이상	노후 준비가 훌륭합니다.

자료원_매일경제

제대로 된 노후 준비를 위해 우선적으로 필요한 것은 고정관념을 깨는 것이다. 이와 관련 있는 문항이 1번과 2번이다. 재테크의 목적을 묻는 질문에 대한 답변은 세대별로 나뉘는데 주로, 20~30대는 내 집 장만, 40대는 자녀교육이 거론된다. 결국 노후 준비에 관심을 갖기 시작하는 건, 은퇴를 목전에 둔 50대에 이르러서다.

하지만 전문가들은 사회에 진출하는 순간부터 은퇴 설계를 시작해야 한다고 조언한다. 젊을 때 준비할수록 경제적 부담이 줄기 때문이다. 막상 은퇴를 코앞에 둔 시점부터 준비하려 들면 부담이 너무 커서 지레 포기하게 되는 경우가 많다. 예를 들어, 60세 은퇴 시점에서 안정적인 노후를 위해 필요한 자금이 총 5억 원이라고 해보자. 노후자금으로 5억 원을 마련하는 것이 목표라면 20세부터 개인연금에 불입할 경우 연 수익률 6% 기준 월 부담은 26만 원에 불과하다. 하지만 50세에 준비를 시작하면 월 납입금만 317만 원에 달한다. 사실상 포기해야 하는 수준이다. 그러니 나중에 준비해도 충분하다는 생각을 갖고 있었다면 인식을 전환할 필요가 있다.

다만 노후를 준비할 때, 목표를 총액 형태로 세우는 것은 바람직하지 않다. 규모에 질려 포기할 가능성이 커질 뿐만 아니라, 실제 노후를 준비하는 데도 큰 도움이 되지 않기 때문이다.

한 달 생활비 기준으로 계획을 짜라

은퇴 이후 노후에 필요한 생활비가 한 달 기준 얼마나 되는지 계산해보라. 또 현재 형편에 맞춰 목표를 세운 뒤 국민연금과 퇴직연금으로 이를 얼마나 대체할 수 있을지 추산해보자. 노후 생활비에서 국민연금 등의 수령액을 뺀 금액이 추가로 준비해야 하는 부분이다. 이를 채우기 위해 각종 연금상품에 가입하면 된다.

예를 들어보자. 현재 20대가 65세 이후 월 250만 원의 생활비를 목표로 하고, 이 가운데 100만 원을 국민연금과 퇴직연금으로 대체할 수 있다면 월 150만 원을 추가로 얻을 대안이 필요하다. 이 정도 금액이라면 지금부터 연금보험으로 월 70만 원 정도를 납입해야 한다. 단, 이는 연금보험이 8%의 수익률을 기록할 것이라 가정한 것이기에 예상 수익률을 낮출 경우 더 많은 돈을 납입해야 한다. 개인에 따라 다를 수 있지만, 관련 전문가들은 월 소득의 15% 정도를 노후 준비에 투자하라고 조언한다.

이때 현실적으로 불가능한 목표를 세우지 말자. 이를 실천할 경우 당장 현재 생활이 어려워진다면 지치기 쉽다. 현실을 고려해 적정한 목표를 잡고 이후 여유자금이 생긴다면 추가 납입을 통해서 더 많은 자금을 마련할 수 있으니, 조급해할 것은 없다. 특히 노후 여행비나 의료, 간병비 등은 앞으로 직장생활을 계속 해나갈 경우 상승하는 급여에 맞춰 추가로 준비해나가면 된다. 따라서 장기적 계획이 필요하다.

연금보험 수령 시점은 65세로 잡는 것이 좋다. 결국 65세까지는 다른 일을 통해 소득을 벌어야 하는데, 현재 직장에서 은퇴한 이후 무슨 일을 할 수 있을지 미리 생각하고 준비하면 더욱 좋다. 더불어 1가지, 노후에는 생활 수준을 조금 낮출 각오도 필요하다.

연금상품에 투자할 때 알아야 할 것들

연금보험에 가입할 때는 무턱대고 만기를 길게 잡지 않도록 주의하자. 추후 자녀교육 등으로 인해 돈 쓸 일이 많아지면 더 이상 납입하기 힘들어, 중간에 해약해야 할 수도 있기 때문이다. 따라서 만기를 10년 정도로 설정하고 이후 상황에 따라 다시 연금보험에 가입하는 것을 추천한다. 10년 후 맞벌이를 하면서 여유가 생겼다면 납입액을 늘려 새로 계약하고, 예기치 못한 일로 다른 지출 수요가 생겼다면 납입액을 줄이는 식으로 접근하는 것이 현명하다.

연금보험에 가입한 후 연금을 수령하는 방식도 2가지다. 죽을 때까지 일정액을 받을 수 있는 종신형과 기간을 정해 해당 기간에만 연금을 받는 확정형. 당연히 종신형은 월 수령액이 작고, 확정형은 월 수령액이 많다. 같은 돈을 얼마나 오래 나눠주느냐에 따른 차이다.

연금 외에도 노후를 위해 가입할 수 있는 상품은 많다. 다만 투자 과정에서 항상 염두에 둬야 할 것은 물가 상승에 대한 대비다. 손실이 두려워 무조건 안전 자산에만 투자할 경우 세금 등을 제한 실질 수익률이 계속 물가 상승률을 밑돌 수 있기 때문이다. 따라서 나중에 큰돈을 마련하길 기대했는데 정작 은퇴 시점에 다다랐을 때 생각보다 금액이 적어 당황할 수 있다. 그러니 물가 상승에 대비하려면, 펀드 같은 수익성 자산과 예금 같은 안전 자산으로 적절히 배분해 준비해야 한다. 젊을 때는 다소 공격적으로, 나이가 들면 보수적으로 변해야 할 필요가 있다.

자금을 모을 때는 효율적인 수단을 동원해야 한다. 정부는 개인의 은퇴 준비를 위해 다양한 유인 장치를 두고 있는데, 이를 잘 활용하면 보다 적은 돈으로 성공적인 은퇴 설계가 가능하다. 대표적인 상품이 연간 최대 700만 원 납입금액에 대해 세액공제 혜택을 제공하는 연금저축과 퇴직연금, 10년 이상 유지 시 비과세 혜택을 주는 저축성 연금보험, 3,000만 원까지 이자 소득세를 면제하는 조합예탁금 등이다. 특별한 혜택은 없지만 상대적으로 금리가 높은 저축은행 적금으로 목돈을 모은 뒤, 따로 설정한 예금에 이를 예치해두는 것도 방법이다.

주택 의존도를 낮춰라

연금보험 가입 같은 특별한 준비를 하지 않아도 평생 모은 개인 자산만으로 편안한 노후를 맞이할 수 있는 사람이 있다. 다만, 여기에는 그 자산이 '충분해야 한다'라는 전제가 필요하다. 이에 관해 묻는 질문이 7, 8, 10, 11번 문항이다.

이미 마련된 자산 중 주택은 그 자체로 노후 준비 수단이 될 수 있다. 하지만 현재 살고 있는 주택의 가격이 높다고 안심해선 안 된다. 흔히들 현재 집을 팔아서 작은 집으로 옮기고 노후에 그 차익으로 생활해야겠다고 생각하는데, 수십 년간 살았던 근거지를 옮기는 일이 그리 쉬운 건 아니다. 살고 있는 집을 담보로 역모기지론을 받아 생활비로 쓸 수도 있지만, 주택 가격은 언제든지 하락할 위험이 있다. 부동산을 노후 대비 수단으로 활용하기 위해서는 거주 주택 외에 오피스텔 같은 수익성 부동산이 있어야 한다. 임대수익이 노후 소득원이 될 수 있기 때문이다.

금융 자산은 부동산과 함께 개인 자산의 양대 축이다. 하지만 통계청에 따르면, 40~50세 가장의 자산 가운데 금융 자산의 비중은 평균 23% 정도에 불과하다. 나머지는 대부분 부동산인 것이다. 전문가들은 총자산 중 금융 자산의 비중이 50%가 되지 않는다면 꾸준한 저축을 통해 그 비중을 늘려야 한다고 설명한다.

현재 직장생활을 성실히 하는 것만으로도 노후가 준비되는 사람도 있다. 60세 이후 충분한 소득을 받으면서 현재 직업을 유지할 수 있거나, 은퇴할 때 받을 수 있는 퇴직금이 돈 걱정 없을 정도로 거액일 때 그렇다. 퇴직금은 종합소득에 합산하지 않고 분류 과세하므로 일반 월급에 비해서는 세 부담이 적은 편이다. 또 요즘에는 퇴직금을 일시불로 지급하지 않고 퇴직연금을 통해 나눠서 지급하는 사례가 많다. 이처럼 소득이 노후에 필요한 금액을 넘어설 경우라면 특별히 걱정이 없을 것이다. 다만, 여기에 해당하는 경우는 많지 않다.

자녀를 위해 노후를 준비하라

직장인이 노후 준비를 충분히 하지 못하는 가장 큰 이유는 수입의 많은 부분을 자녀교육비에 쓰기 때문일 것이다. 하지만 자녀를 위한 이러한 선택이 오히려 자녀에게 재앙이 될 수 있다는 것을 기억하자. 진정으로 자녀를 위한 길은 자녀의 도움 없이 노후를 보낼 수 있도록 준비를 확실히 하는 것이다.

따라서 애초에 노후를 위한 투자를 무조건 지출해야 하는 항목으로 따로 잡은 뒤, 남는 범위 내에서 자녀교육에 투자하는 것이 바람직하다. 소득 대부분을 사교육비에 투입하기보다 먼 미래를 위해 전략적으로 자금을 분배해 안정적인 경제 여건을 마련하는 것이 중요하다. 자녀의 학자금을 마련할 때도, 장기적인 안목을 가지고 초·중·고등학교, 대학교, 유학 등 단계별로 치밀한 계획을 세울 필요가 있다.

내 집 마련 역시 노후 대비에 부담되지 않는 선에서 추진해야 한다. 그래야만 '하우스 푸어'가 되는 함정에 빠지지 않을 수 있다. 앞으로 지속적인 부동산 가격 상승을 기대하기는 어렵다고 예상하는 전문가들의 이야기도 귀담아 들을 필요가 있겠다.

전문가와 상담하라

반복해서 말하지만, 돈 걱정 없는 노후를 보내기 위해서는 치밀한 준비가 필요하다. 무턱대고 많은 돈을 연금에 투입한다고 편안한 노후가 보장되는 건 아니다. 이 같은 실질적 준비사항을 묻는 질문이 3, 4, 5, 9, 13번 문항이다.

정기적으로 1년에 1번 정도는 전문가에게 재무 상담을 받는 것이 좋다. 충분히 준비했다 싶어도 시간이 지나면서 미진한 부분이 발견될 수 있기 때문이다. 특히 수시로 가치가 변하는 보유 자산 평가, 필요저축액 변경 등에는 전문적인 접근이 필요하다. 개인도 기업처럼 1년에 1번씩 자산부채상태표 및 현금흐름표를 작성해보고 부족한 부분은 보완해야 한다. 때로 과한 부분이 있다면 조정할 필요도 있다. 은행 PB, 보험설계사 등 믿고 맡길 수 있는 개인 재테크 주치의를 1명쯤 확보해두면 좋다.

위험보장도 필요하다

이상 문항에 대해 모두 자신 있게 응답할 수 있는 사람이라고 해도 피할 수 없는 상황이 있다. 사후 가족의 생계와 질병에 대한 대비다. 이와 관련된 질문이 6, 12, 15번 문항이다.

노후를 준비할 때는 본인 사망 이후 홀로 남겨질 배우자를 고려해야 한다. 현재 남성과 여성의 기대수명의 차이는 6세에 달한다. 배우자를 수익자로 하는 금융상품에 투자가 필요한 이유다. 풍요로운 노후란 건강한 노후다. 따라서 필요할 때 손쉽게 의료 서비스를 받을 수 있어야 한다. 의료 기술이 개선되면서 치료비도 함께 올라가고 있으므로 보험과 예금 등을 통해 고액 치료비에도 대비해야 한다.

마지막 준비는 상속과 증여에 대한 준비다. 자녀에게 물려줄 유산이 있다면, 남겨진 사람들을 위해서라도 대비하자. 무엇보다 노후에는 수입이 한정되어 있는 만큼, 지출 관리에도 신경 써야 한다는 점을 명심하자.

돈 걱정 없는
안정적인 노후 준비

베이비 붐 세대 은퇴의 서막이 올랐다. 1955~1963년 사이에 태어난 700만 명의 베이비 붐 세대가 줄줄이 정년을 맞아 퇴직하는 것이다. 이들 베이비 붐 1세대는 한국전쟁 후 폐허 속에서 태어나 1970~1980년대 우리나라의 고속 성장을 견인했으며 정치 민주화의 주역이기도 하다.

하지만 베이비 붐 세대의 은퇴 준비는 매우 취약하다. 은퇴 충격을 최소화하고 안정적인 노후 생활을 위해서는 공적연금뿐만 아니라 개인연금, 퇴직연금 등을 통한 중층적인 노후 설계가 필요한 이유다.

┃ 연금의 3층 보장 체계

개인연금, 퇴직연금, 공적연금 등 이른바 '3층 보장 체계'는 가장 일반적인 노후 설계에 해당한다. 금융감독원에 따르면, 2011년 개인연금(연금저축 포함)과 퇴직연금의 적립금은 각각 68조 원과 50조 원이었지만 2016년 각각 118조 원과 147조 원으로 증가했다. 기존 퇴직금의 단점을 보완하기 위해

2005년 12월 처음 도입된 퇴직연금은 셋 중 금액이 가장 크고 내용도 다소 복잡하기 때문에 미리 잘 살펴보고 가입해야 한다.

안정적 확정급여형과 공격적 확정기여형

퇴직연금은 근로자 입장에서는 퇴직금 재원을 사외에 적립함으로써 퇴직금 수급권이 강화되고 회사 입장에서는 퇴직연금 납입액 전액에 대해 손비를 인정받을 수 있어 법인세 절감 효과가 있다. 또 퇴직급여 비용 부담이 평준화되므로 비용에 대한 예측 및 재무 관리도 용이하다. 퇴직연금 가입자는

| 퇴직연금제도의 유형

퇴직연금의 종류		성격 구분	근로자 본인 부담	
			추가 적립 가능 여부	세제 혜택 가능 여부
기업	DB형	회사에서 적립해주는 퇴직금	불가능	
	DC형		원칙적으로 가능	원칙적으로 가능하나 추가 적립이 불편함
	기업형IRP			
개인	퇴직IRP	퇴직할 때 퇴직금을 받기 위한 전용 통장	불가능	
	적립IRP	개인부담금 적립을 위한 전용 통장	가능	
	개인형IRP (2015.11.01 이후 퇴직/적립IRP 통합)	퇴직금 수령 + 개인부담금 적립	개인 부담금 납입요건 충족 및 등록 시 가능	개인 부담금 납입액이 있을 시 가능

회사의 급여 체계 및 안정성과 자신의 노후 계획, 투자 성향 등에 따라 DB형 혹은 DC형을 선택할 수 있다.

DB형은 근로자의 퇴직금이 근무 기간과 평균 임금에 의해 사전에 확정되며, 회사 측이 적립금을 운용한 결과에 따라 부담금이 변동되는 구조다. 보통 DB형은 직장이 파산 위험 없이 안정되고 임금 상승률이 높은 경우에 적당하다. 또 비교적 보수적인 투자 성향을 가진 근로자에게 적합한 상품이다.

DC형은 회사 측이 부담할 부담금이 사전에 결정되며, 근로자가 직접 적립금을 운용한 성과가 직접 퇴직금에 반영되는 구조다. 따라서 파산 위험과 임금 체불 위험이 있는 직장이거나, 근로자가 직장 이동이 빈번하고 비교적 공격적인 투자 성향을 가졌을 때 적합한 상품이다.

기업형IRP도 DC형과 같은 실적배당형 상품인데, 10인 미만 사업장의 직원만 가입할 수 있다는 것이 특징이다. 영세업체도 번거로운 절차 없이 퇴직연금제도를 도입할 수 있게 한 상품인데, 근로자의 수가 10인 이상으로 증가하면 DC형으로 전환해야 한다는 번거로움이 있다.

어떤 연금 사업자를 선택해야 할까?

퇴직연금에 가입하려면, 먼저 사업자를 선택해야 한다. 보통 노조 투표를 통해 복수의 사업자가 선정되면 근로자가 가장 좋은 조건을 제공하는 은행, 증권사, 보험사를 선택하면 된다.

2017년 말 기준, 시장 상황은 은행권의 점유율이 50%로 가장 높았고, 생명보험사 23.5%, 증권사 19.1%, 손해보험사 6.4% 등의 순이었다. 은행이 압도적인 경쟁 우위를 보이는 건 무엇보다 광범위한 영업 조직력 때문인 것으로 풀이된다. 주거래 은행제도가 오랜 기간 정책돼 있어 퇴직연금 유치에 상대적으로 유리한 고지를 점하고 있다는 것도 1위를 달리는 요인이다.

2016년 18.1%였던 증권사의 점유율은 2017년 19.1%로 1%포인트 증가

했는데 그 이유는 주식 시장에 대한 기대감이 높아졌기 때문으로 보인다.

은행 중에서는 신한은행의 시장점유율이 9.8%로 가장 높았고, KB국민은행

과 IBK기업은행, 우리은행이 그 뒤를 이었다. 증권사 중에서는 현대차투자

증권이 점유율 6%로 1위를 기록했다. 미래에셋대우증권은 4.6%의 점유율

을 기록하며 증권사 중 2위에 이름을 올렸다. 생명보험사 중에서는 삼성생

명이 점유율 13.4%로 1위에 올랐다. 삼성생명은 모든 금융기관 중 퇴직연

금 적립금이 가장 많았다. 손해보험사 중에서는 삼성화재가 2.1%의 시장점

유율을 기록해 가장 많은 퇴직연금을 유치한 것으로 나타났다.

유형별로는 DB형이 65.8%(110조 9,000억 원)로 가장 보편적인 퇴직연금으로

자리를 잡았다. 실적배당형인 DC형과 기업형IRP를 합친 비중은 25.1%(42

조 3,000억 원)로 뒤를 이었다. 개인형IRP의 적립금은 15조 3,000억 원으로

9.1%의 점유율을 기록했다.

여기서 개인형IRP의 점유율이 눈에 띈다. 개인형IRP 적립액 증가율은

23.2%로 DB형(11.3%), DC형(20.7%)을 압도했다. 개인형IRP는 이·퇴직 시

수령한 퇴직급여와 가입자 개인 추가 납입액을 적립 및 운영하는 퇴직연금

상품이다. 연말정산 때 연 700만 원까지 세액공제 혜택을 주는데, 세액공

제율이 금융상품 중 최고 수준이다. 세액공제 한도 700만 원은 연금저축과

개인형IRP 합산 금액이지만 연금저축은 400만 원까지, 개인형IRP는 700만

원까지 세액공제를 받을 수 있다. 이에 따라 700만 원의 세액공제 한도를

개인형IRP 단독으로 모두 채우거나, 연금저축에 가입하고 있다면 연금저축

을 400만 원까지 불입하고 나머지 300만 원을 개인형IRP로 채우는 조합도

가능하다.

연금 가입 시 주의해야 할 것

은퇴를 앞둔 근로자들이 가장 중요하게 생각하는 것은, 퇴직 시 더 많은 퇴직금을 안정적으로 받는 것이다. 이런 관점에서 퇴직연금제도를 살펴볼 필요가 있다.

결국 크게 보면, DC형과 DB형 둘 중 하나를 선택하게 되는데, DB형은 원금이 보장되나 DC형은 실적배당형 상품이라 원금 보장이 안 된다. 따라서 수익이 낮더라도 안정성을 추구한다면 DB형에 가입해야 한다. 반면 다소 위험이 있더라도 보다 높은 수익을 원하면 DC형을 선택하면 된다.

참고로 2013~2017년(5년) 및 2008~2017년(9년) 연 환산 수익률을 보면, DB형이 각각 2.31%와 3.20%, DC형은 2.67%와 3.53%를 기록했다. 차이가 미세한 편이지만, 아무래도 위험 부담이 있는 만큼 DC형의 수익률이 다소 높은 편이다.

알뜰한
월급쟁이를 위한
합법적인 절세 비기

01

연말정산,
13번째 월급

매년 1월 직장인들의 머리를 복잡하게 만드는 게 있으니, 바로 연말정산이다. 월급쟁이들의 13번째 월급이라고 불릴 만큼 잘만 챙기면 꽤 쏠쏠한 편이라, 직장인들은 한 푼이라도 더 챙겨 받고자 각종 증빙 자료를 챙기고 모아 꼼꼼히 서류를 작성한다. 하지만 정작 돌려받는 세금이 기대에 못 미칠 때는 기운이 빠지게 마련. 어떻게 하면 연말정산 환급금을 월급만큼 챙길 수 있을까? 이에 대해 자세히 알아보자.

생계비로 쓰이는 소득을 놓치지 말자

우선 개념부터 알아보자. 소득은 크게 비과세 소득과 과세 소득으로 분류된다. 사실상 비과세 소득의 비중은 크지 않고 대부분이 과세 소득이다. 직장인들은 매월 급여를 받을 때마다 소득에 대한 세금을 원천징수 방식으로 낸다. 미리 소득세를 제한 나머지를 월급으로 받고, 여기서 지출을 한다. 우리가 지출하는 내역 중에는 생계를 위해 불가피하게 나가야 하는 부분이 많다. 예를 들면, 세전 연봉이 4,000만 원일 경우 세금으로 200만 원을 낸 뒤 세후 연봉으로 3,800만 원을 받는데, 그중 2,000만 원은 생계를 위해 지출하는 식이다.

직장인이 소득세를 낼 때 그 기준은 연봉 전체다. 연봉 가운데 상당 부분이 생계비로 쓰이는데, 세금은 연봉 전체에 부과되는 것. 이에 소비 여력이 크게 줄어들 수 있다. 따라서 정부는 노동자의 소득 중에서 생계를 위해 지출한 내역에 부과한 세금을 1년에 1번 연말정산을 통해 돌려준다. 앞선 예의 상황이라면, 생계비 2,000만 원에 부과한 세금은 돌려주는 것이다. 매달 원천징수한 소득세 가운데 일부를 노동자에게 다시 돌려주는 셈.

과세 대상 소득은 어떻게 산출할까?

결론적으로, 연말정산은 우리가 생계를 위해 얼마나 많은 돈을 지출했는지를 증명하는 작업이다. 생계를 위해 지출했다는 증빙이 많을수록 세금이 면제되는 소득이 많아져 돌려받을 수 있는 돈도 많아진다. 만약 연봉 4,000만 원 가운데 3,000만 원을 생계를 위해 지출했다고 증명하면 3,000만 원에 부과된 소득세를 돌려받게 된다. 즉 과세 대상 소득이 1,000만 원으로 줄면서 이에 대해서만 세금을 내면 되므로 앞서 3,000만 원에 대해 낸 세금은 돌려받게 되는 것. 반면 생계를 위해 지출한 내역 중 1,000만 원밖에 증명하지 못하면 1,000만 원에 부과되었던 소득세만 돌려받는다. 연말정산은 여러 증명을 통해 과세 대상 소득을 줄여나가는 작업이라고 할 수 있다. 이를 두고 '소득공제'라고 한다. 즉 과세 대상 소득은 연봉에서 소득공제를 하고 남은, 세금 부과 대상이 되는 소득이다.

소득공제가 완료돼 최종적으로 과세 대상 소득이 산출되면, 정부는 '과표'에 따라 최종 세금을 도출한다. 이 종합소득세 과세표준 내역은 이미 36페이지에 담았으니 참고하자. 예를 들어, 과세 대상 소득이 4,000만 원이라면 1,200만 원까지 6% 세금을 내고, 1,200만 원을 넘는 4,000만 원까지 2,800만 원에 대해서는 15% 세금을 내는 것이다. 이렇게 계산하면 최종적으로 492만 원의 세금이 나온다. 이때 해당 노동자가 매월 원천징수 방식으로 1,000만 원의 세금을 미리 냈다면, 492만 원만 내면 되는 것이기에 1,000만 원에서 492만 원을 제한 508만 원을 돌려받게 된다.

항목별로 과세 대상 소득을 줄여주는 것이 아니라, 아예 납세의무자가 내야 할 세금 자체를 빼주는(10만 원을 지출하면 100만 원의 세금을 90만 원으로 줄여주는 식) '세액공제'도 있다. 세금 자체를 깎아주는 것이기에 소득공제보다 세금 혜택이 더 크다. 과거엔 소득공제 항목이 많았는데 요즘은 세액공제 항목도 많아졌다.

꼼꼼할수록 유리하다

공제 항목에 대한 절세 효과를 알고 싶다면, 공제액에 자신의 최종 과표 구간에 적용되는 세율을 곱해 계산해보면 된다. 앞의 사례에서 과세 대상 소득이 4,000만 원이었던 사람에게 300만 원을 추가 공제 받을 일이 생겼다고 하자. 그럴 경우, 300만 원에 이 사람의 최종 과표 구간인 1,200만~4,600만 원에 해당하는 15%를 곱한 45만 원이 환급금이 된다.

국세청 사이트(http://www.nts.go.kr)를 이용하면, 직장에 증빙서류를 내기 전 미리 연말정산을 해보는 것도 가능하다. 해당 페이지에서 각 항목에 따라 순서대로 입력하면 최종 세액이 자동으로 계산되어 나온다.

실제 연말정산을 할 때는 매년 1월 15일경 국세청이 제공하는 연말정산간소화서비스(www.yesone.go.kr)에 접속해 각종 공제 항목을 확인한 뒤 이를 출력해서 첨부하면 된다. 제공되는 항목은 보험료, 개인연금저축, 퇴직연금, 의료비, 교육비, 신용카드 및 현금영수증, 주택마련저축 및 주택자금, 소기업 및 소상공인 공제부금, 장기저축형 주식, 기부금, 취학 전 자녀의 보육료, 사립유치원비, 학원비, 장애인 교육비 등이다. 이 외에 공제 대상이 되는데 빠진 게 있다면 별도로 챙겨야 한다. 특히 의료비는 서비스에서 누락되는 경우가 있으니 꼼꼼히 챙길 필요가 있다. 빠진 부분은 병·의원 등에 요청해 영수증을 별도로 받아 첨부해야 한다. 특히 보청기나 장애인 보장구 구입 혹은 임대비용 등은 서비스 항목에 포함되지 않으므로 반드시 챙겨두자. 단, 카드매출전표나 신용카드내역서는 증빙서류가 될 수 없으니, 증빙이 가능한 별도의 영수증을 문의해 챙겨야 한다.

연말정산 후에도 관련해서 증빙할 것이 있다면 꼼꼼히 챙겨야 한다. 연말정산이 완료되면 해당 내역을 1월 말에 확인받을 수 있는데, 공제가 잘못 계산되는 일이 종종 발생한다. 공제 항목을 잘못 기입하거나 한도를 잘못 계산하는 경우가 대표적이다. 따라서 명세내역을 세밀하게 살펴본 뒤 오류가 있다면 회사 경리과 등에 연락해 반드시 바로잡아야 한다. 또 본인 실수로 빠뜨린 내용이 있다면, 매년 5월에 재신고를 해 추가로 세금을 돌려받는 것도 가능하다.

02

기본 공제부터
제대로 받자

이제부터 공제 항목에 대해서 자세히 알아보자. 본인의 연봉에서
다음에 소개하는 공제 항목을 지속적으로 빼나가다 보면 자신의 최종
과세 대상 소득이 얼마인지 계산할 수 있다.

인적 공제와 부양가족 공제

우선, 일괄적으로 소득에 따라 이 정도는 생계비로 썼을 것이라고
추정해서 빼주는 근로소득 공제라는 것이 있다. 연봉이 4,000만 원일
경우 1,000만 원 정도를 근로소득에서 공제해준다. 그렇게 하면 남는
것은 3,000만 원.

다음 차례가 인적 공제다. 일단 노동자 본인의 인적 공제가 있다.

이는 모든 노동자에게 기본적으로 제공되는데, 1인당 150만 원씩 공제된다. 이렇게 하면 3,000만 원이 2,850만 원으로 줄어든다. 여성 노동자의 경우 기본 인적 공제 외에 부녀자 공제란 이름으로 50만 원을 별도로 공제해준다. 기혼 여성이 주 대상인데, 미혼이나 이혼 또는 사별 여성이라면 부양가족이 있어야 대상이 된다. 기혼 여성의 경우 근로자 본인이 부녀자이면 배우자의 소득 여부와 상관없이 공제받을 수 있는데, 종합소득 금액이 3,000만 원 이하(총 급여액 즉, 세전 연봉 기준 4,147만 원 이하)일 경우에만 부녀자 공제를 받을 수 있다.

추가로 부모, 배우자, 자녀, 형제자매 등 부양가족 공제가 있다. 1인당 150만 원씩 가족관계가 증명되면 가족 구성원 수대로 공제받을 수 있다. 친권자를 대신해 길러주는 친척 아이 등 위탁아동도 6개월 이상 키웠다면 공제받을 수 있다.

단, 부양가족 공제에는 나이 제한이 있다. 자녀는 만 20세 이하, 위탁아동은 18세 미만, 부모는 60세 이상, 형제자매는 20세 이하이거나 60세 이상이어야 한다. 연말정산을 받으려는 연도 중 일부라도 부양가족이 해당 나이대에 해당하면 공제받을 수 있다. 예를 들어, 2019년 1월에 2018년 소득에 대한 연말정산을 신청하는데, 자녀가 2018년 7월 만 21세가 돼 신청 당시에는 만 20세가 넘었다 해도 연말정산 대상 연도인 2018년 중 만 20세인 때가 있었으니 공제 대상이 되는 것. 같은 논리로 2019년 1월 만 60세가 된 부모가 있어도 대상 연도인 2018년엔 만 60세가 되지 않았으니 2018년 소득공제 대상에는 포함되지 않는다. 반면 2018년 12월 31일 만 60세가 돼 하루만 해당된다고 해도 공제 대상에 포함된다.

가족 구성원 특성에 따라 장애인 공제, 70세 이상 경로우대자 공제, 한 부모 추가공제 등도 있다. 가족 구성원 수대로 부양가족 공제를 받은 뒤 구성원이 해당 항목에 포함되면 항목별로 100만~200만 원씩 추가로 공제받을 수 있다. 이처럼 인적 공제는 매우 다양하므로 항목을 꼼꼼히 살펴서 가족관계 증명서 등 관련 서류를 잘 챙겨야 한다. 특히 가족이 새로 추가될 때 면밀히 살피자.

인적 공제 시 유의할 점

인적 공제 시에는 유의할 점이 많다. 일단 소득이 일정액을 넘는 부양가족은 기본 공제가 불가능하다는 것을 알아두자. 여기서 말하는 일정액은 소득의 종류마다 다른데, 근로소득만 있을 경우 비과세 소득을 제외한 총 급여액이 500만 원을 넘는 부양가족에 대해서는 공제받을 수 없다. 부양가족이 소득이 있는 경우라면 공제 가능 여부부터 국세청에 알아봐야 한다. 국세청에 일일이 확인하기 어려워서 일단 올리는 경우가 많은데 추후 적발되면 돌려받은 세금을 토해내야 하는 것뿐 아니라, 가산세도 내야 하므로 주의가 필요하다. 예를 들어, 아내가 운영하는 식당 일을 어머니가 도와주면서 연간 500만 원 이상을 받고 있고 이것이 등록돼 있다면, 직장을 다니는 남편 앞으로 어머니를 인적 공제 대상에 올릴 경우 규정에 위반된다.

맞벌이 부부의 경우, 인적 공제 시 중복 공제가 되지 않는다. 즉 개별적으로 노동자 본인의 인적 공제를 받은 뒤 자녀는 부부 중 한 사람 앞으로만 공제받을 수 있다. 자녀 때문에 지출한 내역이나 자녀가 사용한 보험료, 의료비, 교육비, 기부금, 신용카드 사용액 등은 기본 공제를 받은 사람 앞으로만 공제받을 수 있다.

또 부모에 대한 인적 공제는 형제자매 중 한 사람만 받을 수 있다. 즉 형제자매 중 누군가가 본인 앞으로 부모를 공제 대상에 올렸다면 다른 형제나 자매가 공제받을 수 없는 것. 형제자매가 부모를 각각 나눠서 올려 공제받는 것도 불가능하다. 자녀와 마찬가지로 부모 때문에 지출하거나 부모가 사용한 의료비, 신용카드 등 사용액도 부모로 인해 인적 공제를 받은 사람만 공제받을 수 있다.

주거 관련 비용으로
환급받기

생계를 위한 대표적인 비용 중 하나가 주거와 관련된 것이다. 정부는 이에 관해 다양한 소득공제 혜택을 부여하고 있다.

청약통장 공제

청약통장 불입분에 대해서도 소득공제 혜택이 주어진다. 우선 공공주택에 청약하는 용도로 활용되는 청약저축은 무주택 세대주가 납입하는 경우에만, 불입액의 40%(전세대출 원리금 상환액과 합쳐서 연간 300만 원) 한도까지 소득공제를 받을 수 있다. 단, 연봉 제한이 있는데 연봉이 7,000만 원을 넘으면 안 된다.

'만능통장'이라고도 불리는 주택청약종합저축도 소득공제 대상이다. 넣는 방식에 따라 공공주택뿐 아니라 민영주택에도 청약할 수 있고, 횟수나 액수에 상관없이 한도까지 자유롭게 불입할 수 있다.

주택청약종합저축의 소득공제 내용은 청약통장과 같다. 불입액의 40%(전세대출 원리금 상환액과 합쳐서 연간 300만 원) 한도까지 소득공제를 받을 수 있다. 또 무주택 세대주이면서 연봉이 7,000만 원을 넘지 않아야 한다는 자격 조건도 같다. 다만 청약통장 소득공제 대상자는 통장을 꾸준히 유지해야 한다. 가입 7년 안에 통장을 해지하면 돌려받은 세금을 추징당하기 때문이다.

전세세입자 대출금 소득공제

전세세입자도 소득공제를 받을 수 있다. $85m^2$ 이하 주택의 전세자금을 대출받은 무주택 세대주는 대출 원리금 상환액의 40%(300만 원)까지 공제받을 수 있다. 다만 주택마련저축 등이 있으면 합산해 연간 300만 원 한도 내에서만 소득공제가 가능하다. 전세자금 대출로 소득공제를 받기 위해서는 임대차 계약서상 입주일과 주민등록등본상 전입일 중 빠른 날짜로부터 3개월 이내에 대출을 받아야 한다. 또 차입금이 해당 금융기관에서 집주인 계좌로 직접 입금돼야 하는 조건을 갖춰야 한다.

이 밖에 전세자금 마련을 위해 금융기관이 아닌 개인으로부터 돈을 빌렸을 경우에도 공제받을 수 있는데, 연봉이 5,000만 원 이하일 경우에만 가능하다. 이때는 임대차 계약서상 입주일과 주민등록등본상 전입일 중 빠른 날짜로부터 1개월 이내에 대출을 받아야 한다.

장기 주택담보대출 소득공제

무주택 또는 1주택자가 주택을 구입하면서 10년 이상의 장기 주택 담보대출을 받았다면 소득공제를 받을 수 있다. 애초에 단기 대출을 받았더라도 10년 미만 차입금을 10년 이상 신규 차입금으로 전환하거나, 기간을 10년 이상으로 연장하면 대상이 된다.

이때 세대주는 주택 관련 다른 공제를 받지 않아야 하고, 주택은 취득 당시 기준시가 4억 원 이하여야 한다. 주거용 오피스텔도 포함된다. 소득공제가 가능한 이자 상환액은 300만~1,800만 원이다.

분양권도 분양 가격에 해당하는 주택으로 인정해 같은 조건의 대출을 받았을 때 공제 대상이 된다. 만일 공동명의로 주택을 취득하고 본인명의로 차입한 경우에는 본인만 공제받을 수 있다.

04

환급금을 늘리는
카드 사용 노하우

뭐니 뭐니 해도, 소득공제의 대표 주자는 신용카드 공제다. 여기에는 신용카드 사용액과 현금영수증 발급액이 포함된다.

복잡한 신용카드 공제

신용카드 사용액 공제는 조금 복잡하다. 우선 사용액에서 총 급여의 25%에 해당하는 금액을 빼준다. 예를 들어, 연봉이 4,000만 원인 사람의 연간 카드 사용액이 2,000만 원이라면, 2,000만 원에서 4,000만 원의 25%인 1,000만 원을 먼저 빼준다. 남은 1,000만 원에 15%(0.15)를 곱하면 150만 원이 도출되는데, 이 금액이 신용카드 사용액에 대한 소득공제액이다. 즉, 과세 대상 소득이 150만 원 줄어드는 것이다.

구체적으로, 신용카드 사용액 공제는 '{사용액－(총 급여×0.25)}× 0.15'라는 공식을 통해 산출된다. 단, 공제액은 300만 원을 넘어설 수 없다. 카드를 아주 많이 사용해 공식을 통해 계산한 결괏값이 300만 원이 넘는다고 해도 300만 원 이상은 공제받을 수 없다는 한도를 부여한 것이다.

체크카드와 현금영수증 발급액의 경우 공식에 다소 차이가 있다. '{사용액－(총 급여×0.25)}×0.3' 공식을 적용하는 것. 중간 공식에 곱해지는 값이 0.15에서 0.3으로 커지는 것이다. 따라서 체크카드를 사용하면 신용카드를 통한 소득공제액을 늘릴 수 있다.

예를 들어, 연봉이 4,000만 원인 소득자의 신용카드 사용액이 1,200만 원이라면, '{1,200만 원－(4,000만 원×0.25)}×0.15'라는 공식에 따라 소득공제액이 30만 원이다. 반면 신용카드 대신 체크카드를 사용한다면 '{1,200만 원－(4,000만 원×0.25)}×0.3'이므로 소득공제액이 60만 원. 소득공제액이 30만 원 더 늘어나는 것이다. 소득공제를 위해서라면 신용카드보다 체크카드나 현금 사용이 훨씬 유리한 것이다.

전통시장과 대중교통 이용금액에 대해서는 카드 종류 구분 없이 중간 공식에 0.4를 곱한다. 신용카드 사용액에 곱하는 0.15와 비교하면 크게 높아지는 것이다. 또 신용카드 등 전체 사용액과 별도로 각각 100만 원의 추가 한도를 준다.

전체 공식만 두고 보면, 무조건 신용카드 대신 체크카드나 현금을 써야 할 것 같다. 정말 그럴까? 체크카드와 현금 사용이 꼭 능사는 아니다. 소득공제를 통해 실제 돌려받는 세금에서 그리 큰 차이가 나지 않을 수도 있기 때문이다. 만약 예로 든 사람의 최종 과표가 과세 대상 소득에 6% 세율이 적용되는 1,200만 원 이하라고 하자. 이럴 경우 신용카드만 사용했다면 돌려받는 세금은 30만 원의 6%인 1만 8,000원이고, 체크카드만 사용했을 경우 60만 원의 6%인 3만 6,000원이다. 체크카드만 사용했다면 돌려받는 세금이 2배 늘어난다. 그런데 이 사람이 신용카드를 사용하면서 누린 각종 할인과 포인트 적립 등의 혜택이 연간 1만 8,000원 이상이라면? 이때는 체크카드보다 신용카드를 사용하는 것이 유리한 것이다. 일반적으로, 체크카드는 신용카드에 비해 누릴 수 있는 혜택이 적은 편이다. 무엇보다 체크카드는 연계되어 있는 통장에 일정 이상의 잔고를 항상 유지해야만 사용할 수 있다는 불편이 따른다. 따라서 포인트나 마일리지 적립 등 본인에게 혜택이 큰 신용카드를 사용하고 있던 사람이라면 굳이 소득공제라는 혜택 때문에 결제 수단을 체크카드로 바꿀 필요가 있는지 잘 따져봐야 한다. 이미 소득이 많고 신용카드 사용액도 많아서 신용카드를 통한 공제액이 한도인 300만 원을 넘는다면 굳이 체크카드 사용만을 고집할 필요가 없는 것이다.

하나 더, 신용카드 사용액 공제는 원칙적으로 재직 중일 때 사용한 금액만 대상이 된다. 예를 들어, 2018년 6월 취직한 사람은 6월부터 12월까지 사용한 금액만 2019년 연말정산에 사용할 수 있다. 단, 휴직 중일 때 사용한 금액은 포함된다.

맞벌이 부부는 한 카드만 사용하라

맞벌이 부부라면 신용카드 소득공제에 전략적으로 접근할 필요가 있다. 아직까지 부부가 각자 명의의 카드를 따로 사용하고 있다면, 지금부터라도 한 사람 명의의 카드를 함께 사용하라. 이를테면, 아내 명의로 카드를 2장 발급받아 아내와 남편 모두 아내 명의의 카드를 이용하는 것이다. 왜냐고? 카드 사용액 소득공제 기준 때문이다.

예를 들어, 각각 연봉 4,000만 원을 받는 맞벌이 부부가 연간 신용카드로 각자 1,500만 원씩을 사용한다고 하자. 공식에 따라 계산하면, 소득공제액이 각 75만 원씩, 부부 합산 150만 원이다. 하지만 남편이나 아내 어느 1명에게 몰아주면 공제액이 크게 올라간다. 아내 명의의 카드 2장을 부부가 써서 아내가 3,000만 원을 사용한 것으로 계산하면, 아내는 3,000만 원에서 연봉 4,000만 원의 25%인 1,000만 원을 제한 2,000만 원의 15%인 300만 원을 공제받을 수 있는 것이다.

한 사람의 카드만 사용하니 공제 금액이 부부 합산 150만 원에서 300만 원으로 크게 늘어났다. 이 같은 결과가 나오는 건 각자 카드를 사용할 때 제해지던 남편 연봉의 25%에 해당하는 카드 사용액을 부인 앞으로 공제받을 수 있기 때문이다. 팁을 하나 더 주자면, 신용카드 공제는 한도가 300만 원으로 정해져 있으므로 카드 사용이 많은 부부일 경우 어느 한 쪽이 300만 원 한도를 모두 채울 때까지만 그 카드를 쓰다가, 이후 연말까지 다른 사람 명의의 카드를 쓰자. 이 방식이 공제액을 늘리는 데 효과적이다.

공제의 마지막 관문,
세액공제

이렇게 소득공제를 마치고 나면, '종합소득세 과세표준'이라는 게 도출된다. 총 급여, 즉 연봉이 4,000만 원인데 근로소득 공제부터 신용카드 등의 공제까지 소득공제 합계가 2,300만 원이라면, 4,000만 원에서 2,300만 원을 뺀 1,700만 원이 종합소득세 과세표준이 된다.

여기에 과표에 따라 1,200만 원까지는 6% 세율을, 나머지 500만 원에 대해서는 1,200만 원부터 4,600만 원까지에 해당하는 15% 세율을 적용해 세금을 계산하면, 147만 원의 '산출세액'이 도출된다. 그런데 이게 끝이 아니다. 세액공제가 남았다. 세액공제는 항목별로 산출세액을 직접 덜어주는 작업이다.

자녀 세액공제

대표적인 것이 자녀 세액공제다. 자녀 1명 15만 원, 2명 30만 원, 3명 60만 원, 4명 90만 원 등을 직접 빼주는 것이다. 산출세액이 147만 원인데, 자녀가 2명이라면 30만 원을 빼주므로 내야 할 세금이 117만 원으로 계산된다. 6세 이하 자녀가 있는 경우라면 둘째부터 1인당 15만 원을 추가로 세액공제해준다. 또 아이를 출산·입양했다면 그 해에 첫째 30만 원, 둘째 50만 원, 셋째 이상 70만 원을 별도로 공제해준다.

연금·보험료 공제

다음으로 정부는 개인의 미래를 위한 투자도 생계를 위한 지출로 감안해 세액공제를 해준다. 세액공제가 되는 상품은 연금상품과 보장성 보험이다. 상품별 특징, 소득공제 금액, 가입 조건, 만기 등을 꼼꼼히 따져가며 고르면 된다.

우선 연금상품에는 연금저축과 개인 퇴직연금이 있다. 연금저축의 경우, 보험사는 연금저축보험, 증권사는 연금펀드, 은행은 연금신탁이란 이름으로 판매하고 있다. 개인 퇴직연금은 은행 등에서 별도 계좌로 가입해야 한다. 두 상품을 합쳐 700만 원 한도로, 납입액에 대해 12~15%를 곱한 금액을 세액공제해준다. 연봉 5,500만 원 이하는 15%, 초과자는 12%를 곱하는 식. 예를 들어, 연봉 5,000만 원인 사람이 한도까지 700만 원을 납입했다면 700만 원에 15%를 곱한 105만 원을, 내야 할 세금에서 공제해주는 것이다.

보장성 보험의 경우, 불입액 가운데 100만 원을 한도로 12%를 곱한 금액을 세액공제해준다. 보장성 보험에는 종신보험, 실손의료보험 등 일반 보장성 보험뿐 아니라 자동차보험도 포함된다. 단 아무리 많은 보험료를 내도 한도는 연 100만 원까지다. 장애인전용 보장성 보험은 100만 원을 한도로 15%를 곱한 금액을 세액공제해준다.

의료비 공제

의료비도 세액공제 대상이다. 다만 의료비 공제는 제한이 있다. 본인 또는 부양가족을 위해 쓴 의료비 총액이 총 급여액의 3%를 넘어야 공제받을 수 있는 것. 미용 성형수술을 위한 비용, 건강 증진을 위한 의약품 구매비용은 공제 대상에서 빠진다. 이를 제외한 의료비 총액이 급여의 3%를 넘어야 공제받을 수 있고, 여기에 다시 700만 원의 한도가 붙는다. 다만 본인, 65세 이상자, 장애인을 위해 지출한 의료비와 난임시술비는 한도가 없다. 이렇게 나온 공제 대상 금액에 대해 다시 15%(난임시술비는 20%)를 곱한 금액을 세액공제해준다.

예를 들어, 연봉 4,000만 원인 사람이 자녀 의료비로 1,000만 원을 썼다고 하자. 1,000만 원에서 연봉의 3%인 120만 원을 빼면 880만 원이다. 그런데 700만 원이라는 한도가 있으므로 880만 원 중 700만 원만 공제 대상액이 된다. 이 700만 원에 15%를 곱한 105만 원이 세액공제되는 것이다. 의료비도 국세청이 제공하는 '연말정산간소화서비스'에서 확인할 수 있는데, 누락되는 경우가 있으므로 꼼꼼히 살펴 누락된 것이 있다면 병·의원에서 증명서를 발급받아 제출해야 한다.

의료비 공제를 받을 때는 신용카드 공제와 중복 공제가 된다는 점을 기억하자. 즉 의료비를 신용카드로 결제했을 때 신용카드 사용액 공제와 의료비 공제로 이중 공제를 받을 수 있는 것이다. 이에 의료비를 계산할 때는 신용카드로 하거나 현금으로 결제하더라도 반드시 현금영수증을 받아둬야 한다. 자녀 학원비와 교복 구입비도 중복 공제가 가능하다.

사실상, 총 급여액의 3%가 넘는 금액을 의료비로 지출하는 경우는 흔치 않다. 따라서 직장인들 대부분이 의료비 관련 연말정산을 쉽게 지나치곤 한다. 하지만 안경이나 콘택트렌즈 구입 시에도, 별도로 50만 원까지 공제되므로 반드시 영수증을 챙겨 제출하자. 안경이나 콘택트렌즈는 일반 의료비와는 별도로 공제 항목이 설정돼 있어서 50만 원까지 구입액 전체에 대해 소득공제를 받을 수 있다.

교육비 공제

배우자와 자녀 등 부양가족의 교육비는 취학 전 아동·초·중·고교생 1인당 연 300만 원 한도 내에서, 대학생이라면 1인당 900만 원까지 공제 대상이 된다. 또한 근로자 본인의 대학원 또는 직업능력개발 훈련시설 수강료 등과 장애인 특수교육비는 전액 공제 대상이다.

이런 교육비를 모두 합친 금액에 15%를 곱해 도출된 금액을 세액공제해준다. 대학생 교육비로 700만 원이 들었다면 여기에 15%를 곱한 105만 원을 세액공제해주는 것이다.

교육비는 자녀의 현재 신분에 따라 공제된다. 수시 전형에 합격해 올해 입학금을 냈더라도 대학생은 내년에 되므로 입학금 공제는 올해가 아닌 내년에 받을 수 있다. 교육비 중 장학금으로 지출한 교육비는 공제 대상에서 빠진다. 반면 교복 구입비는 1인당 50만 원까지 교육비 항목으로 공제 대상에 포함된다는 것은 눈여겨볼 만하다.

기부금과 월세 공제

기부금의 경우 기부한 금액에 대해 기본적으로 15%를 세액에서 빼준다. 고액 기부액에 대해서는 곱하는 비율을 늘려주는데, 2,000만 원을 초과하는 금액에 대해서는 30%를 공제한다. 또 정치 기부금은 일반 기부금과 달리 10만 원 이하에 대해선 90.9%를 공제해주는데, 거의 전액에 가깝다. 10만 원 초과 3,000만 원까지는 15%, 3,000만 원 초과액은 25%를 세액에서 빼준다. 다만 소득별로 세액공제 대상 금액에 한도가 있으니 연말정산을 목적으로 기부하는 사람이라면 본인 소득을 기반으로 기부 단체에 한도를 문의해볼 필요가 있다.

월세 공제는 연간 750만 원까지를 한도로 월세액의 10%를 세액에서 빼준다. 예를 들어, 월세로 연간 600만 원을 냈다면 10%인 60만 원을 공제해준다. 다만 월세 공제를 받으려면, 무주택 세대의 세대주이면서 연봉이 7,000만 원을 넘어선 안 된다. 또 월세 공제를 받으려는 주택에 주민등록이 돼 있어야 한다.

보험사의 현혹에
속지 말자

연금상품의 세액공제를 따져볼 때는 돌려받는 세금을 투자 이익으로 환산해보길 추천한다. 보통 700만 원 납입액까지 12~15%를 돌려받을 수 있으니, 얼핏 연말정산으로만 그만큼의 수익률을 올린 것으로 여기기 쉽다. 실제 각 금융사들이 연금상품에 가입하면 연말정산 효과만으로 12~15% 수익률을 올릴 수 있다고 광고하고 있다.

그런데 여기에는 함정이 많다. 어떤 투자를 통해 몇 %의 수익을 거두었다고 말하기 위해서는 투자 기간 동안 지속적으로 해당 수익이 발생해야 한다. 예를 들어, 은행 예금에 1,000만 원을 넣으면 5% 수익을 거둘 수 있다는 이야기는, 가입기간 내내 5% 수익이 나온다는 뜻이다. 3년짜리 예금이라면 3년 동안 매년 5% 이자를 주는 것이다.

이를 연금상품에 적용해보자. 2018년 30년 만기 연금상품에 300만 원을 불입했다고 하자. 여기서 연말정산으로 15% 수익률을 거둘 수 있다고 말하려면, 2018년에 넣은 300만 원에 대해 30년간 매년 15%씩 세금을 돌려받아야 한다. 그래야 300만 원 투자로 15%의 수익률을 거둔다고 할 수 있는 것. 그런데 2018년에 불입한 300만 원에 대한 연말정산은 2018년 1회만 가능하다. 따라서 2018년에 돌려받은 15%의 진정한 수익률은 30년에 걸쳐 나눠서 계산해야 한다. 2018년에 발생한 수익률 효과를 단순 계산하면 15%를 30년으로 나눈 0.5%에 불과하다.

그렇지 않고 연말정산 효과로 12~15%의 수익률을 거둘 수 있다는 말이 맞으려면 2018년 세금을 돌려받는 즉시 연금상품을 해지할 수 있으면 된다. 그러면 1년 만에 12~15%의 수익률이 발생한 것이 된다. 하지만 연금상품은 만기가 길어서 세금을 돌려받은 뒤에도 계속 30년 만기까지 원금을 돌려받지 못한다.

결론을 내려보자. 연금상품에 불입한 돈에 대해 지속적으로 절세 효과가 발생한다면 이를 그대로 수익률로 환산할 수 있지만, 불입한 돈의 절세 효과는 불입한 그 해에만 발생하므로 진정한 수익률의 증가 효과를 알기 위해서는 이를 남은 만기로 나눠야 한다.

지속적으로 300만 원을 불입할 경우, 수익률 효과는 만기에 가까워질수록 커진다. 15%를 나누는 기간이 줄어들기 때문이다. 가입 20년 차 300만 원을 불입했을 때 연 수익률 증가 효과는 15%를 남은 만기 10년으로 나누므로 1.5%가 된다. 최종적으로 마지막 해인 30년 차에 넣은 300만 원에 대해 15%를 공제받을 경우 남은 만기 1년으로 나눠주면 15% 그대로가 된다. 따라서 금융사 설명대로 연금상품에 불입해 연 수익률 15%를 거둔다고 말할 수 있는 때는 마지막 해뿐이다.

세액공제를 통해 추가로 발생하는 수익률을 제대로 알려면, 수십 년에 달하는 상품 유지 기간의 연간 단위로 환산해서 계산해야 한다. 이에 연금상품에 가입할 때 1번 발생하고 마는 세금환급 효과보다는 '노후 설계'라는 장기 계획에 따라 가입하는 것이 좋다. 연금상품의 세액공제 효과를 보너스로 여겨야지 주목적으로 생각해서는 안 된다는 전문가의 말도 명심할 필요가 있겠다.

연금상품 중도 해지 시 손해에도 유의해야 한다. 만기 전에 해지하면 세액공제로 받은 혜택 이상의 세금을 원천징수당할 수 있기 때문이다. 또 추후 연금을 받을 때 비과세 혜택이 없다는 점도 주의할 것. 일반적인 개인연금의 경우 10년 이상 가입을 유지하면 비과세 혜택이 주어지지만, 세액공제 혜택이 있는 연금상품은 연금을 받을 때 수령액의 3.3~5.5%를 세금으로 내야 한다. 특히 연금상품 수령액이 일정액을 초과하면 종합소득세 신고를 해야 한다. 만일 다른 이자나 배당 소득과 연금상품 수령액을 더한 총 액수가 연간 2,000만 원이 넘으면 금융종합소득 과세 대상자가 된다. 이렇게 되면 연금상품 수령액에 대해 최고 46.2%의 소득세가 부과된다. 따라서 노후에 다른 금융 소득이 많을 것으로 예상되면 연금상품을 통해 세액공제 혜택을 받기보다, 변액연금처럼 비과세되는 일반 개인연금에 가입하는 것이 좋다.

한편 2001년까지 판매됐던 '개인연금저축'의 경우 연간 불입액의 40%를 72만 원 한도로 소득공제해준다. 세액공제되는 연금상품에 비해 세금 감면 효과는 떨어지는 셈이다. 이 상품에 가입해 계속 불입하면서 그간 소득공제를 받지 못했다면 올해부터 꼭 챙겨야 한다. 간혹 연말정산 과정에서 2001년 이후 가입한 연금저축보험 등의 연금상품을 개인연금저축 항목에 잘못 기입할 때가 있는데, 이렇게 하면 손해를 보니 면밀히 살피길 바란다. 연말정산을 마치고 명세서가 나온 상황에서 실수를 발견했다면, 5월 재신고 때 반드시 바로잡아야 한다.

06

맞벌이 부부의
스마트한 항목 배분법

앞서 말했듯, 소득공제를 마치면 종합소득세 과세표준이 도출된다. 총 급여액이 4,000만 원인데, 근로소득 공제부터 신용카드 등의 공제까지 소득공제 합계가 2,300만 원이라면, 4,000만 원에서 2,300만 원을 뺀 결과 1,700만 원이 종합소득세 과세표준이다. 과표에 따라 1,200만 원 미만까지는 6% 세율을, 1,200만 원부터 1,700만 원 미만까지 500만 원에 대해서는 15% 세율을 적용해 세금을 계산하면 147만 원의 산출세액이 도출된다. 여기서 다시 세액공제로 총 80만 원을 공제 받았다면, 147만 원에서 80만 원을 뺀 67만 원이 '최종결정세액'이다.

그런데 원천징수로 작년에 낸 소득세의 합계가 150만 원이라고 하

자. 67만 원을 내면 되는데 이미 150만 원을 낸 상황이므로, 150만 원에서 67만 원을 뺀 83만 원을 돌려받게 된다.

자, 여기까지가 바로 보통 근로자의 상황이다. 그런데 반대로 최종 결정세액이 이미 낸 세금보다 큰 경우도 있다. 그런 결과가 나온다면 세금을 돌려받는 게 아니라 오히려 더 내야 한다. 13번째 월급이 아니라, 13번째 재앙이 되는 셈이다. 이때 맞벌이 부부라면, 바로 이런 상황을 막기 위해 서류 작성에 공을 들여야 한다.

가장 중요한 것이 부부 과세 소득을 비슷하게 맞추는 것이다. 일반적인 부부의 경우 보통 소득이 많은 남편에게 공제 항목을 몰아주는 경향이 있다. 그렇게 하다 보면 각종 공제 항목을 제한 남편의 과세 대상 소득이 아내보다 적어지는 상황이 발생할 수 있다. 소득이 많은 남편이 대부분의 공제를 몰아서 받게 되니 과세 대상 소득이 800만 원이 되고, 아내는 별다른 공제를 받지 못해서 과세 대상 소득이 1,700만 원에 이르는 식이다. 이때 남편의 최종 과표는 '1200만 원 이하'이고, 아내의 최종 과표는 '1,200만~4,600만 원'이 된다. 즉 아내의 최종 과표가 남편보다 높은 것이다. 결과가 어떻게 될까?

남편은 과표에 따라 최종적으로 800만 원에 대해 6%의 세금, 즉 48만 원을 내므로 기존에 납입한 세금 가운데 48만 원을 뺀 나머지를 돌려받는다. 반면 아내는 과표에 따라 1,200만 원까지 6%의 세금을 내고, 나머지 500만 원에 대해서는 15%의 세금을 내야 하므로 총 147만 원을 내게 된다. 그러면 기존에 낸 세금 가운데 147만 원을 뺀 나머지를 돌려받는다. 즉 이 부부는 최종적으로 합계 195만 원의 세금을 내고 기존에 부부가 낸 세금 가운데 이를 뺀 나머지를 연말정산으로 돌려받게 된다.

그런데 이와 같은 상황에서, 합법적인 방식으로 더 많은 환급금을 돌려받을 수 있는 방법이 있다. 바로 남편 앞으로 돼 있는 공제 항목의 일부를 아내 앞으로 옮기는 것이다. 예를 들어, 남편의 공제 항목 가운데 400만 원을 아내 앞으로 돌렸다고 해보자. 그러면 남편의 과세 대상 소득은 1,200만 원으로 올라가고, 아내의 과세 대상 소득은 1,300만 원으로 줄어든다. 그러면 남편은 1,200만 원의 6%인 72만 원을, 아내는 1,200만 원까지의 72만 원과 나머지 100만 원의 15%인 15만 원의 합인 87만 원을 세금으로 내게 된다. 둘을 합하면 최종적으로 159만 원이다. 즉 부부가 기존에 낸 세금의 총액 가운데 159만 원을 뺀 나머지를 돌려받는다.

이를 앞선 사례와 비교하면 최종적으로 내는 세금이 195만 원에서 159만 원으로 줄게 되니, 차액만큼 더 돌려받을 수 있다. 이처럼 맞벌이 부부일 경우, 공제 항목을 적절하게 배분하여 과세 대상 소득을 비슷하게 맞추는 것이 스마트한 절세 비법이 될 수 있다. 부부가 같은 과표 구간에 들어가면서 보다 많은 세금을 환급받을 수 있는 것이다.

가장 먼저 해야 할 것은 지난해 연말정산 명세서를 찾은 후, 남편과 아내의 과세 대상 소득을 비교하는 것이다. 이때 어느 한 쪽이 상대방보다 과표 수준이 높다면 그 사람에게 공제 항목을 올려 과표 수준을 낮춰야 한다.

일반적으로, 신용카드 공제는 소득이 적은 쪽에, 자녀 공제 등 나머지 다른 공제는 소득이 많은 쪽에 몰아주는 것이 유리하다. 다만 한쪽의 소득이 매우 높아 적용 세율이 무척 높을 경우에는 소득이 높은 사람에게 신용카드 공제까지 몰아주는 것이 유리할 수 있다.

맞벌이 부부라면 올해 1월에 받은 연말정산 명세서를 꺼내 비교해보라. 만일 아내(남편)의 과표 구간이 남편(아내)보다 높다면 내년부터 남편(아내)의 소득공제 항목 일부를 과표 구간이 최대한 같아질 때까지 아내(남편) 앞으로 옮겨보라. 현 시점이 5월 전이라면 국세청 재신고 기간 안에 수정해서 신고하면 연말정산이 끝났다고 해도 세금을 돌려받을 수 있다. 반드시 활용해보자.

07

지금 가입할 수 있는
비과세 금융상품

　금융 거래를 통해 이익이 발생하면 그에 대해 세금을 내야 한다. 이자 소득과 배당 소득에 대해 14%의 소득세와 1.4%의 농어촌특별세를 내야 하는 것. 얼핏 보면 적어 보이지만, 그렇지 않아도 저금리인 시대에 세금이 낮은 수익률을 더 떨어뜨리는 요인이 될 수 있다. 특히 금융 소득이 연간 2,000만 원을 넘어 금융종합소득 과세 대상자에 해당되면 이자나 배당에 대해 최고 46.2%의 세금을 내야 하므로 부담이 이만저만이 아니다. 그런데 금융상품 중에는 세금이 면제되는 비과세 상품들이 있다. 대표적인 비과세 상품을 소개한다.

　우선 저축성 보험이 있다. 여기에는 일반 저축보험뿐 아니라 연금보험도 포함된다. 가입 후 10년 이상 계약을 유지하면 이자 수익이 비과세되고, 종합소득 과세에도 포함되지 않는다. 투자 결과에 따라 연금액이 달라지는 변액보험과 정한 이율에 따라 연금액이 결정되는 일반형 보험으로 나뉜다.

신협, 새마을금고, 농·수·축협의 단위조합 등 조합의 출자금을 통한 배당 소득도 비과세 대상이다. 한도는 1인당 1,000만 원까지. 조합은 출자금 운영을 통해 수익이 발생하면 배당을 하는데 조합별로 수익률이 천차만별이다. 다만 자신이 출자한 조합이 파산할 경우 출자금을 돌려받을 수 없으므로 투자에 신중해야 한다.

조합에 1만 원 전후 출자금을 내면 납입이 가능한 신협, 새마을금고, 농·수·축협 같은 단위조합의 '예탁금'도 비과세 대상이다. 법상 예탁금이긴 하지만 흔히 비과세 예금이라고 불린다. 이자 소득에 대해 15.4%가 아닌 1.4%의 농어촌특별세만 내면 된다. 만 20세 이상만 가입할 수 있고 3,000만 원까지 비과세 혜택이 있다. 각 조합 중앙회가 별도로 조성한 예금보호기금을 통해 예금자 보호를 받지만, 국가가 보호해주는 것은 아니기에 약간의 위험은 감수해야 한다.

일반 저축과 성격은 달라도, 한국세법은 주식 매매에 따른 차익에는 세금을 매기지 않고 있다. 이에 직접 주식에 투자할 때는 물론 주식형 펀드 수익 중 주식 매매 차익에 대한 부분은 과세하지 않는다. 일부 채권에도 투자하는 주식형 펀드의 수익은 주식 매매(평가) 차익, 보유 주식에 의한 배당, 채권 매매 차익, 채권 이자 등 4가지로 구성되는데 이 가운데 주식 매매 차익에만 비과세 혜택이 주어진다.

월급의 비밀

1판 1쇄 인쇄 2018년 7월 10일
1판 1쇄 발행 2018년 7월 15일

지은이 박유연, 손일선, 문지웅

발행인 양원석
편집장 김효선
책임편집 박나미
디자인 RHK 디자인팀 박진영, 김미선
해외저작권 황지현
제작 문태일
영업마케팅 최창규, 김용환, 정주호, 양정길, 이은혜, 신우섭,
　　　　　유가형, 임도진, 우정아, 김양석, 정문희, 김유정

펴낸 곳 ㈜알에이치코리아
주소 서울시 금천구 가산디지털2로 53, 20층 (가산동, 한라시그마밸리)
편집문의 02-6443-8865　　**구입문의** 02-6443-8838
홈페이지 http://rhk.co.kr
등록 2004년 1월 15일 제2-3726호

ISBN 978-89-255-6425-8 (03320)